JN441145

개정세법 반영

2026 세법 인사이트

1 법인세법

주진하 저

세 경 사

Preface

수험생 시절을 돌이켜보면 세법책은 유난히 보기 싫었던 책이었습니다. 공부할 양이 방대할뿐만 아니라 그 내용이 결코 쉽지 않았기 때문입니다. 그래서 수험생 때는 이해가 잘 되지 않는 내용이 있으면 그냥 외워버렸습니다. 문제만 풀 수 있으면 그뿐이니까요. 하지만 세법을 쉬운 말로 써 풀어내어 수험생들을 이해시켜야 하는 강사가 된 지금의 저는 절대로 그럴 수 없었습니다.

세법, 조문에서 답을 찾다.

세무사에 합격은 했지만 세법에 대해 알면 얼마나 알겠습니까? 수험생들보다 조금 더 많이 알고 문제를 잘 풀 뿐이지요. 그리고 운이 좋았을 뿐입니다. 강사로서 세법을 제대로 공부해야 하겠는데 어떻게 공부하는 것이 좋을까 고민했습니다.

시중에 나와 있는 교재로 공부를 할까 싶었는데 그만 두었습니다. 양심에 찔렸기 때문입니다. 저 스스로 세법을 공부하고 그 의미를 깨쳐야 비로소 남에게 강의를 할 수 있는 자격이 갖추어지는 것이 아닐까요? 그래서 저는 법조문을 공부하기로 결심했습니다.

수험서와는 달리 정리가 되지 않은 날 것의 법조문은 공부하기에 여간 힘든 것이 아니었습니다. 대학교 교수님의 교재, 논문 등을 찾아가며 법조문과 씨름을 했습니다. 법조문을 공부하며 미천한 지식에 자괴감이 밀려오고 감히 어디가서 세무사라고 할 수나 있을까 별의 별 생각이 들 때도 많았습니다. 그러나 포기하지 않고 제가 할 수 있는 역량을 총동원하여 조문을 공부했습니다.

고뇌와 노력의 결과물

법조문과의 치열한 씨름, 그 공부의 기록이 바로 『세법 인사이트』입니다. 『세법 인사이트』의 집필 방향은 다음과 같습니다.

1. 제가 법조문을 공부하면서 깨우친 것들을 수험생과 공유하고자 하였습니다.
2. 복잡한 내용은 표로 정리하되, 줄글이 이해하기에 더 좋다고 판단되면 그 부분은 굳이 표로 정리하지 않았습니다.
3. 표로 내용을 정리할 때 '*'의 부연설명은 최대한 자제하려 하였습니다. 저도 수험생 때 '*' 때문에 여간 짜증스러웠던 것이 아니었거든요.
4. 법조문을 가급적이면 수정하지 않고 그 문구를 그대로 책에 실으려하였습니다. 법조문은 그 자체로 완벽하기 때문입니다.

노래 경연 프로그램의 심사위원 한 사람이 어떤 참가자에게 물었습니다.
"왜 편곡을 하지 않았나요? 다른 모든 참가자는 편곡을 했잖아요."
그러자 그 참가자는 대답했습니다.
"저도 편곡을 시도했습니다. 그런데 원곡보다 좋은 노래가 나오지 않았어요."

머리말

저는 그 참가자의 말에 크게 동감했습니다. 저도 법조문을 공부하며 느꼈기 때문입니다. 법조문의 문구를 뛰어넘을 수 있는 설명글은 없다는 것을요. 법조문을 두 번, 세 번 읽을 때마다 그 숨어있는 뜻을 알게 되는데, 그 기쁨은 정말 한량없습니다.

수험생 여러분께 드리는 저의 첫 번째 선물

2022년 7월 강의를 시작했고 그 해 겨울 교재작업을 시작했었습니다. 그런데 시작만 했지 제대로 쓰지를 못했습니다. 처음 강의를 하는 사람치고는 강의 수가 너무 많았습니다. 수업 준비만도 벅찼습니다. 게다가 사무실을 개업하면서 더욱 더 교재에는 신경을 쓸 수 없었습니다. 그렇게 미루고 미루다 이제서야 책을 완성하게 되었습니다. 그동안 많은 수험생분들께서 문의를 하셨었습니다. 책은 도대체 언제 나오느냐고. 이제야 겨우 그 분들을 뵐 면목이 생겼네요.

감사합니다.

이 책을 쓰기까지 많은 분들의 도움이 있었습니다. 고마운 분들께 감사를 표합니다.

못난 아들 세무사 합격시키겠다고 뒷바라지 해주신 아버지, 어머니. 감사합니다.

못난 남편 교재 작업에 집중하라고 힘든 육아, 살림 도맡아 한 사랑하는 우리 희주. 고맙고 사랑해.

많이 놀아주지도 못하는데도 그저 '아빠! 아빠!'하면서 잘 따르는 우리 아들 연우. 우리 아들도 정말 고맙고 사랑한다.

이름 없는 강사인 저를 믿고 기꺼이 출판에 도움을 주신 세경사 편집부에도 진심으로 감사를 표합니다.

인생 걸고 하는 공부인데 이름 없는 강사를 기꺼이 믿어주시고 함께 열심히 공부하고 계시는 우리 수험생 여러분. 진심으로 감사드립니다.

수험생을 향한 헌신의 다짐

저는 저를 믿어주시는 저의 소중한 수험생 앞에
그 분들의 확실한 합격을 위하여
자만, 태만, 교만하지 않고 늘 열심히 공부할 것을
그리고 최고의 강의를 제공할 것을
굳게 다짐합니다.

2026년 2월
주진하 세무사 올림

Contents

PART 01 법인세법

목 차

Contents

목 차

Contents

목 차

Contents

목 차

Contents

목 차

Contents

목 차

Contents

목 차

PART 01

법인세법

Chapter 01 총칙

I 납세의무자

내국법인과 국내원천소득이 있는 외국법인은 「법인세법」에 따라 그 소득에 대한 법인세를 납부할 의무가 있다. 다만, 내국법인 중 국가와 지방자치단체(지방자치단체조합 포함)는 그 소득에 대한 법인세를 납부할 의무가 없다.

내국법인이란 본점, 주사무소 또는 사업의 실질적 관리장소가 국내에 있는 법인을 말하며, 외국법인이란 본점 또는 주사무소가 외국에 있는 단체(사업의 실질적 관리장소가 국내에 있지 아니하는 경우만 해당함)로서 다음의 어느 하나에 해당하는 단체를 말한다.

① 설립된 국가의 법에 따라 법인격이 부여된 단체

② 구성원이 유한책임사원으로만 구성된 단체[1)]

③ 그 밖에 해당 외국단체와 동종 또는 유사한 국내의 단체가 「상법」 등 국내의 법률에 따른 법인인 경우의 그 외국단체

연결법인은 각 연결사업연도의 소득에 대한 법인세(각 연결법인의 토지등 양도소득에 대한 법인세 및 「조세특례제한법」에 따른 투자·배당 및 상생협력 촉진을 위한 과세특례를 적용하여 계산한 법인세 포함)를 연대하여 납부할 의무가 있다.

「법인세법」에 따라 법인세를 원천징수하는 자는 해당 법인세를 납부할 의무가 있다.

내국법인과 외국법인의 구분(법집행 2-0-1)

> 내국법인과 외국법인의 구분은 본점 또는 주사무소의 소재지를 기준으로 구분한다. 다만 그 본점 또는 주사무소의 소재지 외의 장소에 사업의 실질적 관리장소를 따로 두고 있는 경우에는 그 관리 장소를 기준으로 구분하며, 이 경우의 "사업의 실질적 관리장소"란 법인

1) 유한책임사원은 출자액을 한도로 회사의 채무에 대해 책임을 지는 사원을 말한다. 반면, 무한책임사원은 회사 채무 전부에 대해 본인의 재산으로까지 책임을 지는 사원을 말한다. 무한책임사원만을 사원으로 두고 있는 단체는 무한책임사원과 실질적으로 독립되어 있는 주체라고 할 수 없다. 즉, 그 단체는 법인이 아닌 개인기업 혹은 조합에 더 가깝다고 볼 수 있다.

이 사업을 수행함에 있어서 중요한 관리 또는 상업적 의사결정이 실질적으로 이루어지는 장소를 의미한다.

과세대상

1. 과세소득의 범위

구 분		과세소득			
		각 사업연도의 소득	청산소득	토지 등 양도소득	미환류소득
(1) 내국법인	영리법인	국내외소득	○	○	○
	비영리법인	국내외수익사업소득	×	○	×
(2) 국내원천소득이 있는 외국법인	영리법인	국내원천소득	×	○	×
	비영리법인	국내원천수익사업소득	×	○	×

▶ 비영리내국법인이란 내국법인 중 다음의 어느 하나에 해당하는 법인을 말한다.

① 「민법」 제32조에 따라 설립된 법인

② 「사립학교법」이나 그 밖의 특별법에 따라 설립된 법인으로서 「민법」 제32조에 규정된 목적과 유사한 목적을 가진 법인(조합법인 등이 아닌 법인으로서 그 주주·사원 또는 출자자에게 이익을 배당할 수 있는 법인은 제외함)

③ 「국세기본법」에 따른 법인으로 보는 단체

▶ 비영리외국법인이란 외국법인 중 외국의 정부·지방자치단체 및 영리를 목적으로 하지 아니하는 법인(법인으로 보는 단체를 포함함)을 말한다.

비영리내국법인의 각 사업연도 소득(법집행 4-0-2)

비영리내국법인의 각 사업연도 소득은 다음의 사업 또는 수입(이하 "수익사업")에서 생기는 소득으로 한다.

1. 제조업, 건설업 등 한국표준산업분류에 의한 각 사업 중 수입이 발생하는 사업(「법인세법 시행령」 제3조 제1항 각 호의 사업은 제외)
2. 이자소득
3. 배당소득
4. 주식·신주인수권 또는 출자지분의 양도로 인하여 생기는 수입
5. 고정자산(처분일 현재 3년 이상 계속하여 고유목적사업에 직접 사용한 것 제외. 다만, 수익사업에서 고유목적사업으로 전출한 고정자산은 3년 이상 고유목적사업에 직접 사용 시 전출 이후 발생한 처분수입만 제외)의 처분으로 인하여 생기는 수입
6. 부동산에 관한 권리 및 기타자산의 양도로 생기는 수입
7. 대가를 얻는 계속적 행위로 인하여 생기는 수입으로서 채권 등의 매매익

2. 신탁소득

(1) 수익자 과세신탁

신탁재산에 귀속되는 소득에 대해서는 그 신탁의 이익을 받을 수익자가 그 신탁재산을 가진 것으로 보고 「법인세법」을 적용한다.

(2) 위탁자 과세신탁

다음의 요건을 충족하는 신탁의 경우에는 신탁재산에 귀속되는 소득에 대하여 그 신탁의 위탁자가 법인세를 납부할 의무가 있다.

① 위탁자가 신탁을 해지할 수 있는 권리, 수익자를 지정하거나 변경할 수 있는 권리, 신탁 종료 후 잔여재산을 귀속 받을 권리를 보유하는 등 신탁재산을 실질적으로 지배·통제할 것

② 신탁재산 원본을 받을 권리에 대한 수익자는 위탁자로, 수익을 받을 권리에 대한 수익자는 위탁자의 지배주주 등의 배우자 또는 같은 주소 또는 거소에서 생계를 같이 하는 직계존비속(배우자의 직계존비속을 포함함)으로 설정했을 것

(3) 수탁자 과세신탁

목적신탁, 수익증권발행신탁, 유한책임신탁 중 어느 하나에 해당하는 신탁으로서 위탁자 과세신탁의 요건에 해당하지 않는 신탁(「자본시장과 금융투자업에 관한 법률」에 따른투자신탁 및 「소득세법」에 따른 수익증권이 발행된 신탁은 제외함)의 경우에는 신탁재산에 귀속되는 소득에 대하여 그 신탁의 수탁자(내국법인 또는 거주자인 경우로 한정함)가 법인세를 납부할 의무가 있다. 이 경우 신탁재산별로 각각을 하나의 내국법인으로 본다.

목적신탁이란 수익자가 없는 특정의 목적을 위한 신탁을 말한다(신탁법 §3 ①). 목적신탁은 학술, 장학사업 등을 목적으로 하며 장래 불특정 수익자에게 신탁재산의 이익이 귀속된다.

수익증권발행신탁이란 수익증권발행의 뜻을 정한 신탁을 말한다. 이 경우 수익증권이란 재산을 투자운용하여 발생하는 수익을 분배받을 수 있는 권리인 수익권을 표시하는 증서를 말한다. 수익증권발행신탁의 수탁자는 신탁행위로 정한 바에 따라 지체 없이 해당 수익권에 관한 수익증권을 발행하여야 한다. 수익증권발행신탁은 그 수익증권이 유통되므로 신탁이 단순히 도관의 역할만 수행한다고 볼 수 없다(이중교, "신탁 관련 소득과세의 문제점 및 개편방안", 『세무와 회계 연구』 제9권 제3호, 한국세무사회 부설 한국조세연구소, 2020, 123면).

유한책임신탁이란 신탁행위로 수탁자가 신탁재산에 속하는 채무에 대하여 신탁재산만으

로 책임지는 신탁을 말한다. 이 경우 유한책임신탁의 등기를 하여야 그 효력이 발생한다(신탁법 §114 ①). 유한책임신탁은 신탁을 회사처럼 사용할 수 있도록 법으로 만든 회사화된 신탁이다.

Ⅲ 사업연도

1. 사업연도의 정의

사업연도는 법령이나 법인의 정관 등에서 정하는 1회계기간으로 한다. 다만, 그 기간은 1년을 초과하지 못한다.

법령이나 정관 등에 사업연도에 관한 규정이 없는 내국법인은 따로 사업연도를 정하여 법인 설립신고 또는 사업자등록과 함께 납세지 관할세무서장에게 사업연도를 신고하여야 한다.

국내사업장이 있는 외국법인으로서 법령이나 정관 등에 사업연도에 관한 규정이 없는 법인은 따로 사업연도를 정하여 국내사업장 설치신고 또는 사업자등록과 함께 납세지 관할세무서장에게 사업연도를 신고하여야 한다.

국내사업장이 없는 외국법인으로서 국내원천 부동산소득 또는 국내원천 부동산등양도소득이 있는 법인은 따로 사업연도를 정하여 그 소득이 최초로 발생하게 된 날부터 1개월 이내에 납세지 관할세무서장에게 사업연도를 신고하여야 한다.

사업연도의 신고를 하여야 할 법인이 그 신고를 하지 아니하는 경우에는 매년 1월 1일부터 12월 31일까지를 그 법인의 사업연도로 한다.

외국법인의 국내사업장

외국법인이 국내에 사업의 전부 또는 일부를 수행하는 고정된 장소를 가지고 있는 경우에는 국내사업장이 있는 것으로 한다. 국내사업장에는 다음의 어느 하나에 해당하는 장소를 포함하는 것으로 한다.

① 지점, 사무소 또는 영업소
② 상점, 그 밖의 고정된 판매장소
③ 작업장, 공장 또는 창고
④ 6개월을 초과하여 존속하는 건축 장소, 건설·조립·설치공사의 현장 또는 이와 관련되는 감독 활동을 수행하는 장소
⑤ 고용인을 통하여 용역을 제공하는 경우로서 다음의 어느 하나에 해당되는 장소
　㈎ 용역의 제공이 계속되는 12개월 중 총 6개월을 초과하는 기간 동안 용역이 수행되는 장소

(나) 용역의 제공이 계속되는 12개월 중 총 6개월을 초과하지 아니하는 경우로서 유사한 종류의 용역이 2년 이상 계속적·반복적으로 수행되는 장소

⑥ 광산·채석장 또는 해저천연자원이나 그 밖의 천연자원의 탐사 및 채취 장소(국제법에 따라 우리나라가 영해 밖에서 주권을 행사하는 지역으로서 우리나라의 연안에 인접한 해저지역의 해상과 하층토에 있는 것을 포함함)

2. 최초사업연도의 개시일

법인의 최초사업연도의 개시일은 다음의 날로 한다.

① 내국법인의 경우에는 설립등기일. 다만, 법인으로 보는 단체의 경우에는 다음의 날로 한다.

(가) 법령에 의하여 설립된 단체에 있어서 당해 법령에 설립일이 정하여진 경우에는 그 설립일

(나) 설립에 관하여 주무관청의 허가 또는 인가를 요하는 단체와 법령에 의하여 주무관청에 등록한 단체의 경우에는 그 허가일·인가일 또는 등록일

(다) 공익을 목적으로 출연된 기본재산이 있는 재단으로서 등기되지 아니한 단체에 있어서는 그 기본재산의 출연을 받은 날

(라) 납세지 관할세무서장의 승인을 얻은 단체의 경우에는 그 승인일

② 외국법인의 경우에는 국내사업장을 가지게 된 날(국내사업장이 없는 경우에는 국내원천 부동산소득 또는 국내원천 부동산등양도소득이 최초로 발생한 날)

위 규정을 적용함에 있어서 최초사업연도의 개시일 전에 생긴 손익을 사실상 그 법인에 귀속시킨 것이 있는 경우 조세포탈의 우려가 없을 때에는 최초사업연도의 기간이 1년을 초과하지 아니하는 범위 내에서 이를 당해 법인의 최초사업연도의 손익에 산입할 수 있다. 이 경우 최초사업연도의 개시일은 당해 법인에 귀속시킨 손익이 최초로 발생한 날로 한다.

3. 사업연도의 변경

사업연도를 변경하려는 법인은 그 법인의 직전 사업연도 종료일부터 3개월 이내에 사업연도 변경신고서를 납세지 관할 세무서장에게 제출(국세정보통신망에 의한 제출 포함)하여야 한다.

법인이 사업연도의 변경신고를 기한까지 하지 아니한 경우에는 그 법인의 사업연도는

변경되지 아니한 것으로 본다. 다만, 법령에 따라 사업연도가 정하여지는 법인의 경우 관련 법령의 개정에 따라 사업연도가 변경된 경우에는 사업연도의 변경신고를 하지 아니한 경우에도 그 법령의 개정 내용과 같이 사업연도가 변경된 것으로 본다.

사업연도가 변경된 경우에는 종전의 사업연도 개시일부터 변경된 사업연도 개시일 전날까지의 기간을 1사업연도로 한다. 다만, 그 기간이 1개월 미만인 경우에는 변경된 사업연도에 그 기간을 포함한다.[2)]

사업연도의 변경(법집행 7-0-1)

① 신설법인의 경우에는 최초 사업연도가 경과하기 전에는 사업연도를 변경할 수 없는 것으로 한다.
② 사업연도변경신고서를 직전사업연도 종료일 이전에 제출한 경우에도 적법한 변경신고로 본다.

4. 사업연도의 의제

(1) 내국법인

1) 해산

내국법인이 사업연도 중에 해산(합병 또는 분할에 따른 해산과 조직변경은 제외)한 경우에는 다음의 기간을 각각 1사업연도로 본다.

① 그 사업연도 개시일부터 해산등기일(파산으로 인하여 해산한 경우에는 파산등기일을 말하며, 법인으로 보는 단체의 경우에는 해산일을 말함)까지의 기간
② 해산등기일 다음 날부터 그 사업연도 종료일까지의 기간

내국법인이 사업연도 중에 합병 또는 분할에 따라 해산한 경우에는 그 사업연도 개시일부터 합병등기일 또는 분할등기일까지의 기간을 그 해산한 법인의 1사업연도로 본다.

내국법인이 사업연도 중에 조직변경을 한 경우에는 조직변경 전의 사업연도가 계속되는 것으로 본다. 조직변경이란 회사가 법인격의 동일성을 유지하면서 그 법률상의 조직을 변경하여 다른 종류의 「상법」상의 회사로 변경하는 것을 말한다.

합병등기일과 분할등기일

1. 합병등기일이란 다음의 구분에 따른 날을 말한다.
   ① 합병 후 존속하는 법인 : 변경등기일
   ② 합병으로 설립되는 법인 : 설립등기일

2) 이러한 경우에는 예외적으로 사업연도가 1년을 초과할 수도 있게 된다.

2. 분할등기일이란 다음의 구분에 따른 날을 말한다.
   ① 분할 후 존속하는 법인 : 변경등기일
   ② 분할로 설립되는 법인 : 설립등기일

2) 청산

청산 중인 내국법인의 사업연도는 다음의 구분에 따른 기간을 각각 1사업연도로 본다.

① 잔여재산가액이 사업연도 중에 확정된 경우 : 그 사업연도 개시일부터 잔여재산가액 확정일까지의 기간
② 사업을 계속하는 경우 : 다음의 기간
   ㈎ 그 사업연도 개시일부터 계속등기일(계속등기를 하지 아니한 경우에는 사실상의 사업 계속일을 말함)까지의 기간
   ㈏ 계속등기일 다음 날부터 그 사업연도 종료일까지의 기간

3) 연결납세방식의 적용

내국법인이 사업연도 중에 연결납세방식을 적용받는 경우에는 그 사업연도 개시일부터 연결사업연도 개시일 전날까지의 기간을 1사업연도로 본다.

(2) 외국법인

국내사업장이 있는 외국법인이 사업연도 중에 그 국내사업장을 가지지 아니하게 된 경우에는 그 사업연도 개시일부터 그 사업장을 가지지 아니하게 된 날까지의 기간을 1사업연도로 본다. 다만, 국내에 다른 사업장을 계속하여 가지고 있는 경우에는 그러하지 아니하다.

국내사업장이 없는 외국법인이 사업연도 중에 국내원천 부동산소득 또는 국내원천 부동산등양도소득이 발생하지 아니하게 되어 납세지 관할세무서장에게 그 사실을 신고한 경우에는 그 사업연도 개시일부터 신고일까지의 기간을 1사업연도로 본다.

납세지

1. 내국법인의 납세지

내국법인의 납세지는 그 법인의 등기부에 따른 본점이나 주사무소의 소재지(국내에 본점 또는 주사무소가 있지 아니하는 경우에는 사업을 실질적으로 관리하는 장소의 소재지)로 한다.

다만, 법인으로 보는 단체의 경우에는 당해 단체의 사업장 소재지로 하되, 주된 소득이 부동산임대소득인 단체의 경우에는 그 부동산의 소재지를 말한다. 이 경우 2 이상의 사업장 또는 부동산을 가지고 있는 단체의 경우에는 주된 사업장 또는 주된 부동산의 소재지를 말하며, 사업장이 없는 단체의 경우에는 당해 단체의 정관 등에 기재된 주사무소의 소재지(정관 등에 주사무소에 관한 규정이 없는 단체의 경우에는 그 대표자 또는 관리인의 주소)를 말한다. 이 경우 주된 사업장 또는 주된 부동산의 소재지라 함은 직전 사업연도의 사업수입금액이 가장 많은 사업장 또는 부동산의 소재지를 말한다.

2. 외국법인의 납세지

외국법인의 법인세 납세지는 국내사업장의 소재지로 한다. 다만, 국내사업장이 없는 외국법인으로서 국내원천 부동산소득 또는 국내원천 부동산등양도소득이 있는 외국법인의 경우에는 각각 그 자산의 소재지로 한다.

둘 이상의 국내사업장이 있는 외국법인에 대하여는 주된 사업장의 소재지를 납세지로 한다. 주된 사업장의 소재지란 직전 사업연도의 사업수입금액이 가장 많은 사업장의 소재지를 말한다. 다만, 주된 사업장 소재지의 판정은 최초로 납세지를 정하는 경우에만 적용한다.

둘 이상의 자산이 있는 법인에 대하여는 국내원천소득이 발생하는 장소 중 당해 외국법인이 납세지로 신고하는 장소를 납세지로 한다. 이 경우 그 신고는 2 이상의 국내원천소득이 발생하게 된 날부터 1월 이내에 납세지신고서에 의하여 납세지 관할세무서장에게 하여야 한다.

3. 원천징수한 법인세의 납세지

원천징수한 법인세의 납세지는 해당 원천징수의무자의 소재지로 한다.

① 원천징수의무자가 개인인 경우

㈎ 거주자 : 그 거주자의 주된 사업장 소재지. 다만, 주된 사업장 외의 사업장에서 원천징수를 하는 경우에는 그 사업장의 소재지, 사업장이 없는 경우에는 그 거주자의 주소지 또는 거소지로 한다.

㈏ 비거주자 : 그 비거주자의 주된 국내사업장 소재지. 다만, 주된 국내사업장 외의 국내사업장에서 원천징수를 하는 경우에는 그 국내사업장의 소재지, 국내사업장이 없는 경우에는 그 비거주자의 거류지 또는 체류지로 한다.

② 원천징수의무자가 법인인 경우

㈎ 해당 법인의 본점·주사무소 또는 국내에 본점이나 주사무소가 소재하지 않는 경우에는 사업의 실질적 관리장소(이하 "본점 등")의 소재지(법인으로 보는 단체의 경우에는 1.에 따른 소재지로, 외국법인의 경우에는 해당 법인의 주된 국내사업장의 소재지로 함)

㈏ ㈎에도 불구하고 법인의 지점·영업소 또는 그 밖의 사업장이 독립채산제에 의해 독자적으로 회계사무를 처리하는 경우에는 그 사업장의 소재지(그 사업장의 소재지가 국외에 있는 경우는 제외함). 다만, 법인이 지점·영업소 또는 그 밖의 사업장에서 지급하는 소득에 대한 원천징수세액을 본점 등에서 전자계산조직 등에 의해 일괄계산하는 경우로서 본점 등의 관할세무서장에게 신고하거나 사업자단위로 관할세무서장에게 등록한 경우에는 해당 법인의 본점 등의 소재지로 한다.

4. 납세지의 지정

관할지방국세청장이나 국세청장은 납세지가 그 법인의 납세지로 적당하지 아니하다고 인정되는 경우로서 다음의 어느 하나에 해당하는 경우에는 그 납세지를 지정할 수 있다. 이 경우 새로이 지정될 납세지가 그 관할을 달리하는 경우에는 국세청장이 그 납세지를 지정할 수 있다.

① 내국법인의 본점 등의 소재지가 등기된 주소와 동일하지 아니한 경우

② 내국법인의 본점 등의 소재지가 자산 또는 사업장과 분리되어 있어 조세포탈의 우려가 있다고 인정되는 경우

③ 둘 이상의 국내사업장을 가지고 있는 외국법인의 경우로서 직전 사업연도의 사업수입금액의 규모로 주된 사업장의 소재지를 판정할 수 없는 경우

④ 국내사업장이 없고 국내원천 부동산소득 또는 국내원천 부동산등양도소득에 따른 소득이 있는 외국법인으로서 둘 이상의 자산이 있는 외국법인이 납세지 신고를 신고를 하지 않은 경우

관할지방국세청장이나 국세청장은 납세지를 지정한 경우에는 해당 법인에 그 법인의 당

해 사업연도종료일부터 45일 이내에 이를 알려야 한다. 납세지의 지정통지를 기한내에 하지 아니한 경우에는 종전의 납세지를 그 법인의 납세지로 한다.

5. 납세지의 변경

법인은 납세지가 변경된 경우에는 그 변경된 날부터 15일 이내에 변경 후의 납세지 관할 세무서장에게 이를 신고하여야 한다. 이 경우 납세지가 변경된 법인이 「부가가치세법」 제8조(사업자등록)에 따라 그 변경된 사실을 신고한 경우에는 납세지 변경신고를 한 것으로 본다.

납세지의 변경신고를 받은 세무서장은 그 신고받은 내용을 변경전의 납세지 관할세무서장에게 통보하여야 한다.

납세지 변경신고를 하지 아니한 경우에는 종전의 납세지를 그 법인의 납세지로 한다.

외국법인이 납세지를 국내에 가지지 아니하게 된 경우에는 그 사실을 납세지 관할 세무서장에게 신고하여야 한다.

Chapter 02

세무조정과 소득처분

Section 01 | 세무조정

I 세무조정의 의의

법인은 수익에서 비용을 차감하여 당기순이익을 계산한다. 그리고 기업회계기준에 따라 그 당기순이익에 대한 법인세비용을 계산한다. 그러나 법인이 손익계산서에 계상한 법인세비용은 기업회계기준에 따라 계산한 금액이지 법인세법상 법인세는 아니다. 법인세법에서는 당기순이익이 아니라 내국법인의 각 사업연도 소득을 과세소득으로 하여 법인세를 계산한다. 즉, 법인세법에서는 법인이 손익계산서에 계상한 당기순이익을 법인세법상 각 사업연도 소득으로 조정하여 법인세를 계산하여야 한다. 법인이 손익계산서에 계상한 당기순이익을 법인세법상 각 사업연도 소득으로 조정하는 과정을 세무조정이라고 한다.

II 세무조정의 유형

1. 자기조정·외부조정·정부조정

세무조정은 세무조정의 주체에 따라 그 유형이 자기조정, 외부조정, 정부조정으로 나뉜다. 통상 외부조정은 자기조정에 포함되는 것으로 본다.

① 자기조정 : 법인이 세무사, 공인회계사 및 변호사에게 위탁하지 않고 스스로 행하는 세무조정

② 외부조정 : 세무사, 공인회계사 및 변호사에게 위탁하여 행하는 세무조정

③ 정부조정 : 법인이 법인세 신고를 하지 아니한 경우로서 납세지 관할 세무서장 또는 관할지방국세청장 그 법인의 각 사업연도의 소득에 대한 법인세의 과세표준과 세액을 결정할 때 행하는 세무조정

2. 가산조정과 차감조정

세무조정은 당기순이익을 증가시키는 가산조정과 당기순이익을 감소시키는 차감조정으로 그 유형을 나눌 수 있다.

① 가산조정
 (가) 수익의 과소계상 시 : 익금산입
 (나) 비용의 과다계상 시 : 손금불산입
② 차감조정
 (가) 수익의 과다계상 시 : 익금불산입
 (나) 비용의 과소계상 시 : 손금산입

3. 결산조정과 신고조정

세무조정의 방법에 따라 그 유형을 결산조정과 신고조정으로 나눌 수 있다.

(1) 결산조정

결산서에 수익 또는 비용으로 계상하는 형식에 의한 조정을 결산조정이라 한다. 내부적 계산항목과 손익 귀속사업연도를 선택할 수 있는 항목이 결산조정사항에 해당한다.

내부적 계상항목이란 외부와의 거래 없이 법인의 내부적인 의사결정에 따라 손비의 계상 여부나 계상할 손비의 크기가 결정되는 감가상각비, 대손금, 충당금 및 준비금 등을 말한다.

「법인세법」상 손익의 귀속사업연도와 관련하여 법인에게 선택권을 부여하고 있는 경우가 있다. 대표적인 예로 장기할부조건부 판매를 들 수 있다. 장기할부조건부로 상품 등을 판매하는 경우 상품 등의 판매 손익은 상품 등을 인도일이 속하는 사업연도에 귀속된다. 다만, 인도일이 속하는 사업연도의 결산을 확정함에 있어서 해당 사업연도에 회수하였거나 회수할 금액과 이에 대응하는 비용을 각각 수익과 비용으로 계상한 경우에는 그 장기할부조건에 따라 각 사업연도에 회수하였거나 회수할 금액과 이에 대응하는 비용을 각각 해당사업연도의 익금과 손금에 산입한다. 이와 같이 손익의 귀속사업연도를 선택할 수 있는 항목들이 결산조정사항에 해당한다.

결산조정사항에 해당하는 손금항목을 결산서에 비용으로 계상하지 않고 세무조정계산서에서 손금에 산입한 경우 그 인정여부가 문제가 되는데 결산조정사항에 해당하는 손금항목은 결산서에 비용으로 계상한 경우가 아니라면 손금으로 인정되지 않는다.

결산서에 계상되지 아니하고 누락된 결산조정사항은 차기 사업연도 이후 결산서에 계상하면 되므로 세무조정 및 경정청구는 허용되지 않는다.

(2) 신고조정

결산서에 수익 또는 비용으로 계상하지 않고 세무조정계산서에서 익금 또는 손금에 산입하는 조정을 신고조정이라 한다. 익금불산입사항 및 손금불산입사항은 모두 신고조정사항에 해당하고 결산조정사항에 해당하지 않는 익금산입사항 및 손금산입사항이 신고조정사항에 해당한다.

결산조정사항 외의 손금항목에 대해서는 법인이 법인세의 과세표준과 세액을 신고할 때 세무조정계산서에서 손금산입조정을 하였는지의 여부와 관계없이 손금에 산입한다. 이를 당연신고조정사항 또는 강제신고조정사항이라 한다.

다만, 법인이 세무조정계산서에서 손금산입조정을 한 경우에 한정하여 손금산입이 허용되는 임의신고조정사항도 있다. 임의신고조정사항은 본질적으로는 결산조정사항이지만 기업회계기준이 결산조정을 허용하지 않기 때문에 세법이 예외적으로 신고조정을 허용하는 사항이다. 임의신고조정사항에는 다음과 같은 것들이 있다.

① 일시상각충당금 및 압축기장충당금
② 조세특례제한법상 준비금
③ 고유목적사업준비금 : 감사인의 회계감사를 받는 비영리내국법인이 고유목적사업준비금을 세무조정계산서에 계상하고 그 금액 상당액을 해당 사업연도의 이익처분을 할 때 고유목적사업준비금으로 적립한 경우에는 그 금액을 결산을 확정할 때 손비로 계상한 것으로 본다.
④ 에너지절약시설의 감가상각비 손금산입 특례
⑤ 유형자산과 내용연수가 비한정인 무형자산의 감가상각비
⑥ 구상채권상각충당금 : 한국채택국제회계기준을 적용하는 법인이 구상채권상각충당금을 세무조정계산서에 계상하고 그 금액 상당액을 해당 사업연도의 이익처분을 할 때 구상채권상각충당금으로 적립한 경우에는 한도액의 범위에서 그 금액을 결산을 확정할 때 손비로 계상한 것으로 본다.
⑦ 비상위험준비금 : 한국채택국제회계기준을 적용하는 내국법인이 비상위험준비금을 세무조정계산서에 계상하고 그 금액 상당액을 해당 사업연도의 이익처분을 할 때 비상위

험준비금으로 적립한 경우에는 한도액의 범위에서 그 금액을 결산을 확정할 때 손비로 계상한 것으로 본다.

⑧ 해약환급금준비금 : 보험회사가 해약환급금준비금을 세무조정계산서에 계상하고 그 금액 상당액을 해당 사업연도의 이익처분을 할 때 해약환급금준비금으로 적립한 경우에는 그 금액을 결산을 확정할 때 손비로 계상한 것으로 보아 해당 사업연도의 소득금액을 계산할 때 손금에 산입한다.

강제신고조정사항의 손익 귀속사업연도는 「법인세법」에서 규정한 날이 속하는 사업연도로 하므로 손익이 누락된 강제신고조정사항에 대해서는 세무조정 및 경정청구를 하여야 한다.

Section 02 | 소득처분

I 소득처분의 의의

법인세 과세표준의 신고, 결정·경정 또는 「국세기본법」에 따른 수정신고가 있는 때 익금에 산입하거나 손금에 산입하지 아니한 금액은 그 귀속자 등에게 상여·배당·기타사외유출·기타소득·사내유보 등으로 처분한다. 비영리내국법인과 비영리외국법인에 대해서도 또한 같다.

II 소득처분의 유형 및 종류

1. 익금에 산입한 금액이 사외에 유출된 것이 분명한 경우

익금에 산입한 금액(손금에 산입하지 아니한 업무용승용차의 업무무무관비용 포함)이 사외에 유출된 것이 분명한 경우에는 그 귀속자에 따라 배당, 이익처분에 의한 상여, 기타소득, 기타사외유출로 할 것. 다만, 귀속이 불분명한 경우에는 대표자[소액주주 등이 아닌 주주 등인 임원 및 그와 특수관계에 있는 자가 소유하는 주식 등을 합하여 해당 법인의 발행주식총수 또는 출자총액의 30% 이상을 소유하고 있는 경우의 그 임원이 법인의 경영을 사실상 지배하고 있는 경우에는 그 자를 대표자로 하고, 대표자가 2명 이상인 경우에는 사실상의 대표자(대외적으로 회사를 대표할 뿐만 아니라 업무집행에 있어서 이사회의 일원으로 의사결정에 참여하고 집행 및 대표권을 가지며 회사에 대하여 책임을 지는 자)로 함)에게 귀속된 것으로 본다.

귀속자	소득처분	소득처분 효과	법인의 원천징수의무
주주 등 (임원 또는 직원인 주주 등 제외)	배당	배당소득	○
임원 또는 직원	상여	근로소득	○
법인 또는 사업을 영위하는 개인	기타사외유출	–	×
위 외의 자	기타소득	기타소득	○

법인 또는 사업을 영위하는 개인에게 분여된 이익이 내국법인 또는 외국법인의 국내사업장의 각 사업연도의 소득이나 거주자 또는 비거주자의 국내사업장의 사업소득을 구성하는 경우에 한하여 기타사외유출로 처분한다. 이와 같이 기타사외유출은 그 귀속자에게 추가로 법인세 또는 소득세를 부과하는 것이 적절치 않을 때 행하게 된다. 기타사외유출로 소득처분하여야 하는 경우의 예는 다음과 같다.

① 사외유출된 금액이 국가, 지방자치단체 및 지방자치단체조합 등 납세의무가 없는 자에게 귀속된 경우
② 사외유출된 금액이 이미 귀속자의 과세소득을 구성하고 있는 경우
③ 사외유출된 금액이 비과세소득에 해당하는 경우

익금산입액이 사외유출되어 특정 귀속자의 소득으로 된 경우에는 회계와 세법 간 손익차이를 조정할 수 없게 되어 회계상 순자산과 세법상 순자산은 영구적으로 일치하지 않게 된다. 이러한 이유로 익금산입액으로서 사외유출된 금액을 영구적 차이라고 부른다.

대표자 상여처분 시 대표자 판정(법집행 67-106-3)

사외로 유출된 금액의 귀속이 불분명하여 대표자에게 상여처분함에 있어서 대표자는 다음과 같이 판정한다.

1. 사업연도 중에 대표자가 변경된 경우 대표자 각인에게 귀속된 것이 분명한 금액은 이를 대표자 각인에게 구분하여 처분하고, 귀속이 분명하지 아니한 경우에는 재직기간의 일수에 따라 구분 계산하여 이를 대표자 각인에게 상여로 처분한다.
2. 해당 법인의 대표자가 아니라는 사실이 객관적인 증빙이나 법원의 판결에 따라 입증되는 경우를 제외하고는 등기상의 대표자를 그 법인의 대표자로 본다.
3. 법원의 가처분결정에 따라 직무집행이 정지된 법인의 대표자는 그 정지된 기간 중에는

대표자로서의 직무집행에서 배제되는 것이므로 법인등기부상에 계속 대표자로 등재되어 있는 경우에도 법인의 영업에 관한 장부 또는 증빙서류를 성실히 비치 기장하지 아니하여 발생되는 그 귀속이 불분명한 소득 등은 이를 그 직무집행이 배제된 명목상의 대표자에게 처분할 수 없는 것으로 한다. 따라서 이 경우에는 사실상의 대표자로 직무를 행사한 자를 대표자로 한다.

2. 익금에 산입한 금액이 사외에 유출되지 아니한 경우

익금에 산입한 금액이 사외에 유출되지 아니한 경우에는 사내유보로 할 것. 회계와 세법 간 손익인식시점의 차이, 자산·부채 인식액의 차이, 평가손익 인식 여부의 차이 등을 원인으로 익금에 산입한 금액으로서 사외유출되지 않은 경우에는 기간의 경과, 자산의 상각 및 처분 등으로 인하여 그 차이가 해소된다. 즉, 유보금액은 회계상 순자산과 세법상 순자산의 일시적 차이에 해당한다.

익금산입액이 사외유출되지 않은 경우란 회계상의 순자산이 과소계상 되어있는 경우를 말한다. 이에 따라 유보금액을 「자본금과 적립금 조정명세서(을)」에 별도로 기록하여 사후관리하면서 그 일시적 차이가 해소되는 경우에는 △유보로 기록한 후 유보금액과 상계처리한다. 일시적 차이로서 손금에 산입한 금액 역시 △유보로 「자본금과 적립금 조정명세서(을)」에 별도로 기재하여 사후관리하면서 그 일시적 차이가 해소되는 경우에는 유보로 기록한 후 △유보금액과 상계처리한다.[3)]

3. 소득처분을 기타로 하는 경우

익금에 산입한 금액이 사외에 유출되지 아니한 경우로서 회계상 자본구성요소와 세법상 자본구성요소의 영구적 차이에 해당하는 경우 기타로 소득처분한다.

자기주식처분이익을 예로 들어 설명한다. 회계상 자기주식처분이익은 자본의 증가로 처리한다. 반면 법인세법상 자기주식처분이익은 익금이다. 이에 따라 장부에 자본 구성요소의 증가액으로 계상된 금액을 법인세법상 익금으로 인식하면 법인세법상 소득금액이 증가한다. 법인세법상 자기주식처분이익은 법인의 소득금액으로서 잉여금을 구성하게 되므로 결과적으로 회계상 자본과 법인세법상 자본은 여전히 같게 된다. 법인세법상 자본 구성요소와 회계상 자본 구성요소 사이의 구성내역만이 달라질 뿐이다. 이는 회계와 법인세법상 자본 사이의 영구적 차이에 해당한다. 이와 같이 법인세법상 자본 구성요소 계정의 변동

3) 이준봉, 『법인세법강의(제4판)』, 삼일인포마인, 2025, 1014면

분을 통상 기타로 소득처분한다. 장부에 비용으로 계상된 금액을 법인세법상 자본 구성요소의 감소액으로 인식하여 손금불산입하는 경우에도 마찬가지이다.[4)]

4. 무조건 기타사외유출로 소득처분하는 경우

다음의 금액은 기타사외유출로 소득처분한다.

① 특례기부금한도초과액 및 일반기부금한도초과액

② 기업업무추진비 손금불산입액

㈎ 한 차례의 접대에 지출한 기업업무추진비 중 3만원(경조금의 경우 20만원)을 초과하는 기업업무추진비로서 적격증명서류를 수취하지 못한 것

㈏ 기업업무추진비 한도초과액

③ 임차한 업무용승용차의 감가상각비상당액 한도초과액 및 처분손실 중 800만원 초과액

④ 채권자불분명사채이자 및 비실명 채권·증권의 이자·할인액 또는 차익에 대한 원천징수세액에 상당하는 금액

⑤ 업무무관이자

⑥ 간주임대료

⑦ 귀속자가 불분명한 사외유출금액 및 추계결정·경정한 과세표준과 법인의 당기순이익의 차액을 익금에 산입한 금액이 대표자에게 귀속된 것으로 보아 처분한 경우 당해 법인이 그 처분에 따른 소득세 등을 대납하고 이를 손비로 계상하거나 그 대표자와의 특수관계가 소멸될 때까지 회수하지 아니함에 따라 익금에 산입한 금액

⑧ 부당한 자본거래 및 이에 준하는 행위 또는 계산에 해당하여 부당행위계산의 부인 규정에 따라 익금에 산입한 금액으로서 귀속자에게 「상속세 및 증여세법」에 의하여 증여세가 과세되는 금액

⑨ 외국법인의 국내사업장의 각 사업연도의 소득에 대한 법인세의 과세표준을 신고하거나 결정 또는 경정함에 있어서 익금에 산입한 금액이 그 외국법인 등에 귀속되는 소득과 「국제조세조정에 관한 법률」에 따라 익금에 산입된 금액이 국외특수관계인으로부터 반환되지 않은 소득[5)]

4) 이준봉, 『법인세법강의(제4판)』, 삼일인포마인, 2025, 1019면

5) 귀속자를 특정할 수 없기 때문이다.

5. 추계결정 및 경정의 경우

추계결정 및 경정된 과세표준과 법인의 재무상태표상의 당기순이익[6]과의 차액(법인세상당액을 공제하지 않은 금액을 말함)은 대표자에 대한 이익처분에 의한 상여로 한다. 다만, 천재지변 등으로 장부나 그 밖의 증명서류가 멸실되어 추계결정 또는 경정하는 경우에는 그러하지 아니하다(기타사외유출로 소득처분함).

과세표준을 추계결정 및 경정하는 경우 법인이 결손신고를 한 때에는 그 결손은 없는 것으로 본다.

6. 부당하게 사외유출된 금액을 회수한 경우

내국법인이 수정신고기한[7] 내에 매출누락, 가공경비 등 부당하게 사외유출된 금액을 회수하고 세무조정으로 익금에 산입하여 신고하는 경우의 소득처분은 사내유보로 한다. 다만, 다음의 어느 하나에 해당되는 경우로서 경정이 있을 것을 미리 알고 사외유출된 금액을 익금산입하는 경우에는 그러하지 아니하다.

① 세무조사의 통지를 받은 경우
② 세무조사가 착수된 것을 알게 된 경우
③ 세무공무원이 과세자료의 수집 또는 민원 등을 처리하기 위하여 현지출장이나 확인업무에 착수한 경우
④ 납세지 관할 세무서장으로부터 과세자료 해명 통지를 받은 경우
⑤ 수사기관의 수사 또는 재판 과정에서 사외유출사실이 확인된 경우
⑥ 그 밖에 위와 유사한 경우로서 경정이 있을 것을 미리 안 것으로 인정되는 경우

---

6) 당기순이익은 손익계산서에 계상되는 것이지만 우리 「법인세법」은 '재무상태표'상의 당기순이익이라고 표현하고 있다.

7) 관할 세무서장이 각 세법에 따라 해당 국세의 과세표준과 세액을 결정 또는 경정하여 통지하기 전으로서 국세의 부과제척기간이 끝나기 전까지 과세표준수정신고서를 제출할 수 있다(국기법 §45 ①).

익금과 익금불산입

Section 01 | 익금

I 익금의 범위

1. 본래의 익금

익금은 자본 또는 출자의 납입 및 「법인세법」에서 규정하는 것은 제외하고 해당 법인의 순자산을 증가시키는 거래로 인하여 발생하는 이익 또는 수입(이하 "수익")의 금액으로 한다.[8)]

2. 간주익금

다음의 금액은 익금으로 본다.

① 특수관계인인 개인으로부터 유가증권을 시가보다 낮은 가액으로 매입하는 경우 시가와 그 매입가액의 차액에 상당하는 금액[9)]

---

8) 법인세법은 다음과 같은 이유로 납입된 자본 또는 출자를 익금에서 제외한다(김완석·황남석, 「법인세법론」, 삼일인포마인, 2021, 192면).

① 납입된 자본 또는 출자는 법인의 소득을 발생시키는 원본에 해당하기 때문이다. 납입된 자본 또는 출자에 법인세의 과세를 허용하면 자본잠식을 초래하여 법인세의 존속이 불가능하게 된다.

② 법인세법상 과세대상은 법인의 소득이다. 납입된 자본 또는 출자는 투하자본으로서 법인의 소득이 아니다.

③ 법인세는 법인을 통하여 그 주주 또는 출자자에게 과세를 행한다는 사고를 전제로 하고 있기 때문에 해당 주주 또는 출자자가 납입한 자본 또는 출자 외의 주주지분증가분만이 법인세 과세대상이 되어야 한다.

9) 개인이 유가증권, 특히 주식을 저가로 양도할 경우 「소득세법」상 부당행위계산의 부인 규정을 적용하

② 간접외국납부세액으로서 외국납부세액공제의 대상이 되는 금액
③ 동업기업으로부터 배분받은 소득금액
④ 「조세특례제한법」에 따른 임대보증금 등의 간주익금

납입된 자본 또는 출자를 익금에서 제외하는 이유

법인세법은 다음과 같은 이유로 납입된 자본 또는 출자를 익금에서 제외한다.[10)]
① 납입된 자본 또는 출자는 법인의 소득을 발생시키는 원본에 해당하기 때문이다. 납입된 자본 또는 출자에 법인세의 과세를 허용하면 자본잠식을 초래하여 법인의 존속이 불가능하게 된다.
② 법인세법상 과세대상은 법인의 소득이다. 납입된 자본 또는 출자는 투하자본으로서 법인의 소득이 아니다.
③ 법인세는 법인을 통하여 그 주주 또는 출자자에게 과세를 행한다는 사고를 전제로 하고 있기 때문에 해당 주주 또는 출자자가 납입한 자본 또는 출자 외의 주주지분증가분만이 법인세 과세대상이 되어야 한다.

유가증권 저가매입에 따른 차액을 익금에 산입하는 이유

개인이 유가증권, 특히 주식을 저가로 양도할 경우 「소득세법」상 부당행위계산의 부인 규정을 적용하기가 어려워 그 대신 시가와 저가매입액의 차액에 상당하는 이익을 증여받은 법인에게 과세하는 것이다.[11)]

Ⅱ 수익의 범위

수익은 「법인세법」 및 「법인세법 시행령」에서 달리 정하는 것을 제외하고는 다음의 것을 포함한다.

① 한국표준산업분류에 따른 각 사업에서 생기는 사업수입금액(기업회계기준[12)]에 따른 매출에누

기가 어려워 그 대신 시가와 저가매입액의 차액에 상당하는 이익을 증여받은 법인에게 과세하는 것이다(김완석·황남석, 『법인세법론』, 삼일인포마인, 2021, 210면).

10) 김완석·황남석, 『법인세법론』, 삼일인포마인, 2021, 192면
11) 김완석·황남석, 『법인세법론』, 삼일인포마인, 2021, 210면
12) 다음의 어느 하나에 해당하는 회계기준을 말한다(법령 §79).
① 한국채택국제회계기준
② 한국회계기준원이 정한 회계처리기준
③ 증권선물위원회가 정한 업종별회계처리준칙
④ 「공공기관의 운영에 관한 법률」에 따라 제정된 공기업·준정부기관 회계규칙
⑤ 회사의 종류 및 규모 등을 고려하여 법무부장관이 중소벤처기업부장관 및 금융위원회와 협의하여 고시한 회계기준(상법령 §15 Ⅲ)

리금액 및 매출할인금액은 제외하고, 내국법인이 생산·공급하는 재화 또는 용역을 해당 내국법인의 임원 또는 직원에게 시가보다 낮은 가액으로 판매 또는 제공하는 경우에는 그 판매 또는 제공가액과 시가와의 차액은 사업수입금액에 포함함). 다만, 장부나 그 밖의 증명서류에 의하여 소득금액을 계산할 수 없는 경우에 해당하여 추계하는 경우 부동산임대에 의한 전세금 또는 임대보증금에 대한 사업수입금액은 정기예금이자율을 적용하여 계산한 금액으로 한다.

② 자산의 양도금액

③ 자기주식(합병법인이 합병에 따라 피합병법인이 보유하던 합병법인의 주식을 취득하게 된 경우 포함)의 양도금액. 이 경우 주식매수선택권의 행사에 따라 주식을 양도하는 경우에는 주식매수선택권 행사 당시의 시가로 계산한 금액으로 한다.

④ 자산의 임대료

⑤ 자산의 평가차익

⑥ 무상으로 받은 자산의 가액

⑦ 채무의 면제 또는 소멸로 인하여 생기는 부채의 감소액[채무의 출자전환으로 주식 등을 발행하는 경우로서 그 주식 등의 시가를 초과하여 발행된 금액(이하 "출자전환으로 인한 채무면제이익") 포함]

⑧ 손금에 산입한 금액 중 환입된 금액

⑨ 부당행위계산의 유형 중 하나에 해당하는 자본거래로 인하여 특수관계인으로부터 분여받은 이익

⑩ 특수관계인에 대한 업무무관 가지급금 및 그 이자(이하 "가지급금 등")로서 다음의 어느 하나에 해당하는 금액[13]

㈎ 특수관계가 소멸되는 날까지 회수하지 아니한 가지급금 등[㈏에 따라 익금에 산입한 이자는 제외]

㈏ 특수관계가 소멸되지 아니한 경우로서 특수관계인에 대한 업무무관가지급금의 이자를 이자발생일이 속하는 사업연도 종료일부터 1년이 되는 날까지 회수하지 아니한 경우 그 이자

⑪ 「보험업법」에 따른 보험회사가 적립한 책임준비금의 감소액(할인율의 변동에 따른 책임준비금 평가액의 감소분은 제외)으로서 보험감독회계기준에 따라 수익으로 계상된 금액

⑫ 「주택도시기금법」에 따른 주택도시보증공사가 적립한 책임준비금의 감소액(할인율의 변동

---

⑥ 그 밖에 법령에 따라 제정된 회계처리기준으로서 재정경제부장관의 승인을 받은 것

13) 다만, 다음의 어느 하나에 해당하는 정당한 사유가 있는 경우는 제외한다(법칙 §6의2).
① 채권·채무에 대한 쟁송으로 회수가 불가능한 경우
② 특수관계인이 회수할 채권에 상당하는 재산을 담보로 제공하였거나 특수관계인의 소유재산에 대한 강제집행으로 채권을 확보하고 있는 경우
③ 해당 채권과 상계할 수 있는 채무를 보유하고 있는 경우
④ 그 밖에 위와 비슷한 사유로서 회수하지 아니하는 것이 정당하다고 인정되는 경우

에 따른 책임준비금 평가액의 감소분은 제외)으로서 보험감독회계기준에 따라 수익으로 계상된 금액

⑬ 그 밖의 수익으로서 그 법인에 귀속되었거나 귀속될 금액

Ⅲ 임대보증금 등의 간주익금(조특법 §138)

차입금과다보유 내국법인[14]으로서 부동산임대업을 주업으로 하는 법인[15](비영리내국법인 제외)이 주택[16]을 제외한 부동산 또는 그 부동산에 관한 권리 등을 대여하고 보증금, 전세금 또는 이에 준하는 것을 받은 경우에는 다음의 산식에 의하여 계산한 금액을 익금에 가산한다. 이 경우 익금에 가산할 금액이 영(0)보다 적은 때에는 이를 없는 것으로 보며, 적수의 계산은 매월말 현재의 잔액에 경과일수를 곱하여 계산할 수 있다. 각 사업연도 중에 임대사업을 개시한 경우에는 임대사업을 개시한 날부터 적수를 계산한다.

[장부를 기장한 경우]
간주임대료 = (보증금 등의 적수 − 건설비상당액의 적수) × 정기예금이자율 ÷ 365(윤년 366) − 금융수익

[추계하는 경우]
간주임대료 = 보증금 등의 적수 × 정기예금이자율 ÷ 365(윤년 366)

▶ 보증금등의 적수 : 당해 사업연도의 보증금등의 적수를 말한다. 부동산을 임차하여 전대하는 경우 보증금등의 적수는 전대보증금등의 적수에서 임차보증금등의 적수를 차감하여 계산한다. 이 경우 임차보증금등의 적수가 전대보증금등의 적수를 초과하는 때에는 그 초과하는 부분은 이를 없는 것으로 한다.

▶ 건설비상당액 : 건설비상당액은 당해건축물의 취득가액(자본적 지출액을 포함하고, 재평가차액을 제외함)으로 하고, 그 적수는 다음의 산식에 의하여 계산한 금액으로 한다. 이 경우 면적의 적수의 계산은 매월말 현재의 잔액에 경과일수를 곱하여 계산할 수 있다.

① 지하도를 건설하여 「국유재산법」 기타 법령에 의하여 국가 또는 지방자치단체에 기부채납하고 지하도로 점용허가(1차 무상점유기간에 한함)를 받아 이를 임대하는 경우

---

14) 자기자본의 2배에 상당하는 금액을 초과하여 차입금을 보유하고 있는 내국법인을 말한다. 이 경우 차입금과 자기자본은 적수로 계산한다(조특령 §132 ①).

15) 당해 법인의 사업연도 종료일 현재 자산총액 중 임대사업에 사용된 자산가액이 50% 이상인 법인을 말한다(조특령 §132 ③).

16) 주택과 그 부속토지로서 다음의 면적 중 넓은 면적 이내의 토지를 말한다(조특령 §132 ④).
① 주택의 연면적(지하층의 면적, 지상층의 주차용으로 사용되는 면적 및 주민공동시설의 면적을 제외함)
② 건물이 정착된 면적에 5배(도시지역 밖의 토지의 경우에는 10배)를 곱하여 산정한 면적

지하도의 건설비 적수총계 × $\frac{\text{임대면적의 적수}}{\text{임대가능면적의 적수}}$

② 위 외의 임대부동산

임대용부동산의 건설비(토지 가액 제외) 적수총계 × $\frac{\text{임대면적의 적수}}{\text{건물 연면적의 적수}}$

▶ 금융수익 : 당해 사업연도의 임대사업부분에서 발생한 수입이자와 할인료·배당금·신주인수권처분익 및 유가증권처분익의 합계액을 말한다. 이 경우 유가증권처분익이라 함은 유가증권의 매각익에서 매각손을 차감한 금액을 말한다.

IV 배당금 또는 분배금의 의제

1. 유형

(1) 잉여금의 자본전입

1) 의제배당액

본문 다음의 금액은 다른 법인의 주주 또는 출자자(이하 "주주 등")인 내국법인의 각 사업연도의 소득금액을 계산할 때 그 다른 법인으로부터 이익을 배당받았거나 잉여금을 분배받은 금액으로 본다.

① 법인의 잉여금의 전부 또는 일부를 자본이나 출자에 전입함으로써 주주 등인 내국법인이 취득하는 주식 등의 가액. 다만, 다음의 어느 하나에 해당하는 금액을 자본에 전입하는 경우는 제외한다.
   (가) 「상법」에 따른 자본준비금
   (나) 「자산재평가법」에 따른 재평가적립금(토지의 재평가차액에 상당하는 금액은 제외함)

② 법인이 자기주식 또는 자기출자지분을 보유한 상태에서 ①의 (가)와 (나)를 자본전입 함에 따라 그 법인 외의 주주 등인 내국법인의 지분 비율이 증가한 경우 증가한 지분 비율에 상당하는 주식 등의 가액

「상법」에 따른 자본준비금

1. 「상법」에 따른 자본준비금은 주식발행액면초과액, 주식의 포괄적 교환차익, 주식의 포괄적 이전차익, 감자차익, 합병차익, 분할차익을 말한다. 다만, 다음의 어느 하나에 해당하는 금액은 제외한다.

① 출자전환으로 인한 채무면제이익

② 자기주식 또는 자기출자지분을 소각하여 생긴 이익(소각 당시 시가가 취득가액을 초과하지 아니하는 경우로서 소각일부터 2년이 지난 후 자본에 전입하는 금액 제외)[17)]

③ 적격합병(적격합병으로 보는 경우 포함)을 한 경우 다음의 금액의 합계액. 이 경우 합병차익을 한도로 한다.[18)]

(가) 합병등기일 현재 합병법인이 승계한 재산의 가액이 그 재산의 피합병법인 장부가액(승계한 세무조정사항이 있는 경우에는 그 세무조정사항 중 익금불산입액은 더하고 손금불산입액은 뺀 가액으로 함)을 초과하는 경우 그 초과하는 금액(합병평가차익)[19)]

(나) 피합병법인의 의제배당대상 자본잉여금

(다) 피합병법인의 이익잉여금

④ 적격분할을 한 경우 다음의 금액의 합계액. 이 경우 분할차익을 한도로 한다.

(가) 분할등기일 현재 분할신설법인등이 승계한 재산의 가액이 그 재산의 분할법인 장부가액(승계한 세무조정사항이 있는 경우에는 그 세무조정사항 중 익금불산입액은 더하고 손금불산입액은 뺀 가액으로 함)을 초과하는 경우 그 초과하는 금액(분할평가차익)

(나) 분할에 따른 분할법인의 자본금 및 의제배당대상 자본잉여금 외의 잉여금의 감소액이분할한 사업부문의 분할등기일 현재 순자산 장부가액에 미달하는 경우 그 미달하는 금액. 이 경우 분할법인의 분할등기일 현재의 분할 전 이익잉여금과 의제배당대상 자본잉여금에 상당하는 금액의 합계액을 한도로 한다.

<table>
<tr><td rowspan="3">분할한 자산</td><td>분할한 부채</td><td></td></tr>
<tr><td rowspan="2">분할법인의 자본 감소액</td><td>분할법인의 자본금 및 의제배당대상 자본잉여금 외의 잉여금 감소액</td></tr>
<tr><td>한도 : 분할법인의 분할 전 이익잉여금과 의제배당대상 자본잉여금</td></tr>
</table>

17) 자기주식의 소각 당시 그 시가가 취득가액을 초과한 상태에서 자기주식소각이익을 자본에 전입하여 주식을 발행하는 것은 자기주식을 먼저 시가로 처분하여 자기주식처분이익을 인식한 이후에 그 처분이익을 자본에 전입하여 주식배당을 하는 경우와 그 경제적 실질이 같다. 자기주식의 소각을 통하여 자기주식처분이익의 인식을 잠탈할 수 있는 것이다. 또한 자기주식의 소각 당시에는 시가가 그 취득가액을 초과한 상태는 아니지만 자기주식소각이익을 인식한 이후 어느 시점에 주식의 시가가 당초 자기주식의 취득가액을 초과하게 된 상태에서 그 자기주식소각이익을 자본에 전입하여 주식을 발행한다면 자기주식의 소각 당시 주식의 시가가 자기주식의 취득원가를 초과하는 경우와 동일한 결과가 발생할 수 있는 여지가 있다. 다만, 그 소각 당시 향후 주식의 가격을 예상할 수는 없으므로 법인세법은 그 기한을 2년으로 제한한다(이준봉, 『법인세법강의』, 삼일인포마인, 2025, 360면).

18) 이 규정은 피합병법인이 합병 전에 이익잉여금 등을 자본금전입하면 의제배당으로 과세되지만 합병을 통하여 이익잉여금 등이 합병차익으로 전환되면서 이를 자본금전입하더라도 의제배당되지 않는 불균형을 조정하기 위한 것이다. 의제배당과세를 적격합병으로 한정하는 것은 비적격합병시에는 피합병법인의 이익잉여금 상당액이 의제배당으로 과세되는 것을 고려한 것이다. 이하 분할차익의 자본금전입시 의제배당의 경우도 동일하다(김완석·황남석, 『법인세법론』, 삼일인포마인, 2021, 226면).

19) 합병평가차익은 자산조정계정과 일치할 수도, 일치하지 않을 수도 있다. 합병법인이 재무회계상 합병 당시의 피합병법인의 장부가액을 그대로 승계한다면 합병평가차익은 영(0)이 된다. 따라서 의제배당으

⑤ 「상법」에 따른 주식의 상환에 관한 종류주식의 주식발행액면초과액 중 이익잉여금으로 상환된 금액[20]

2. 1.의 ③ 및 ④를 적용할 때 합병차익 또는 분할차익의 일부를 자본 또는 출자에 전입하는 경우에는 각각 해당 금액 외의 금액을 먼저 전입하는 것으로 한다.

3. 1.의 ③ 및 ④를 적용할 때 「상법」에 따른 준비금의 승계가 있는 경우에도 그 승계가 없는 것으로 보아 이를 계산한다.[21]

「자산재평가법」에 따른 재평가적립금

1. 재평가라 함은 법인 또는 개인의 기업에 소속된 자산을 현실에 적합한 가액으로 그 장부가액을 증액하는 것을 말한다(자산재평가법 §2①).
2. 법인 및 사업자는 재평가일 현재 그 기업에 소속된 자산으로서 국내에 소재하는 다음의 자산에 대하여 「자산재평가법」이 정하는 바에 의하여 재평가를 할 수 있다(자산재평가법 §5 ①). 이에 의한 자산의 재평가액은 재평가일 현재의 시가에 의한다(자산재평가법 §7 ①).
   ① 법인세법에 의하여 감가상각이 가능한 고정자산
   ② 1997년 12월 31일 이전에 취득한 토지
3. 재평가일은 다음에 해당하는 날로 한다(자산재평가법 §4 ①).
   ① 법인 : 각사업연도개시일 또는 각사업연도개시일부터 각각 3월·6월 또는 9월이 경과한 날
   ② 개인 : 매년 1월 1일, 4월 1일, 7월 1일 또는 10월 1일
4. 재평가차액은 자산의 재평가액에서 재평가일 1일전의 평가액을 공제한 잔액으로 한다(자산재평가법 §8 ①).
5. 법인이 재평가를 한 경우에는 그 재평가차액에서 재평가일 1일전의 대차대조표상의 이월결손금을 공제한 잔액을 재평가적립금으로서 적립하여야 한다(자산재평가법 §28 ①).
6. 재평가적립금은 다음의 어느 하나에 해당하는 경우를 제외하고는 이를 처분하지 못한다(자산재평가법 §28 ②).

로 과세되는 금액은 없다. 그럼에도 불구하고 합병평가차익을 자산조정계정으로 오해하여 합병차익 자본전입 시 의제배당으로 과세를 한다면 나중에 합병으로 승계한 자산을 처분할 때 자산조정계정 상당액의 처분이익이 발생하고 그 처분이익을 재원으로 하는 이익잉여금을 자본금전입할 때 그 무상주에 대하여 다시 의제배당으로 과세하는 결과가 발생하여 이중과세될 수 있다(김완석·황남석, 『법인세법론』, 삼일인포마인, 2021, 226면).

20) 종류주식이란 이익의 배당, 잔여재산의 분배, 주주총회에서의 의결권의 행사, 상환 및 전환 등에 관하여 내용이 다른 종류의 주식을 말한다(상법 §344 ①). 회사는 정관으로 정하는 바에 따라 회사의 이익으로써 소각할 수 있는 종류주식을 발행할 수 있고(상법 §345 ①), 이에 따라 종류주식의 주식발행초과금을 이익잉여금으로 상환한 경우에 그 이익잉여금을 말한다.

21) 합병이나 분할 또는 분할합병의 경우 소멸 또는 분할되는 회사의 이익준비금이나 그 밖의 법정준비금은 합병·분할·분할합병 후 존속되거나 새로 설립되는 회사가 승계할 수 있다(상법 §459 ②). 회사의 이익준비금이나 그 밖의 법정준비금은 그 회사의 이익잉여금 중 일부이므로 굳이 준비금을 별도로 구분하여 계산할 필요가 없다.

① 재평가세의 납부
② 자본에의 전입
③ 재평가일 이후 발생한 대차대조표상의 이월결손금의 보전
④ 환율조정계정상의 금액과의 상계

7. 재평가차액은 법인세법 또는 소득세법의 규정에 의한 소득금액계산상 익금 또는 수입금액에 산입하지 아니한다. 다만, 토지의 재평가차액은 법인세법에 의한 소득금액계산상 익금에 산입하되, 법인세법이 정하는 바에 의하여 당해 재평가차액에 상당하는 금액을 손금에 산입할 수 있다(자산재평가법 §33 ①).
8. 「자산재평가법」에 따른 재평가적립금의 일부를 자본 또는 출자에 전입하는 경우에는 토지의 재평가차액과 토지 외의 자산의 재평가차액의 비율에 따라 각각 전입한 것으로 한다(법령 §12 ④).

2) 무상주의 평가

잉여금의 자본전입으로 인하여 수령한 무상주는 액면가액 또는 출자금액으로 평가한다. 다만, 투자회사 등이 취득하는 주식 등의 경우에는 영으로 한다.[22)]

「상법」에 따른 자본준비금 및 「자산재평가법」에 따른 재평가적립금(토지의 재평가차액에 상당하는 금액은 제외함)의 자본전입으로 인하여 무상주를 수령하는 경우 신·구주식의 1주당 장부가액은 다음에 의한다.

$$1\text{주당 장부가액} = \frac{\text{구주식의 장부가액}}{\text{구주식} + \text{무상주}}$$

무액면주식의 가액은 자본금에 전입한 금액을 자본금 전입에 따라 신규로 발행한 주식수로 나누어 계산한 금액에 의한다.

(2) 감자, 퇴사·탈퇴, 해산, 합병 및 분할

1) 의제배당액

다음의 금액은 주주 등인 내국법인의 각 사업연도의 소득금액을 계산할 때 그 다른 법인으로부터 이익을 배당받았거나 잉여금을 분배받은 금액으로 본다.

① 주식의 소각, 자본의 감소, 사원의 퇴사·탈퇴 또는 출자의 감소로 인하여 주주 등인 내국법인이 취득하는 금전과 그 밖의 재산가액의 합계액이 해당 주식 또는 출자지분(이하 "주식 등")을 취득하기 위하여 사용한 금액을 초과하는 금액

▶ 주식 등의 소각(자본 또는 출자의 감소 포함)전 2년 이내에 의제배당 대상이 아닌 금액의 자본전입으

22) 투자회사는 도관에 불과하다. 즉, 투자회사가 분배받은 이익 또는 잉여금이 아니므로 과세하지 않는다.

로 인한 주식 등의 취득이 있는 경우에는 그 주식 등을 먼저 소각한 것으로 보며, 그 주식 등의 당초 취득가액은 이를 0(영)으로 한다. 이 경우 그 기간 중에 주식 등의 일부를 처분한 경우에는 해당 주식 등과 다른 주식 등을 그 주식 등의 수에 비례하여 처분한 것으로 보며, 그 주식 등의 소각 후 1주당 장부가액은 소각 후 장부가액의 합계액을 소각 후 주식 등의 총수로 나누어 계산한 금액으로 한다.

② 해산한 법인의 주주 등(법인으로 보는 단체의 구성원 포함)인 내국법인이 법인의 해산으로 인한 잔여재산의 분배로서 취득하는 금전과 그 밖의 재산의 가액이 그 주식 등을 취득하기 위하여 사용한 금액을 초과하는 금액

③ 피합병법인의 주주 등인 내국법인이 취득하는 합병대가가 그 피합병법인의 주식 등을 취득하기 위하여 사용한 금액을 초과하는 금액

▶ 합병대가 : 합병법인으로부터 합병으로 인하여 취득하는 합병법인(합병등기일 현재 합병법인의 발행주식총수 또는 출자총액을 소유하고 있는 내국법인 포함)의 주식 등의 가액과 금전 또는 그 밖의 재산가액의 합계액

④ 분할법인 또는 소멸한 분할합병의 상대방 법인의 주주인 내국법인이 취득하는 분할대가가 그 분할법인 또는 소멸한 분할합병의 상대방 법인의 주식(분할법인이 존속하는 경우에는 소각 등에 의하여 감소된 주식만 해당)을 취득하기 위하여 사용한 금액을 초과하는 금액

▶ 분할대가 : 분할신설법인 또는 분할합병의 상대방 법인으로부터 분할로 인하여 취득하는 분할신설법인 또는 분할합병의 상대방 법인(분할등기일 현재 분할합병의 상대방 법인의 발행주식총수 또는 출자총액을 소유하고 있는 내국법인 포함)의 주식의 가액과 금전 또는 그 밖의 재산가액의 합계액

2) 금전 외의 재산가액의 평가

감자, 퇴사·탈퇴, 해산, 합병 및 분할에 따라 취득한 재산 중 금전 외의 재산의 가액은 다음에 따른다.

① 취득한 재산이 주식 등인 경우

구 분	내 용
합병대가 및 분할대가로 받은 주식 등	① 적격합병 또는 적격분할에 해당하는 경우 : 종전 주식의 장부가액 ② 합병대가 또는 분할대가 중 일부를 금전이나 그 밖의 재산으로 받은 경우 Min[(가), (나)][23)] (가) 합병 또는 분할로 취득한 주식 등의 시가 (나) 종전 주식의 장부가액 ③ 투자회사 등이 취득하는 주식 등 : 영(0)

23) 합병대가 또는 분할대가 중 일부를 금전이나 그 밖의 재산으로 받은 경우로서 합병 또는 분할로 취득한 주식 등을 시가로 평가한 가액이 종전의 장부가액보다 작은 경우에 그 주식 등을 시가로 평가하는

구 분	내 용
주식배당	발행금액[투자회사 등이 받는 주식배당의 경우에는 영(0)]
그 밖의 경우	취득 당시 시가. 다만, 부당한 자본거래에 따른 특수관계인으로부터 분여받은 이익이 있는 경우에는 그 금액을 차감한 금액.[24)]

② 위 외의 경우 : 그 재산의 취득 당시의 시가

2. 배당 또는 분배의제의 시기

이익을 배당받았거나 잉여금을 분배받은 날은 다음의 구분에 따른 날로 한다.

① 잉여금 자본전입 무상주 : 그 주주총회·사원총회 또는 이사회에서 잉여금의 자본 또는 출자에의 전입을 결의한 날(이사회의 결의에 의하는 경우에는 「상법」에 따라 정한 날)

▶ 회사는 이사회의 결의에 의하여 준비금의 전부 또는 일부를 자본금에 전입할 수 있다. 그러나 정관으로 주주총회에서 결정하기로 정한 경우에는 그러하지 아니하다(상법 §461 ①). 이 경우에는 주주에 대하여 그가 가진 주식의 수에 따라 주식을 발행하여야 한다(상법 §461 ②). 이에 따른 이사회의 결의가 있은 때에는 회사는 일정한 날을 정하여 그 날에 주주명부에 기재된 주주가 신주의 주주가 된다는 뜻을 그 날의 2주간전에 공고하여야 한다(상법 §461 ③).

② 주식의 소각, 자본의 감소 또는 출자의 감소 : 그 주주총회·사원총회 또는 이사회에서 주식의 소각, 자본 또는 출자의 감소를 결의한 날(다만, 주식의 소각, 자본 또는 출자의 감소를 결의한 날의 주주와 「상법」에 따른 기준일의 주주가 다른 경우에는 그 기준일)

▶ 회사는 의결권을 행사하거나 배당을 받을 자 기타 주주 또는 질권자로서 권리를 행사할 자를 정하기 위하여 일정한 기간을 정하여 주주명부의 기재변경을 정지하거나 일정한 날(기준일)에 주주명부에 기재된 주주 또는 질권자를 그 권리를 행사할 주주 또는 질권자로 볼 수 있다(상법 §354 ①). 기준일은 주주 또는 질권자로서 권리를 행사할 날에 앞선 3월내의 날로 정하여야 한다(상법 §354 ③).

③ 사원의 퇴사·탈퇴 : 그 주주총회·사원총회 또는 이사회에서 주식의 소각, 자본 또는 출자의 감소, 잉여금의 자본 또는 출자에의 전입을 결의한 날(이사회의 결의에 의하는 경우에는 「상법」에 따라 정한 날. 다만, 주식의 소각, 자본 또는 출자의 감소를 결의한 날의 주주와 「상법」에 따른 기준일의 주주가 다른 경우에는 그 기준일) 또는 사원이 퇴사·탈퇴한 날

④ 해산 : 잔여재산의 가액이 확정된 날

⑤ 합병 : 합병등기일

⑥ 분할 : 분할등기일

이유는 합병대가 또는 분할대가로서 받은 전체 재산의 시가 범위에서 실현된 이익에 대해서만 과세하고자 함이다(주민규, 『세무회계연습Ⅰ 법인세법』, 2024, 세경사, 883면).

24) 부당행위계산의 부인 규정(법법 §88 ① Ⅷ) 적용으로 익금에 산입하기 때문이다.

Section 02 | 익금불산입

I 자본거래로 인한 수익의 익금불산입

1. 주식발행액면초과액

액면금액 이상으로 주식을 발행한 경우 그 액면금액을 초과한 금액(무액면주식의 경우에는 발행가액 중 자본금으로 계상한 금액을 초과하는 금액을 말함). 다만, 출자전환으로 인한 채무면제이익은 제외한다.

2. 주식의 포괄적 교환차익

주식의 포괄적 교환(상법 §360의2)을 한 경우로서 자본금 증가의 한도액(상법 §360의7)이 완전모회사의 증가한 자본금을 초과한 경우의 그 초과액[25)]

주식의 포괄적 교환을 한 경우로서 자본금 증가의 한도액

회사는 주식의 포괄적 교환에 의하여 다른 회사의 발행주식의 총수를 소유하는 회사(이하 "완전모회사")가 될 수 있다. 이 경우 그 다른 회사를 완전자회사라 한다(상법 §360의2 ①).

주식의 포괄적 교환에 의하여 완전자회사가 되는 회사의 주주가 가지는 그 회사의 주식은 주식을 교환하는 날에 주식교환에 의하여 완전모회사가 되는 회사에 이전하고, 그 완전자회사가 되는 회사의 주주는 그 완전모회사가 되는 회사가 주식교환을 위하여 발행하는 신주의 배정을 받거나 그 회사 자기주식의 이전을 받음으로써 그 회사의 주주가 된다(상법 §360의2 ②).

완전모회사가 되는 회사의 자본금은 주식교환의 날에 완전자회사가 되는 회사에 현존하는 순자산액에서 다음의 금액을 뺀 금액을 초과하여 증가시킬 수 없다(상법 §360의7 ①). 즉, 완전모회사가 되는 회사가 주식교환을 위하여 발행하는 신주의 가액이 자본금 증가의 한도액이 된다.

① 완전자회사가 되는 회사의 주주에게 제공할 금전이나 그 밖의 재산의 가액

② 완전자회사가 되는 회사의 주주에게 이전하는 완전모회사의 자기주식의 장부가액의 합계액

---

25) 즉, 완전모회사가 되는 회사가 주식교환을 위하여 발행하는 신주의 가액이 그 신주의 자본금을 초과하는 금액을 말하는 것으로서 그 실질은 주식발행액면초과액과 같은 것이므로 내국법인의 각 사업연도의 소득금액을 계산할 때 익금에 산입하지 아니하는 것이다.

3. 주식의 포괄적 이전차익

주식의 포괄적 이전(상법 §360의15)을 한 경우로서 자본금의 한도액(상법 §360의18)이 설립된 완전모회사의 자본금을 초과한 경우의 그 초과액[26)]

주식의 포괄적 이전을 한 경우로서 자본금의 한도액

회사는 주식의 포괄적 이전에 의하여 완전모회사를 설립하고 완전자회사가 될 수 있다(상법 §360의15 ①).
주식이전에 의하여 완전자회사가 되는 회사의 주주가 소유하는 그 회사의 주식은 주식이전에 의하여 설립하는 완전모회사에 이전하고, 그 완전자회사가 되는 회사의 주주는 그 완전모회사가 주식이전을 위하여 발행하는 주식의 배정을 받음으로써 그 완전모회사의 주주가 된다(상법 §360의15 ②).
설립하는 완전모회사의 자본금은 주식이전의 날에 완전자회사가 되는 회사에 현존하는 순자산액에서 그 회사의 주주에게 제공할 금전 및 그 밖의 재산의 가액을 뺀 액을 초과하지 못한다(상법 §360의18). 즉, 완전모회사가 주식이전을 위하여 발행하는 주식의 가액이 자본금의 한도액이 된다.

4. 감자차익

자본감소의 경우로서 그 감소액이 주식의 소각, 주금의 반환에 든 금액과 결손의 보전에 충당한 금액을 초과한 경우의 그 초과금액

(차)	자 본 금	×××	(대)	현 금	×××
				이월결손금	×××
				감 자 차 익	×××

5. 합병차익

합병(상법 §174)의 경우로서 소멸된 회사로부터 승계한 재산의 가액이 그 회사로부터 승계한 채무액, 그 회사의 주주에게 지급한 금액과 합병 후 존속하는 회사의 자본금증가액 또는 합병에 따라 설립된 회사의 자본금을 초과한 경우의 그 초과금액[27)]. 다만, 소멸된

26) 즉, 완전모회사가 되는 회사가 주식이전을 위하여 발행하는 신주의 가액이 그 신주의 자본금을 초과하는 금액을 말하는 것으로서 그 실질은 주식발행액면초과액과 같은 것이므로 내국법인의 각 사업연도의 소득금액을 계산할 때 익금에 산입하지 아니하는 것이다.

27) 합병차익은 피합병법인의 주주에 의한 자본금 또는 출자의 납입에 해당하거나 피합병법인의 이월익금을 구성하기 때문에 익금불산입하도록 하고 있다(김완석·황남석, 『법인세법론』, 삼일인포마인, 2021, 244면).

회사로부터 승계한 재산가액이 그 회사로부터 승계한 채무액, 그 회사의 주주에게 지급한 금액과 주식가액을 초과하는 경우로서 「법인세법」에서 익금으로 규정한 금액은 제외한다.[28)]

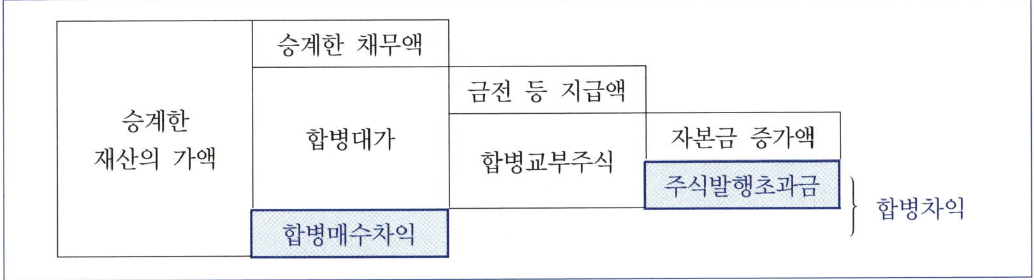

6. 분할차익

분할 또는 분할합병(상법 §530의2)으로 설립된 회사 또는 존속하는 회사에 출자된 재산의 가액이 출자한 회사로부터 승계한 채무액, 출자한 회사의 주주에게 지급한 금액과 설립된 회사의 자본금 또는 존속하는 회사의 자본금증가액을 초과한 경우의 그 초과금액[29)]. 다만, 분할 또는 분할합병으로 설립된 회사 또는 존속하는 회사에 출자된 재산의 가액이 출자한 회사로부터 승계한 채무액, 출자한 회사의 주주에게 지급한 금액과 주식가액을 초과하는 경우로서 「법인세법」에서 익금으로 규정한 금액은 제외한다.[30)]

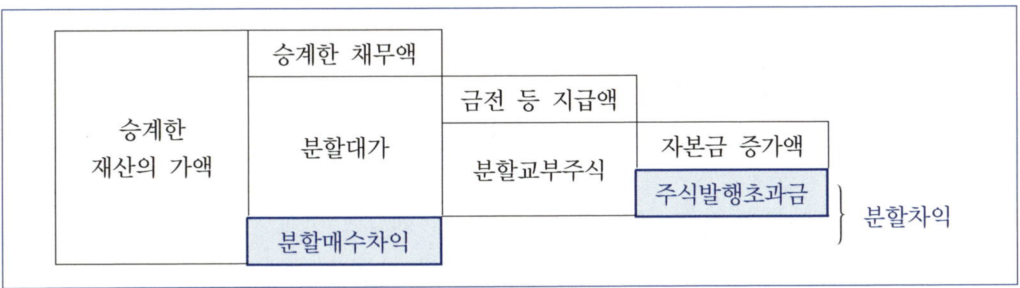

28) 합병매수차익은 합병차익을 구성하지만 「법인세법」상 익금이다.

29) 분할차익은 실질적으로 분할법인의 주주에 의한 자본금 또는 출자의 납입과 다를 바 없거나 이월익금을 구성하는 것이므로 익금불산입하도록 하고 있다(김완석·황남석, 『법인세법론』, 삼일인포마인, 2021, 244면).

30) 분할매수차익은 분할차익을 구성하지만 「법인세법」상 익금이다.

 평가이익 등의 익금불산입

다음의 금액은 내국법인의 각 사업연도의 소득금액을 계산할 때 익금에 산입하지 아니한다.

① 자산의 평가이익. 다만, 다음의 어느 하나에 해당하는 평가로 인하여 발생하는 평가이익은 제외한다.

(가) 「보험업법」이나 그 밖의 법률에 따른 유형자산 및 무형자산 등의 평가(장부가액을 증액한 경우만 해당함)

(나) 다음의 자산과 부채의 평가

㉠ 재고자산

㉡ 유가증권 등

㉢ 화폐성 외화자산과 부채

㉣ 금융회사 등이 보유하는 통화 관련 파생상품 중 통화선도, 통화스왑 및 환변동보험

㉤ 금융회사 등 외의 법인이 화폐성외화자산·부채의 환위험을 회피하기 위하여 보유하는 통화선도, 통화스왑 및 환변동보험

② 각 사업연도의 소득으로 이미 과세된 소득(「법인세법」과 다른 법률에 따라 비과세되거나 면제되는 소득 포함)

③ 손금에 산입하지 아니한 법인세 또는 법인지방소득세를 환급받았거나 환급받을 금액을 다른 세액에 충당한 금액[31]

④ 국세 또는 지방세의 과오납금의 환급금에 대한 이자

⑤ 부가가치세의 매출세액

⑥ 무상으로 받은 자산의 가액(국고보조금 등은 제외함)과 채무의 면제 또는 소멸로 인한 부채의 감소액 중 다음의 어느 하나에 해당하는 이월결손금을 보전하는 데에 충당한 금액

(가) 결손금(적격합병 및 적격분할에 따라 승계받은 결손금은 제외함)으로서 그 후의 각 사업연도의 과세표준을 계산할 때 공제되지 아니한 금액

(나) 신고된 각 사업연도의 과세표준에 포함되지 아니하였으나 다음의 어느 하나에 해당하는 결손금 중 「법인세법」에 따른 결손금에 해당하는 것[32]

---

31) 손금으로 인정하지 않는 항목은 익금으로도 인정하지 않는다.

32) 통상적인 세무처리에 의하여는 소득금액 공제에 사용될 수 없지만 기업회생을 위하여 특별히 인정된 결손금이다(김완석·황남석, 『법인세법론』, 삼일인포마인, 2021, 249면).

㉠ 「채무자 회생 및 파산에 관한 법률」에 따른 회생계획인가의 결정을 받은 법인의 결손금으로서 법원이 확인한 것

㉡ 「기업구조조정 촉진법」에 의한 기업개선계획의 이행을 위한 약정이 체결된 법인으로서 금융채권자협의회가 의결한 결손금

⑦ 다음 어느 하나에 해당하는 법인의 출자전환으로 인한 채무면제이익 중 이월결손금 보전에 충당하지 아니한 금액은 해당 사업연도의 익금에 산입하지 아니하고 그 이후의 각 사업연도에 발생한 결손금의 보전에 충당할 수 있다.

(가) 「채무자 회생 및 파산에 관한 법률」에 따라 채무를 출자로 전환하는 내용이 포함된 회생계획인가의 결정을 받은 법인

(나) 「기업구조조정 촉진법」에 따라 채무를 출자로 전환하는 내용이 포함된 기업개선계획의 이행을 위한 약정을 체결한 부실징후기업

(다) 해당 법인에 대하여 채권을 보유하고 있는 「금융실명거래 및 비밀보장에 관한 법률」에 따른 금융회사 등과 채무를 출자로 전환하는 내용이 포함된 경영정상화계획의 이행을 위한 협약을 체결한 법인

(라) 「기업 활력 제고를 위한 특별법」에 따른 사업재편계획승인을 받은 법인

⑧ 연결자법인 또는 연결모법인으로부터 지급받았거나 지급받을 연결법인세액

⑨ 「상법」에 따라 자본준비금을 감액하여 받는 배당금액(내국법인이 보유한 주식의 장부가액을 한도로 함). 다만, 다음의 어느 하나에 해당하는 자본준비금을 감액하여 받는 배당금액은 제외한다.

(가) 의제배당으로 과세되는 자본준비금(3% 재평가적립금 포함)

(나) 적격합병에 따른 합병차익 중 피합병법인의 3% 재평가적립금에 상당하는 금액(다음 계산식에 따라 계산한 금액을 한도로 함)

합병차익 − (피합병법인의 자본금 + 피합병법인의 의제배당대상 자본잉여금 외의 자본잉여금 (3% 재평가적립금 제외) − 합병법인의 자본금 증가액)

승계한 재산의 가액	승계한 채무액	
	금전 등 지급액	
	자본금 증가액	자본금
	주식발행초과금	의제배당 × 자본잉여금(3% 재평가적립금 제외)
	합병매수차익	한도액(의제배당 ○ 잉여금)

(다) 적격분할에 따른 분할차익 중 분할법인의 3% 재평가적립금에 상당하는 금액(다음 계

산식에 따라 계산한 금액을 한도로 함)

분할차익 − (분할법인의 자본금 감소액 + 분할법인의 의제배당대상 자본잉여금 외의 자본잉여금 (3% 재평가적립금 제외) − 분할신설법인의 자본금)

승계한 재산의 가액		
	승계한 채무액	
	금전 등 지급액	
	자본금 증가액	자본금
	주식발행초과금	의제배당 × 자본잉여금(3% 재평가적립금 제외)
	분할매수차익	한도액(의제배당 ○ 잉여금)

내국법인 수입배당금액의 익금불산입

1. 수입배당금 익금불산입액

내국법인(고유목적사업준비금을 손금에 산입하는 비영리내국법인은 제외함[33])이 해당 법인이 출자한 다른 내국법인(이하 "피출자법인")으로부터 받은 이익의 배당금 또는 잉여금의 분배금과 배당금 또는 분배금으로 보는 금액(이하 "수입배당금액") 중 다음의 금액은 각 사업연도의 소득금액을 계산할 때 익금에 산입하지 아니한다. 이 경우 그 금액이 0보다 작은 경우에는 없는 것으로 본다.

(수입배당금액 − 지급이자 × $\frac{\text{주식 등의 장부가액 적수}}{\text{사업연도 종료일 현재 재무상태표상 자산총액의 적수}}$) × 익금불산입률

▶ 지급이자 손금불산입 규정에 따라 이미 손금불산입된 금액, 현재가치할인차금의 상각액 및 연지급수입이자(연지급수입에 있어서 취득가액과 구분하여 지급이자로 계상한 금액을 말함)는 지급이자에 포함하지 않는다.
▶ 국가 및 지방자치단체로부터 현물출자받은 주식 등은 제외한다.

33) 비영리내국법인이 각 사업연도의 결산을 확정할 때 그 법인의 고유목적사업이나 일반기부금에 지출하기 위하여 고유목적사업준비금을 손비로 계상한 경우에는 이자소득의 금액, 배당소득의 금액 등의 합계액의 범위에서 그 계상한 고유목적사업준비금을 해당 사업연도의 소득금액을 계산할 때 손금에 산입한다(법법 §29 ①). 배당소득에 상응하는 금액이 고유목적사업준비금으로서 손금에 산입되었으므로 추가로 수입배당금 익금불산입 규정을 적용하지 않는다.

▶ 익금불산입률

피출자법인에 대한 출자비율	익금불산입률
50% 이상	100%
20% 이상 50% 미만	80%
20% 미만	30%

☑ 피출자법인에 대한 출자비율은 피출자법인의 배당기준일 현재 3개월 이상 계속해서 보유하고 있는 주식 등을 기준으로 계산한다. 이 경우 보유주식 등의 수를 계산할 때 같은 종목의 주식 등의 일부를 양도한 경우에는 먼저 취득한 주식 등을 먼저 양도한 것으로 본다.

2. 적용의 배제

수입배당금 익금불산입 규정은 다음의 어느 하나에 해당하는 수입배당금액에 대해서는 적용하지 아니한다.

① 배당기준일 전 3개월 이내에 취득한 주식 등을 보유함으로써 발생하는 수입배당금액
② 지급한 배당에 대하여 소득공제를 적용받는 유동화전문회사 등 또는 프로젝트금융투자회사로부터 받은 수입배당금액
③ 「법인세법」과 「조세특례제한법」에 따라 법인세를 비과세·면제·감면받는 다음의 어느 하나에 해당하는 법인으로부터 받은 수입배당금액
 ㈎ 다음의 감면을 적용받는 법인(감면율이 100%인 사업연도로 한정함)
  ㉠ 수도권 밖으로 본사를 이전하는 법인에 대한 세액감면 등(조특법 §63의2)
  ㉡ 제주첨단과학기술단지 입주기업에 대한 법인세 등의 감면(조특법 §121의8)
  ㉢ 제주투자진흥지구 또는 제주자유무역지역 입주기업에 대한 법인세 등의 감면(조특법 §121의9)
 ㈏ 동업기업과세특례(조특법 §100의15)를 적용받는 법인
④ 지급한 배당에 대하여 소득공제를 적용받는 법인과세 신탁재산으로부터 받은 수입배당금액
⑤ 3% 재평가적립금을 감액하여 지급받은 수입배당금액
⑥ 다음에 해당하는 자본준비금을 감액하여 지급받은 수입배당금액
 ㈎ 적격합병에 따른 합병차익 중 피합병법인의 3% 재평가적립금에 상당하는 금액
 ㈏ 적격분할에 따른 분할차익 중 분할법인의 3% 재평가적립금에 상당하는 금액
⑦ 피출자법인의 소득에 법인세가 과세되지 아니한 수입배당금액으로서 다음의 수입배당금액
 ㈎ 자본의 감소로 인하여 주주 등인 내국법인이 취득하는 금전과 그 밖의 재산가액의 합계액이 주식 등을 취득하기 위하여 사용한 금액을 초과하는 금액

(나) 법인이 자기주식 또는 자기출자지분을 보유한 상태에서 다음의 금액을 자본전입 함에 따라 그 법인 외의 주주 등인 내국법인의 지분 비율이 증가한 경우 증가한 지분 비율에 상당하는 주식 등의 가액

㉠ 의제배당에 해당하지 않는 자본잉여금

㉡ 3% 재평가적립금

단기간 보유한 주식 등에 대한 수입배당금액

기업에서 배당을 시행할 때 배당을 받는 주주를 결정하기 위한 기준이 되는 날을 배당기준일이라고 한다. 따라서 기업의 배당기준일 전 주식을 취득하면 배당기준일 현재 주주로서 배당을 받을 수 있는 것이다. 이에 따라 주식의 가치는 배당기준일을 전후하여 달라지는데, 배당기준일 직후의 주식의 가치는 배당기준일 직전의 주식의 가치보다 배당금만큼 감소하게 된다. 배당기준일 직후에 주식을 취득한 주주는 배당을 받을 수 없기 때문에 주식의 가치가 배당금만큼 하락하는 것이다. 이를 배당락이라고 한다.
배당기준일 직전 주식을 취득하고 배당을 받은 후 주식을 처분하게 되면 동일한 금액의 배당금수익과 주식처분손실이 발생하여 법인의 당기순이익에는 영향이 없게 된다. 법인은 이를 이용하여 주식을 단기간만 보유하고 처분함으로써 법인세 부담 없이 수입배당금 익금불산입 규정의 편익만을 얻을 수 있게 된다.

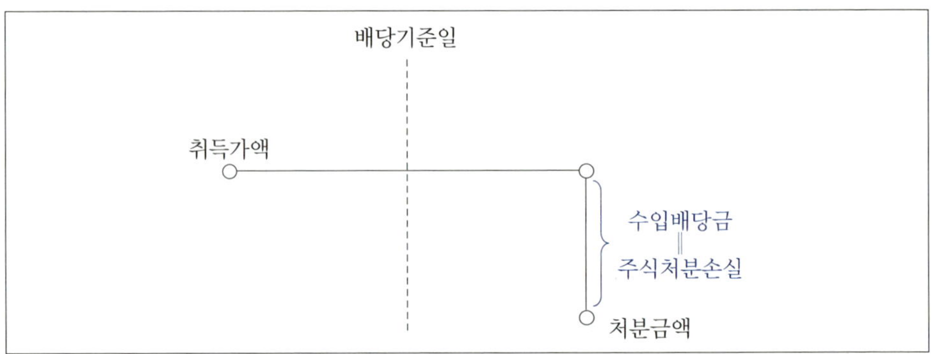

「법인세법」은 이와 같은 조세회피를 방지하기 위하여 단기간 보유한 주식 등에 대한 수입배당금액에 대해서는 수입배당금 익금불산입 규정의 적용을 배제하는 것이며 그 단기간을 3개월로 규정하고 있는 것이다.

외국자회사 수입배당금액의 익금불산입

1. 외국자회사로부터 받는 수입배당금

외국자회사란 내국법인이 직접 외국법인의 의결권 있는 발행주식총수 또는 출자총액의 10%(해외자원개발사업을 하는 외국법인의 경우에는 5%) 이상을 그 외국법인의 배당기준일 현재 6개월 이상 계속하여 보유(내국법인이 적격합병, 적격분할, 적격물적분할, 적격현물출자에 따라 다른 내국법인이 보유하고 있던 외국자회사의 주식 등을 승계받은 때에는 그 승계 전 다른 내국법인이 외국 자회사의 주식 등을 취득한 때부터 해당 주식 등을 보유한 것으로 봄)하고 있는 법인을 말한다.

내국법인(간접투자회사등 제외[34])이 해당 법인이 출자한 외국자회사로부터 받은 수입배당금액의 95%에 해당하는 금액은 각 사업연도의 소득금액을 계산할 때 익금에 산입하지 아니한다. 「국제조세조정에 관한 법률」에 따라 특정외국법인의 유보소득에 대하여 내국 법인이 배당받은 것으로 보는 금액 및 해당 유보소득이 실제 배당된 경우의 수입배당금액에 대해서는 이 규정을 적용하지 아니한다.

이에 불구하고 다음의 어느 하나에 해당하는 금액은 각 사업연도의 소득금액을 계산할 때 익금에 산입한다.

① 특정외국법인으로부터 받은 수입배당금액으로서 본점, 주사무소 또는 실질적 관리장소를 둔 국가 또는 지역에서의 실제부담세액이 실제발생소득의 15% 이하인 특정외국법인의 해당 사업연도에 대한 다음의 금액. 다만, 해외자원개발사업자가 해외자원개발을 위해 외국법인에 출자하거나 외국자회 사에 투자를 하는 경우에는 그 외국법인 또는 외국자회사의 해당 사업연도에 대한 다음의 금액은 제외한다.

(가) 이익잉여금 처분액 중 이익의 배당금(해당 사업연도 중에 있었던 이익잉여금 처분에 의한 중간배당을 포함함) 또는 잉여금의 분배금

(나) 배당금 또는 분배금으로 보는 금액

② 혼성금융상품(자본 및 부채의 성격을 동시에 가지고 있는 금융상품으로서 다음의 요건을 모두 갖춘 금융상품을 말함)의 거래에 따라 내국법인이 지급받는 수입배당금액[35]

---

34) 「자본시장과 금융투자업에 관한 법률」에 따른 투자회사 등이 국외의 자산에 투자하여 얻은 소득에 대하여 납부한 외국법인세액이 있는 경우에는 외국납부세액공제 규정에도 불구하고 그 소득이 발생한 사업연도의 과세표준 신고 시 그 사업연도의 법인세액에서 그 사업연도의 외국납부세액[국외자산에 투자하여 얻은 소득에 대하여 「소득세법」상 배당소득에 대한 원천징수세율(14%, 25%)을 곱하여 계산한 세액을 한도로 하고, 이를 초과하는 금액은 없는 것으로 봄]을 빼고 납부하여야 한다(법법 §57의2 ①). 따라서 수입배당금 익금불산입 규정을 적용하면 이중공제하는 것이 된다.

35) 외국에서 이자비용으로 취급되는 해당 수입배당금액에 대하여 이 규정을 적용하면 국제적 이중 비과

(가) 우리나라의 경우 : 우리나라의 세법에 따라 해당 금융상품을 자본으로 보아 내국법인이 해당 금융상품의 거래에 따라 거래상대방인 외국자회 사로부터 지급받는 이자 및 할인료를 배당소득으로 취급할 것

(나) 외국자회사가 소재한 국가의 경우 : 그 국가의 세법에 따라 해당 금융상 품을 부채로 보아 외국자회사가 해당 금융상품의 거래에 따라 거래상대 방인 내국법인에 지급하는 이자 및 할인료를 이자비용으로 취급할 것

익금불산입률이 95%인 이유

「법인세법」에서는 배당을 받을 때 단순히 배당 자체만 보는 것이 아니라 배당을 받기 위해 발생한 간접비용(예 : 관리비, 금융비용 등)도 감안해야 한다고 본다. 즉, 외국자회사에서 배당 받을 때 국내 모회사는 그 배당을 관리·투자·회수하기 위해 비용을 쓰는데, 이 비용은 국내에서 손금으로 인정된다. 그럼에도 불구하고 수입배당금액의 100%를 익금불산입하면 손금으로 인정된 간접비용에 대응하는 수익이 빠져버리게 되어 과세형평이 깨질 수 있다. 그래서 전체 수입배당금액의 5%는 국내에서 발생한 간접 비용에 대응하는 소득으로 보고 익금에 산입하는 것이다.

2. 외국자회사를 제외한 외국법인으로부터 받는 수입배당금

내국법인이 해당 법인이 출자한 외국법인(외국자회사는 제외함)으로부터 자본준비금을 감액하여 받는 배당으로서 익금에 산입되지 아니하는 자본준비금 감액 배당에 준하는 성격의 수입배당금액을 받는 경우 그 금액의 95%에 해당하는 금액은 각 사업연도의 소득금액을 계산할 때 익금에 산입하지 아니한다.

세 문제가 발생한다.

Chapter 04

손금과 손금불산입

Section 01 | 손금

I 손금의 정의

손금은 자본 또는 출자의 환급, 잉여금의 처분 및 「법인세법」에서 규정하는 것은 제외하고 해당 법인의 순자산을 감소시키는 거래로 인하여 발생하는 손실 또는 비용(이하 "손비")의 금액으로 한다.

손비는 「법인세법」 및 다른 법률에서 달리 정하고 있는 것을 제외하고는 그 법인의 사업과 관련하여 발생하거나 지출된 손실 또는 비용으로서 일반적으로 인정되는 통상적인 것이거나 수익과 직접 관련된 것으로 한다.

「조세특례제한법」에 따라 배분받은 동업기업의 결손금은 손금으로 본다.

II 손비의 범위

손비는 「법인세법」 및 「법인세법 시행령」에서 달리 정하는 것을 제외하고는 다음의 것을 포함한다.

① 판매한 상품 또는 제품에 대한 원료의 매입가액(기업회계기준에 따른 매입에누리금액 및 매입할인금액을 제외함)과 그 부대비용

② 판매한 상품 또는 제품의 보관료, 포장비, 운반비, 판매장려금 및 판매수당 등 판매와 관련된 부대비용(판매장려금 및 판매수당의 경우 사전약정 없이 지급하는 경우를 포함함)

③ 양도한 자산의 양도당시의 장부가액

④ 인건비[내국법인이 발행주식총수 또는 출자지분의 100%를 직접 또는 간접 출자한 해외현지법인에 파견된 임원 또는 직원의 인건비로서 근로소득세가 원천징수된 인건비(해당 내국법인이 지급한 인건비가 해당 내국법인 및 해외출자법인이 지급한 인건비 합계의 50% 미만인 경우로 한정함)를 포함함]

⑤ 임원 또는 직원의 출산 또는 양육 지원을 위해 해당 임원 또는 직원에게 공통적으로 적용되는 지급기준에 따라 지급하는 금액

⑥ 사업자나 법인이 생산·공급하는 재화 또는 용역(이하 "자사제품 등")을 그 사업자나 법인(「독점규제 및 공정거래에 관한 법률」에 따른 계열회사 포함)의 사업장에 종사하는 임원 등에게 시가보다 낮은 가격으로 제공하거나 구입할 수 있도록 지원함으로써 해당 임원 또는 직원이 얻는 이익에 상당하는 금액. 지원하는 방식은 다음의 어느 하나에 해당하는 방식으로 함.

(가) 사업자나 법인이 자사제품등을 임원등에게 시가보다 낮은 가격으로 판매 또는 제공하는 방식

(나) 사업자나 법인이 임원등에게 자사제품등을 구입하거나 제공받는 데 사용하도록 지원금을 지급하는 방식

(다) 사업자나 법인이 임원등에게 사업자나 법인의 계열회사가 생산·공급하는 재화 또는 용역(이하 "계열회사제품 등")을 구입하거나 제공받는 데 사용하도록 지원금을 지급하는 방식

(라) 사업자나 법인의 계열회사가 사업자나 법인의 임원등에게 계열회사제품 등을 시가보다 낮은 가격으로 판매 또는 제공하고, 사업자나 법인이 그 계열회사에 그 판매 또는 제공가액과 시가와의 차액을 지급하는 방식

⑦ 유형자산의 수선비

⑧ 유형자산 및 무형자산에 대한 감가상각비

⑨ 특수관계인으로부터 자산 양수를 하면서 기업회계기준에 따라 장부에 계상한 자산의 가액이 시가에 미달하는 경우 다음의 금액에 대하여 계산한 감가상각비 상당액[36)]

(가) 실제 취득가액이 시가를 초과하는 경우에는 시가와 장부에 계상한 가액과의 차이

---

36) 종속회사가 지배회사로부터 사업부문의 일부를 양수하고 그 대가를 현금으로 지급하는 경우 종속회사가 양수한 자산에 대한 취득가액은 지배회사의 장부가액으로 인식하며(지배·종속회사간 합병 시 회계처리에 관한 준칙 17), 장부가액을 초과하여 지급한 대가는 자본잉여금, 이익잉여금에서 차례로 감액하고 남은 금액에 대해서는 자본조정으로 처리한다(기업회계 질의회신 02-114. 2002.7.12.). 이에 따라 종속회사는 실제 지급한 양수대가에 불구하고 지배회사의 장부가액을 기준으로 감가상각비를 계상하게 된다. 이러한 불합리한 점을 개선하고자 하는 것이 이 규정의 취지이다.

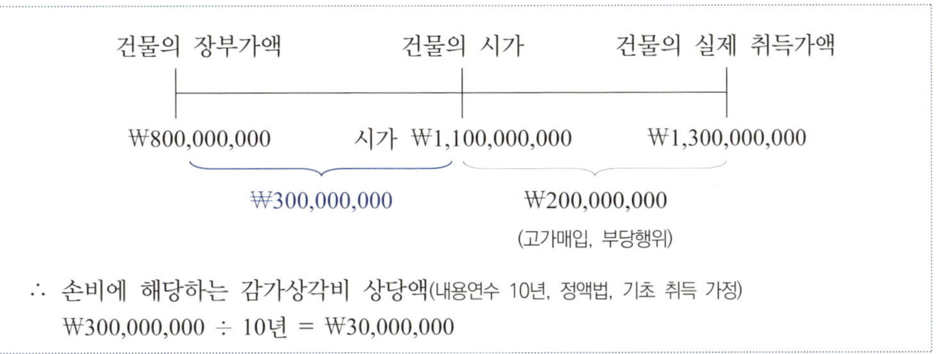

(나) 실제 취득가액이 시가에 미달하는 경우에는 실제 취득가액과 장부에 계상한 가액과의 차이

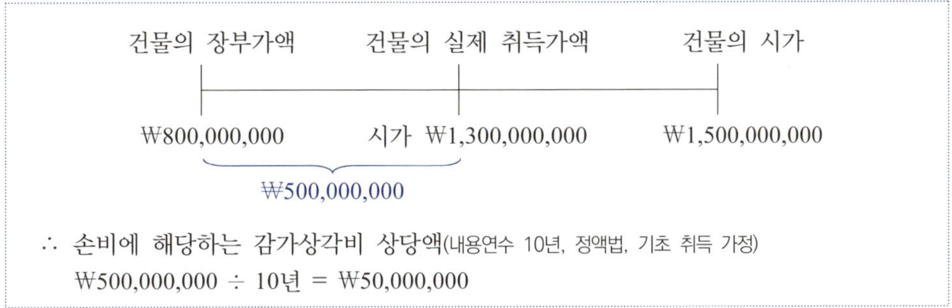

⑩ 자산의 임차료

⑪ 차입금이자

⑫ 회수할 수 없는 부가가치세 매출세액 미수금(「부가가치세법」에 따른 대손세액공제를 받지 아니한 것에 한정함)

⑬ 자산의 평가차손

⑭ 제세공과금(외국자회사 수입배당금 익금불산입과 외국납부세액공제를 모두 적용하지 않는 경우의 외국법인세액 포함)

⑮ 영업자가 조직한 단체로서 법인이거나 주무관청에 등록된 조합 또는 협회에 지급한 회비. 이에 따른 조합 또는 협회에 지급한 회비는 조합 또는 협회가 법령 또는 정관이 정하는 바에 따른 정상적인 회비징수 방식에 의하여 경상경비 충당 등을 목적으로 조합원 또는 회원에게 부과하는 회비로 함.

⑯ 광업의 탐광비(탐광을 위한 개발비 포함)

⑰ 보건복지부장관이 정하는 무료진료권에 의하여 행한 무료진료의 가액

⑱ 식품[37] 및 생활용품[38](이하 "식품 등")의 제조업·도매업 또는 소매업을 영위하는 내국법인

37) 모든 음식물(의약으로 섭취하는 것은 제외함)을 말한다(식품기부법 §2 I, 식품위생법 §2 I).

38) 세제·세면용품 등 개인 위생관리에 필요한 물품으로서 대통령령으로 정하는 물품을 말한다(식품기부법

이 해당 사업에서 발생한 잉여식품 등을 제공자[39] 또는 제공자가 지정하는 자에게 무상으로 기증하는 경우 기증한 잉여식품 등의 장부가액(이 경우 그 금액은 기부금에 포함하지 아니함)

⑲ 업무와 관련있는 해외시찰·훈련비

⑳ 다음의 어느 하나에 해당하는 운영비 또는 수당

(가) 「초·중등교육법」에 설치된 근로청소년을 위한 특별학급 또는 산업체부설중·고등학교의 운영비

(나) 「산업교육진흥 및 산학연협력촉진에 관한 법률」의 규정에 따라 교육기관이 당해 법인과의 계약에 의하여 채용을 조건으로 설치·운영하는 직업교육훈련과정·학과 등의 운영비

(다) 「직업교육훈련 촉진법」의 규정에 따른 현장실습에 참여하는 학생들에게 지급하는 수당

(라) 「고등교육법」의 규정에 따른 현장실습수업에 참여하는 학생들에게 지급하는 수당

㉑ 우리사주조합에 출연하는 자사주의 장부가액 또는 금품

㉒ 장식·환경미화 등의 목적으로 사무실·복도 등 여러 사람이 볼 수 있는 공간에 항상 전시하는 미술품의 취득가액을 그 취득한 날이 속하는 사업연도의 손비로 계상한 경우에는 그 취득가액(취득가액이 거래단위별로 1천만원 이하인 것으로 한정함)

㉓ 광고선전 목적으로 기증한 물품의 구입비용[특정인에게 기증한 물품(개당 3만원 이하의 물품은 제외함)의 경우에는 연간 5만원 이내의 금액으로 한정함]

㉔ 임직원이 다음의 어느 하나에 해당하는 주식매수선택권을 행사하거나 주식기준보상(주식이나 주식가치에 상당하는 금전으로 지급받는 상여금)을 지급받는 경우 해당 주식매수선택권 또는 주식기준보상(이하 "주식매수선택권 등")을 부여하거나 지급한 법인에 그 행사 또는 지급비용으로서 보전하는 금액

(가) 「금융지주회사법」에 따른 금융지주회사로부터 부여받거나 지급받은 주식매수선택권 등(주식매수선택권은 「상법」 제542조의3에 따라 부여받은 경우만 해당함)

(나) 해외모법인으로부터 부여받거나 지급받은 주식매수선택권 등으로서 다음의 요건을 모두 갖춘 것

㉠ 「상법」에 따른 주식매수선택권과 유사한 것으로서 해외모법인의 주식을 미리 정한 가액(이하 "행사가액")으로 인수 또는 매수(행사가액과 주식의 실질가액과의 차액을 현금

---

§2 Ⅰ의2).

39) 기부식품 등을 이용자에게 직접 또는 간접으로 제공하는 자를 말한다(식품기부법 §2 Ⅳ). 이 경우 기부식품 등이란 생활이 어려운 자에게 지원할 목적으로 제공된 식품 등을 말하며(식품기부법 §2 Ⅱ), 이용자란 기부식품 등을 이용하는 자를 말한다(식품기부법 §2 Ⅲ).

또는 해당 해외모법인의 주식으로 보상하는 경우 포함)할 수 있는 권리일 것(주식매수선택권만 해당)

㉡ 해외모법인이 발행주식총수의 10%의 범위에서 부여하거나 지급한 것일 것

㉢ 해외모법인과 해당 법인 간에 해당 주식매수선택권 등의 행사 또는 지급비용의 보전에 관하여 사전에 서면으로 약정하였을 것

㉕ 「상법」 제340조의2·제542조의3, 「벤처기업육성에 관한 특별법」 제16조의3 또는 「소재·부품·장비산업 경쟁력 강화 및 공급망 안정화를 위한 특별조치법」 제56조에 따른 주식매수선택권(「상법」 제542조의3에 따른 주식매수선택권은 해당 법인의 임직원에게 부여하는 것으로 한정함. 이하 "주식매수선택권"), 「근로복지기본법」 제39조에 따른 우리사주매수선택권(이하 "우리사주매수선택권")이나 금전을 부여받거나 지급받은 자에 대한 다음의 금액. 다만, 해당 법인의 발행주식총수의 10% 범위에서 부여하거나 지급한 경우로 한정한다.

㈎ 주식매수선택권 또는 우리사주매수선택권을 부여받은 경우로서 다음의 어느 하나에 해당하는 경우 해당 금액

㉠ 약정된 주식매수시기에 약정된 주식의 매수가액과 시가의 차액을 금전 또는 해당 법인의 주식으로 지급하는 경우의 해당 금액

㉡ 약정된 주식매수시기에 주식매수선택권 또는 우리사주매수선택권 행사에 따라 주식을 시가보다 낮게 발행하는 경우 그 주식의 실제 매수가액과 시가의 차액

㈏ 주식기준보상으로 금전을 지급하는 경우 해당 금액

㉖ 중소기업 및 중견기업이 부담하는 성과보상기금 기여금[40)]

㉗ 임원 또는 직원(지배주주 등[41)] 제외)의 사망 이후 유족에게 학자금 등으로 일시적으로 지급하는 금액으로서 임원 또는 직원의 사망 전에 정관이나, 주주총회·사원총회 또는 이사회의 결의에 의하여 결정되어 임원 또는 직원에게 공통적으로 적용되는 지급기준에 따라 지급되는 것

㉘ 다음의 기금에 출연하는 금품

---

40) 성과보상기금은 중소기업이 부담하는 기여금으로 조성한다(중소기업인력법 §35의3 ① Ⅰ). 성과보상기금은 다음의 사업을 위하여 사용할 수 있다(중소기업인력법 §35의5).

① 중소기업 청년근로자 및 핵심인력에 대한 성과보상공제사업
② 중소기업 청년근로자 및 핵심인력의 직무역량 강화 및 전수를 위한 교육사업
③ 중소기업 청년근로자 및 핵심인력에 대한 복지사업
④ 성과보상기금의 관리 및 운용
⑤ 위의 사업과 관련된 사업

41) 법인의 발행주식총수 또는 출자총액의 1% 이상의 주식 또는 출자지분을 소유한 주주 등으로서 그와 특수관계에 있는 자와의 소유 주식 또는 출자지분의 합계가 해당 법인의 주주 등 중 가장 많은 경우의 해당 주주 등을 말한다(법령 §43 ⑦).

(가) 해당 내국법인이 설립한 사내근로복지기금

(나) 해당 내국법인과 다른 내국법인 간에 공동으로 설립한 공동근로복지기금

(다) 해당 내국법인의 협력중소기업이 설립한 사내근로복지기금

(라) 해당 내국법인의 협력중소기업 간에 공동으로 설립한 공동근로복지기금

㉙ 보험회사가 「보험업법」에 따라 적립한 책임준비금의 증가액(할인율의 변동에 따른 책임준비금 평가액의 증가분은 제외함)으로서 보험감독회계기준에 따라 비용으로 계상된 금액

㉚ 「주택도시기금법」에 따른 주택도시보증공사가 적립한 책임준비금의 증가액(할인율의 변동에 따른 책임준비금 평가액의 증가분은 제외함)으로서 보험감독회계기준에 따라 비용으로 계상된 금액

㉛ 그 밖의 손비로서 그 법인에 귀속되었거나 귀속될 금액

주식매수선택권

1. 「상법」 제340조의2(주식매수선택권)

   회사는 정관으로 정하는 바에 따라 주주총회의 결의로 회사의 설립·경영 및 기술혁신 등에 기여하거나 기여할 수 있는 회사의 이사, 집행임원, 감사 또는 피용자에게 미리 정한 가액(이하 "주식매수선택권의 행사가액")으로 신주를 인수하거나 자기의 주식을 매수할 수 있는 권리(이하 "주식매수선택권")를 부여할 수 있다. 다만, 주식매수선택권의 행사가액이 주식의 실질가액보다 낮은 경우에 회사는 그 차액을 금전으로 지급하거나 그 차액에 상당하는 자기의 주식을 양도할 수 있다. 이 경우 주식의 실질가액은 주식매수선택권의 행사일을 기준으로 평가한다(제1항). 이에 따라 발행할 신주 또는 양도할 자기의 주식은 회사의 발행주식총수의 10%를 초과할 수 없다(제3항).

2. 「상법」 제542조의3(주식매수선택권)

   상장회사로서 해당 회사가 「금융지주회사법」에서 정하는 금융지주회사인 경우에는 「상법」 제340조의2 제1항 본문에 규정된 자 외에도 그 자회사 또는 손자회사 가운데 상장회사가 아닌 법인의 이사, 집행임원, 감사 또는 피용자에게 주식매수선택권을 부여할 수 있다. 다만, 제542조의8 제2항 제5호의 최대주주 등 대통령령으로 정하는 자에게는 주식매수선택권을 부여할 수 없다(제1항, 상령 §30 ① Ⅲ).

Section 02 | 손금불산입

I 자본거래 등으로 인한 손비

다음의 금액은 내국법인의 각 사업연도의 소득금액을 계산할 때 손금에 산입하지 아니한다.

① 결산을 확정할 때 잉여금의 처분을 손비로 계상한 금액

② 주식할인발행차금 : 액면미달의 가액으로 신주를 발행하는 경우 그 미달 하는 금액과 신주발행비의 합계액

II 세금과 공과금

다음의 세금과 공과금은 내국법인의 각 사업연도의 소득금액을 계산할 때 손금에 산입하지 아니한다.

① 각 사업연도에 납부하였거나 납부할 법인세(외국자회사 수입배당금 익금불산입의 적용 대상이 되는 수입배당금액에 대하여 외국에 납부한 세액과 외국납부세액공제를 적용하는 경우의 외국법인세액을 포함함) 또는 법인지방소득세와 각 세법에 규정된 의무 불이행으로 인하여 납부하였거나 납부할 세액(가산세 포함) 및 부가가치세의 매입세액(부가가치세가 면제되거나 그 밖에 대통령령으로 정하는 경우의 세액은 제외함)

② 판매하지 아니한 제품에 대한 반출필의 개별소비세, 주세 또는 교통·에너지·환경세의 미납액. 다만, 제품가격에 그 세액상당액을 가산한 경우 에는 예외로 한다.

③ 벌금, 과료(통고처분에 따른 벌금 또는 과료에 상당하는 금액 포함), 과태료(과료와 과태금 포함), 가산금 및 강제징수비

④ 법령에 따라 의무적으로 납부하는 것이 아닌 공과금

⑤ 법령에 따른 의무의 불이행 또는 금지·제한 등의 위반을 이유로 부과되는 공과금

⑥ 연결모법인 또는 연결자법인에 지급하였거나 지급할 금액

부가가치세 매입세액의 손금산입(집행기준 21-22-1)

1. 부가가치세 면세사업 관련 매입세액
   ① 면세사업용 자산·원재료 등 취득 : 해당자산의 취득 가액에 가산
   ② 면세사업 관련 비용 : 해당연도 손금
2. 비영업용 소형승용자동차의 구입·유지에 관한 매입세액
   ① 구입 관련 매입세액 : 취득원가 가산
   ② 유지 관련 매입세액 : 해당연도 손금
3. 기업업무추진비 및 유사비용의 지출에 관련된 매입세액
   기업업무추진비에 합산, 한도액 범위내에서 손금산입
4. 임대보증금의 간주임대료에 대한 부가가치세
   약정에 따라 부담하는 자(임대인 또는 임차인)가 해당연도에 손금산입
5. 「부가가치세법」에 따라 영수증을 교부받은 거래분에 포함된 매입세액
   매입세액공제대상이 아닌 금액은 손금산입

개별소비세 등의 회계처리방법

제품에 대한 개별소비세 등의 회계처리방법으로서는 해당 개별소비세 등을 매출액에 가산하여 매출액계정에서 처리하는 방법과 예수금계정에서 처리하는 방법의 두 가지로 구분하여 볼 수 있다(김완석·황남석, 『법인세법론』, 삼일인포마인, 2021, 349면).

1. 매출액계정에서 처리하는 방법
   개별소비세 등은 익금을 구성하지 않으므로 매출액에 포함되어 있는 개별소비세 등을 익금불산입(손금산입)하여야 한다. 즉, 판매 시 개별소비세 등을 손금에 산입하는 것이다. 따라서 법인이 제품을 반출하면서 개별소비세 등의 미납액을 손비로 계상한 경우로서 아직 판매가 이루어지지 않았다면 개별소비세 등을 손금에 산입할 수 없다.
2. 예수금계정에서 처리하는 방법
   법인이 개별소비세 등을 매출액에 가산하지 않고 예수금으로 처리하는 방법을 선택한 경우에는 제품의 반출 시에 개별소비세 등을 제품의 원가에 가산하였으므로 손금에 산입할 여지가 없다. 예수금계정에서 처리하는 방법이 일반적인 회계처리방법이다.

벌과금 등의 손금불산입(집행기준 21-0-2) 및 지체상금 등의 처리(집행기준 21-0-3)

벌과금 등	지체상금 등
다음의 벌과금 등은 각 사업연도 소득금액 계산상 이를 손금에 산입하지 아니한다. ① 법인의 임원 또는 사용인이 관세법을 위반하고 지급한 벌과금 ② 업무와 관련하여 발생한 교통사고 벌과금 ③ 「고용보험 및 산업재해보상보험의 보험료 징수 등에 관한 법률」에 따라 징수하는 산업 재해보상보험료의 가산금	다음의 손비는 손금불산입하는 벌금 등에 해당되지 아니한다. ① 사계약상의 의무불이행으로 인하여 부담하는 지체상금(정부와 납품계약으로 인한 지체상금을 포함하며 구상권 행사가 가능한 지체상금을 제외함) ② 보세구역에 보관되어 있는 수출용 원자재가 관세법상의 보관기간 경과로 국고에 귀속이 확정된 자산의 가액

벌과금 등	지체상금 등
④ 금융기관의 최저예금지급준비금 부족에 대하여 「한국은행법」에 따라 금융기관이 한국 은행에 납부하는 과태금 ⑤ 「국민건강보험법」에 따라 징수하는 연체금 ⑥ 외국의 법률에 따라 국외에서 납부한 벌금	③ 철도화차 사용료의 미납액에 대하여 가산되는 연체이자 ④ 「고용보험 및 산업재해보상보험의 보험료징수 등에 관한 법률」에 따른 산업재해보상 보험료의 연체금 ⑤ 국유지 사용료의 납부지연에 따른 연체료 ⑥ 전기요금의 납부지연으로 인한 연체가산금

공과금의 범위(집행기준 21-0-4)

다음의 손비는 손금불산입하는 공과금에 포함되지 아니한다.

① 영업자가 조직한 단체로서 법인이거나 주무관청에 등록된 조합 또는 협회에 월정액 이외에 사업실적에 따라 정기적으로 납부하는 조합비 또는 협회비
② 항만하역업체가 정부의 지시에 따라 통상적인 하역요금 외에 부두근로자(일용노무자)의 퇴직금의 재원을 목적으로 하역협회에 납부하는 금액
③ 성실보고회원 조합원이 동 조합에 납부하는 조합비
④ 수출입업을 영위하는 법인이 수출대금 네고(Nego)시 한국무역협회에 납부하는 수출부담금
⑤ 「대기환경보전법」에 따라 배출허용기준 이하의 대기오염물질 배출량에 대하여 부과되는 기본배출부과금
⑥ 교통유발부담금
⑦ 폐기물부담금[42]
⑧ 개발부담금

Ⅲ 징벌적 목적의 손해배상금

내국법인이 지급한 손해배상금 중 실제 발생한 손해를 초과하여 지급하는 금액으로서 다음의 어느 하나에 해당하는 금액(이하 "손금불산입 대상 손해 배상금")은 내국법인의 각 사업연도의 소득금액을 계산할 때 손금에 산입하지 아니한다.

① 법률의 규정에 따라 지급한 손해배상액 중 실제 발생한 손해액을 초과하는 금액
② 외국의 법령에 따라 지급한 손해배상액 중 실제 발생한 손해액을 초과하여 손해배상금

42) 폐기물부담금제도는 유해물질을 함유하고 있거나, 재활용이 어렵고 폐기물관리상 문제를 일으킬 수 있는 제품, 재료, 용기의 제조업자 또는 수입업자에게 그 폐기물의 처리에 드는 비용을 부담하도록 하는 제도이다. 이 제도의 목적은 폐기물 발생을 생산단계에서부터 억제하고 자원의 낭비를 막는 데 있다(출처 : 한국순환자원유통지원센터).

을 지급하는 경우 실제 발생한 손해액을 초과하는 금액

위 규정을 적용할 때 실제 발생한 손해액이 분명하지 않은 경우에는 다음 계산식에 따라 계산한 금액을 손금불산입 대상 손해배상금으로 한다.

$$\text{지급한 손해배상액} \times \frac{\text{법률 또는 외국 법령에서 정한 손해배상액의 상한이 되는 배수} - 1}{\text{법률 또는 외국 법령에서 정한 손해배상액의 상한이 되는 배수}}$$

IV 자산의 평가손실

내국법인이 보유하는 자산의 평가손실은 각 사업연도의 소득금액을 계산할 때 손금에 산입하지 아니한다. 다만, 다음의 자산과 부채의 평가로 인하여 발생하는 평가손실은 손금에 산입한다.

① 재고자산
② 유가증권 등
③ 화폐성 외화자산과 부채
④ 금융회사 등이 보유하는 통화 관련 파생상품 중 통화선도, 통화스왑 및 환변동보험
⑤ 금융회사 등 외의 법인이 화폐성외화자산·부채의 환위험을 회피하기 위하여 보유하는 통화선도, 통화스왑 및 환변동보험

V 과다경비 등

다음의 손비 중 과다하거나 부당하다고 인정하는 금액은 내국법인의 각 사업연도의 소득금액을 계산할 때 손금에 산입하지 아니한다.

① 인건비
② 복리후생비
③ 여비 및 교육·훈련비
④ 법인이 그 법인 외의 자와 동일한 조직 또는 사업 등을 공동으로 운영하거나 경영함에 따라 발생되거나 지출된 손비

⑤ 위 외에 법인의 업무와 직접 관련이 적다고 인정되는 경비

1. 인건비

(1) 상여금 등의 손금불산입

1) 이익처분에 의한 상여금

법인이 그 임원 또는 직원에게 이익처분에 의하여 지급하는 상여금은 이를 손금에 산입하지 아니한다. 이 경우 합명회사 또는 합자회사의 노무출자사원에게 지급하는 보수는 이익처분에 의한 상여로 본다.

2) 임원상여금한도초과액

법인이 임원에게 지급하는 상여금 중 정관·주주총회·사원총회 또는 이사회의 결의에 의하여 결정된 급여지급기준에 의하여 지급하는 금액을 초과하여 지급한 경우 그 초과금액은 이를 손금에 산입하지 아니한다.

3) 초과보수

법인이 지배주주 등(특수관계에 있는 자 포함)[43)]인 임원 또는 직원에게 정당한 사유없이 동일 직위에 있는 지배주주 등 외의 임원 또는 직원에게 지급하는 금액을 초과하여 보수를 지급한 경우 그 초과금액은 이를 손금에 산입하지 아니한다.

4) 비상근임원의 보수

상근이 아닌 법인의 임원에게 지급하는 보수는 부당행위계산의 부인 규정 적용대상에 해당하는 경우를 제외하고 이를 손금에 산입한다.

5) 해산수당 등

법인의 해산에 의하여 퇴직하는 임원 또는 직원에게 지급하는 해산수당 또는 퇴직위로금 등은 최종사업연도의 손금으로 한다.

(2) 퇴직급여의 손금불산입

법인이 임원 또는 직원에게 지급하는 퇴직급여(퇴직급여제도나 개인형퇴직연금제도에 의하여 근로자

43) 지배주주 등이란 법인의 발행주식총수 또는 출자총액의 1% 이상의 주식 또는 출자지분을 소유한 주주 등으로서 그와 특수관계에 있는 자와의 소유 주식 또는 출자지분의 합계가 해당 법인의 주주 등 중 가장 많은 경우의 해당 주주 등을 말한다.

에게 지급되는 연금 또는 일시금)는 임원 또는 직원이 현실적으로 퇴직하는 경우에 지급하는 것에 한하여 이를 손금에 산입한다. 이 규정을 적용할 때 현실적으로 퇴직하지 아니한 임원 또는 직원에게 지급한 퇴직급여는 해당 임원 또는 직원이 현실적으로 퇴직할 때까지 이를 업무무관가지급금에 해당하는 것으로 본다.

법인이 임원에게 지급한 퇴직급여 중 다음의 어느 하나에 해당하는 금액을 초과하는 금액은 손금에 산입하지 아니한다.

① 정관에 퇴직급여(퇴직위로금 등을 포함함)로 지급할 금액이 정하여진 경우에는 정관에 정하여진 금액. 정관에 임원의 퇴직급여를 계산할 수 있는 기준이 기재된 경우를 포함하며, 정관에서 위임된 퇴직급여지급규정이 따로 있는 경우에는 해당 규정에 의한 금액에 의한다.

② ① 외의 경우에는 다음의 계산식에 따라 계산한 금액

$$\text{임원퇴직급여 한도액} = \text{총급여액} \times 10\% \times \text{근속연수}$$

▶ 총급여액 : 그 임원이 퇴직하는 날부터 소급하여 1년 동안 해당 임원에게 지급한 총급여액으로서 다음의 금액으로 하되, 「소득세법」에 따른 비과세소득과 손금에 산입하지 아니하는 상여금 등은 제외한다.

① 근로를 제공함으로써 받는 봉급·급료·보수·세비·임금·상여·수당과 이와 유사한 성질의 급여
② 법인의 주주총회·사원총회 또는 이에 준하는 의결기관의 결의에 따라 상여로 받는 소득

▶ 근속연수 : 역년에 의하여 계산한 근속연수를 말한다. 이 경우 1년 미만의 기간은 월수로 계산하되, 1개월 미만의 기간은 이를 산입하지 아니한다. 해당 임원이 직원에서 임원으로 된 때에 퇴직금을 지급하지 아니한 경우에는 직원으로 근무한 기간을 근속연수에 합산할 수 있다.

현실적인 퇴직

현실적인 퇴직은 법인이 퇴직급여를 실제로 지급한 경우로서 다음의 어느 하나에 해당하는 경우를 포함하는 것으로 한다.

① 법인의 직원이 해당 법인의 임원으로 취임한 때
② 법인의 임원 또는 직원이 그 법인의 조직변경·합병·분할 또는 사업양도에 의하여 퇴직한 때
③ 「근로자퇴직급여 보장법」에 따라 퇴직급여를 중간정산(종전에 퇴직급여를 중간정산하여 지급한 적이 있는 경우에는 직전 중간정산 대상기간이 종료한 다음 날부터 기산하여 퇴직급여를 중간정산한 것을 말함)하여 지급한 때
④ 정관 또는 정관에서 위임된 퇴직급여지급규정에 따라 장기 요양 등의 사유로 그 때까지의 퇴직급여를 중간정산하여 임원에게 지급한 때

2. 복리후생비

법인이 그 임원 또는 직원을 위하여 지출한 복리후생비 중 다음의 어느 하나에 해당하는 비용[44] 외의 비용은 손금에 산입하지 아니한다. 이 경우 직원은 파견근로자를 포함한다.

① 우리사주조합의 운영비
② 「영유아보육법」에 의하여 설치된 직장어린이집의 운영비
③ 「국민건강보험법」 및 「노인장기요양보험법」에 따라 사용자로서 부담하는 보험료 및 부담금
④ 「고용보험법」에 의하여 사용자로서 부담하는 보험료
⑤ 직장체육비
⑥ 직장회식비
⑦ 직장문화비
⑧ 그 밖에 임원 또는 직원에게 사회통념상 타당하다고 인정되는 범위에서 지급하는 경조사비 등 위의 비용과 유사한 비용

3. 여비 및 교육·훈련비

법인이 임원 또는 직원이 아닌 지배주주 등(특수관계에 있는 자를 포함함)에게 지급한 여비 또는 교육훈련비는 해당 사업연도의 소득금액을 계산할 때 손금에 산입하지 아니한다.

4. 공동경비

법인이 해당 법인 외의 자와 동일한 조직, 자산, 사업 등을 공동으로 운영하거나 영위함에 따라 발생되거나 지출된 손비 중 다음의 기준에 따른 분담금액을 초과하는 금액은 해당 법인의 소득금액을 계산할 때 손금에 산입하지 아니한다.

① 출자에 의하여 특정사업을 공동으로 영위하는 경우에는 출자총액 중 당해 법인이 출자한 금액의 비율
② ① 외의 경우로서 해당 조직, 자산, 사업 등에 관련되는 모든 법인 등(이하 "비출자공동사업자")이 지출하는 비용에 대하여는 다음에 따른 기준
   (가) 비출자공동사업자 사이에 특수관계가 있는 경우 : 직전 사업연도 또는 해당 사업연도의 매출액 총액과 총자산가액(한 공동사업자가 다른 공동사업자의 지분을 보유하고 있는 경우

44) 우리 회사에 건강한 노인분께서 고용되셨는데 체육대회 후 회식문화를 어린이처럼 신나게 즐기시다가 무리를 하셨는지 슬픈 일(조사)을 당하시게 되었다........................

그 주식의 장부가액은 제외) 총액 중 법인이 선택하는 금액(선택하지 아니한 경우에는 직전 사업연도의 매출액 총액을 선택한 것으로 보며, 선택한 사업연도부터 연속하여 5개 사업연도 동안 적용하여야 함)에서 해당 법인의 매출액(총자산가액 총액을 선택한 경우에는 총자산가액)이 차지하는 비율. 다만, 공동행사비, 공동구매비, 자산의 공동경비 등 법정 손비에 대하여는 다음의 구분에 따른 손비와 기준에 따를 수 있다.

㉠ 공동행사비 등 참석인원의 수에 비례하여 지출되는 손비 : 참석인원비율

㉡ 공동구매비 등 구매금액에 비례하여 지출되는 손비 : 구매금액비율

㉢ 공동광고선전비

a. 국외 공동광고선전비 : 수출금액비율(대행수출금액은 제외하며, 특정 제품에 대한 광고선전의 경우에는 해당 제품의 수출금액을 말함)

b. 국내 공동광고선전비 : 기업회계기준에 따른 국내매출액비율(특정 제품에 대한 광고선전의 경우에는 해당 제품의 매출액을 말하며, 주로 최종 소비자용 재화나 용역을 공급하는 법인의 경우에는 그 매출액의 2배에 상당하는 금액 이하로 할 수 있음)

㉣ 공동연구개발비 : 기업회계기준에 따른 매출액 중 공동연구개발 관련 사업에서 발생한 매출액

㉤ 유형자산(토지 및 건축물 제외)의 공동사용료

a. 고정비 : 해당 유형자산의 소유지분

b. 고정비 외의 비용 : 해당 유형자산의 사용비율

㉥ 무형자산의 공동사용료 : 해당 사업연도 개시일의 기업회계기준에 따른 자본의 총합계액

▶ 비출자공동사업자 전부 또는 일부가 직전 사업연도 매출액이 없는 경우에는 해당 사업연도의 매출액 총액 또는 총자산가액 총액 중 해당 법인이 선택해야 하며, 선택하지 않으면 해당 사업연도의 매출액 총액을 선택한 것으로 본다.

▶ 매출액 및 총자산가액은 기업회계기준에 따른 매출액 및 총자산가액으로 한다.

(나) (가) 외의 경우 : 비출자공동사업자 사이의 약정에 따른 분담비율. 다만, 해당 비율이 없는 경우에는 (가)의 비율에 따른다.

업무와 관련 없는 비용

내국법인이 지출한 비용 중 다음의 금액은 각 사업연도의 소득금액을 계산할 때 손금에 산입하지 아니한다.

① 해당 법인의 업무와 직접 관련이 없다고 인정되는 다음의 자산을 취득·관리함으로써 생기는 비용, 유지비, 수선비 및 이와 관련되는 비용

(가) 다음 어느 하나에 해당하는 부동산. 다만, 법령에 의하여 사용이 금지되거나 제한된 부동산, 「자산유동화에 관한 법률」에 의한 유동화전문회사가 자산유동화계획에 따라 양도하는 부동산 등 부득이한 사유가 있는 부동산을 제외한다.

㉠ 법인의 업무에 직접 사용하지 아니하는 부동산. 다만, 유예기간이 경과하기 전까지의 기간 중에 있는 부동산을 제외한다.

㉡ 유예기간 중에 당해 법인의 업무에 직접 사용하지 아니하고 양도하는 부동산. 다만, 부동산매매업을 주업으로 영위하는 법인의 경우를 제외한다.

(나) 다음 어느 하나에 해당하는 동산

㉠ 서화 및 골동품. 다만, 장식·환경미화 등의 목적으로 사무실·복도 등 여러 사람이 볼 수 있는 공간에 상시 비치하는 것을 제외한다.

㉡ 업무에 직접 사용하지 아니하는 자동차·선박 및 항공기. 다만, 저당권의 실행 기타 채권을 변제받기 위하여 취득한 자동차·선박 및 항공기로서 취득일부터 3년이 경과되지 아니한 것을 제외한다.

(다) 기타 위의 자산과 유사한 자산으로서 당해 법인의 업무에 직접 사용하지 아니하는 자산

② ① 외에 해당 법인의 업무와 직접 관련이 없다고 인정되는 지출금액으로서 다음 어느 하나에 해당하는 금액

(가) 해당 법인이 직접 사용하지 아니하고 다른 사람(주주 등이 아닌 임원과 소액주주 등[45]인 임원 및 직원은 제외함)이 주로 사용하고 있는 장소·건축물·물건 등의 유지비·관리비·사용료와 이와 관련되는 지출금. 다만, 법인이 사업을 중소기업(제조업을 영위하는 자에 한한다)에 이양하기 위하여 무상으로 해당 중소기업에 대여하는 생산설비와 관련된 지출금 등은 제외한다.

(나) 해당 법인의 주주 등(소액주주 등은 제외함)이거나 출연자인 임원 또는 그 친족이 사용하고 있는 사택의 유지비·관리비·사용료와 이와 관련되는 지출금

45) 발행주식총수 또는 출자총액의 1%에 미달하는 주식 등을 소유한 주주 등(해당 법인의 국가, 지방자치단체가 아닌 지배주주 등의 특수관계인인 자는 제외함)을 말한다.

(다) 업무무관자산을 취득하기 위하여 지출한 자금의 차입과 관련되는 비용
(라) 해당 법인이 공여한 「형법」 또는 「국제상거래에 있어서 외국공무원에 대한 뇌물방지법」에 따른 뇌물에 해당하는 금전 및 금전 외의 자산과 경제적 이익의 합계액
(마) 「노동조합 및 노동관계조정법」을 위반하여 지급하는 급여

유예기간

1. 다음의 어느 하나에 해당하는 기간을 말한다.
   ① 건축물 또는 시설물 신축용 토지 : 취득일부터 5년(「산업집적활성화 및 공장설립에 관한 법률」에 의한 공장용 부지로서 「산업집적활성화 및 공장설립에 관한 법률」 또는 「중소기업 창업지원법」에 의하여 승인을 얻은 사업계획서상의 공장건설계획기간이 5년을 초과하는 경우에는 당해 공장건설계획기간)
   ② 부동산매매업[한국표준산업분류에 따른 부동산 개발 및 공급업(묘지분양업 포함) 및 건물 건설업(자영건설업에 한함)]을 주업으로 하는 법인이 취득한 매매용부동산 : 취득일부터 5년
   ③ 위 외의 부동산 : 취득일부터 2년
2. 부동산의 취득시기는 「소득세법 시행령」 제162조(양도 또는 취득의 시기)의 규정을 준용하되, 장기할부조건에 의한 취득의 경우에는 당해 부동산을 사용 또는 수익할 수 있는 날로 한다.

부동산을 업무에 직접 사용한 것으로 보는 경우

다음의 어느 하나에 해당하는 경우에는 당해 부동산을 업무에 직접 사용한 것으로 본다.
① 토지를 취득하여 업무용으로 사용하기 위하여 건설에 착공한 경우(착공일이 불분명한 경우에는 착공신고서 제출일을 기준으로 함). 다만, 천재지변·민원의 발생 기타 정당한 사유없이 건설을 중단한 경우에는 중단한 기간동안 업무에 사용하지 아니한 것으로 본다.
② 부동산매매업을 주업으로 하는 법인이 취득한 매매용부동산을 유예기간 내에 양도하는 경우

근로시간면제(time-off) 제도

근로자는 단체협약으로 정하거나 사용자의 동의가 있는 경우에는 사용자 또는 노동조합으로부터 급여를 지급받으면서 근로계약 소정의 근로를 제공하지 아니하고 노동조합의 업무에 종사할 수 있다(노동조합법 §24 ①). **이에 따라 사용자로부터 급여를 지급받는 근로자**(이하 "근로시간면제자")**는 사업 또는 사업장별로 종사근로자인 조합원 수 등을 고려하여 결정된 근로시간 면제 한도를 초과하지 아니하는 범위에서 임금의 손실 없이**[46] **사용자와의 협의·교섭, 고충처리, 산업안전 활동 등 「노동조합 및 노동관계조정법」 또는 다른 법률에서 정하는 업무와 건전한 노사관계 발전을 위한 노동조합의 유지·관리업무를 할 수 있다**(노동조합법 §24 ②). **이를 위반하여 근로시간 면제 한도를 초과하는 내용을 정한 단체협약 또는 사용자의 동의는 그 부분에 한정하여 무효로 한다**(노동조합법 §24 ④).

46) 이때 임금은 해당 근로자가 정상적으로 근로를 하였다면 받을 수 있는 급여를 말한다(고용노동부, 『근로시간 면제 한도 매뉴얼』, 2013, 17면).

업무용승용차 관련비용의 특례

1. 업무용승용차의 정의

업무용승용차란 개별소비세 과세대상인 승용자동차[47]로서 다음의 어느 하나에 해당하는 승용자동차를 제외한 것을 말한다.

① 다음에 해당하는 업종(부가령 §19) 또는 시설대여업(여신전문금융업법 §2 ⑨)에서 사업상 수익을 얻기 위하여 직접 사용하는 승용자동차

(가) 운수업

(나) 자동차 판매업

(다) 자동차 임대업

(라) 운전학원업

(마) 기계경비업무(경비업법 §2 Ⅰ 라)를 하는 경비업. 이 경우 출동차량(경비업법 §16의3)에 한정하여 적용한다.

(바) 위의 업종과 유사한 업종

② 장례식장 및 장의관련 서비스업을 영위하는 법인이 소유하거나 임차한 운구용 승용차

③ 국토교통부장관의 임시운행허가를 받은 자율주행자동차

2. 특례의 내용

(1) 강제상각

업무용승용차에 대해서는 각 사업연도의 소득금액을 계산할 때 정액법을 상각방법으로 하고 내용연수를 5년으로 하여 계산한 금액을 감가상각비로 하여 손금에 산입하여야 한다.

---

47) 다음의 자동차를 말한다(개소법 §1 ② Ⅲ).

① 배기량이 2천시시를 초과하는 승용자동차와 캠핑용자동차

② 배기량이 2천시시 이하인 승용자동차(배기량이 1천시시 이하인 것으로서 대통령령으로 정하는 규격의 것은 제외함)와 이륜자동차

③ 전기승용자동차(「자동차관리법」 제3조 제2항에 따른 세부기준을 고려하여 대통령령으로 정하는 규격의 것은 제외함)

감 가 상 각 비	
(−) 상 각 범 위 액	
상 각 부 인 액 …	손不, 유보
(시 인 부 족 액) …	손入, △유보

(2) 업무사용금액에 해당하지 않는 금액의 손금불산입

내국법인이 업무용승용차를 취득하거나 임차함에 따라 해당 사업연도에 발생하는 업무용승용차 관련비용 중 업무사용금액에 해당하지 아니하는 금액은 해당 사업연도의 소득금액을 계산할 때 손금에 산입하지 아니한다(→ 소득처분 : 상여 등).

업무사용금액에 해당하지 아니하는 금액
= 업무용승용차 관련비용− 업무사용금액
= 업무용승용차 관련비용 − 업무용승용차 관련비용 × 업무사용비율
= 업무용승용차 관련비용 × (1 − 업무사용비율)

1) 업무용승용차 관련비용

해당 사업연도에 발생하는 업무용승용차에 대한 감가상각비, 임차료, 유류비, 보험료, 수선비, 자동차세, 통행료 및 금융리스부채에 대한 이자비용 등 업무용승용차의 취득·유지를 위하여 지출한 비용을 말한다.

2) 업무사용금액

다음의 구분에 따른 금액을 말한다. 다만, 해당 업무용승용차에 자동차등록번호판을 부착하지 않은 경우에는 영(0)원으로 한다.

① 해당 사업연도 전체 기간(임차한 승용차의 경우 해당 사업연도 중에 임차한 기간) 동안 다음의 어느 하나에 해당하는 사람이 운전하는 경우만 보상하는 자동차보험(이하 "업무전용자동차보험")에 가입한 경우 : 업무용승용차 관련비용에 업무사용비율을 곱한 금액
   ㈎ 해당 법인의 임원 또는 직원
   ㈏ 계약에 따라 해당 법인의 업무를 위하여 운전하는 사람
   ㈐ 해당 법인의 업무를 위하여 필요하다고 인정되는 경우로서 재정경제부령으로 정하는 사람

② 업무전용자동차보험에 가입하지 아니한 경우 : 영(0)원

■ 업무사용비율

1. 업무사용비율은 운행기록등에 따라 확인되는 총 주행거리 중 업무용 사용거리가 차지하는 비율로 한다. 이 경우 내국법인은 업무용승용차별로 운행기록등을 작성·비치하여야 하며, 납세지 관할 세무서장이 요구할 경우 이를 즉시 제출하여야 한다.
2. 운행기록등을 작성·비치하지 않은 경우 해당 업무용승용차의 업무사용비율은 다음의 구분에 따른 비율로 한다.
   ① 해당 사업연도의 업무용승용차 관련비용이 1천5백만원(해당 사업연도가 1년 미만인 경우에는 1천5백만원에 해당 사업연도의 월수를 곱하고 이를 12로 나누어 산출한 금액을 말하고, 사업연도 중 일부 기간 동안 보유하거나 임차한 경우에는 1천5백만원에 해당 보유기간 또는 임차기간 월수를 곱하고 이를 사업연도 월수로 나누어 산출한 금액을 말함) 이하인 경우 : 100%
   ② 해당 사업연도의 업무용승용차 관련비용이 1천5백만원을 초과하는 경우 : 1천5백만원을 업무용승용차 관련비용으로 나눈 비율
3. 부동산임대업을 주된 사업으로 하는 등의 특정내국법인의 경우에는 1,500만원은 500만원으로 한다.

■ 해당 사업연도 중 일부기간만 업무전용자동차보험에 가입한 경우

해당 사업연도 전체기간(임차한 승용차의 경우 해당 사업연도 중에 임차한 기간을 말함) 중 일부기간만 업무전용자동차보험에 가입한 경우 업무사용금액은 다음의 계산식에 따라 산정한 금액으로 한다.

$$\text{업무용승용차 관련비용} \times \text{업무사용비율} \times \frac{\text{해당 사업연도 실제 가입일수}}{\text{해당 사업연도 의무 가입일수}}$$

(3) 감가상각비 한도초과액의 손금불산입

1) 손금불산입

감가상각비 한도초과액은 다음의 금액에 업무사용비율을 곱하여 산출한 금액에서 800만원(해당 사업연도가 1년 미만인 경우 800만원에 해당 사업연도의 월수를 곱하고 이를 12로 나누어 산출한 금액을 말하고, 사업연도 중 일부 기간 동안 보유하거나 임차한 경우에는 800만원에 해당 보유기간 또는 임차기간 월수를 곱하고 이를 사업연도 월수로 나누어 산출한 금액을 말함)을 차감하여 계산하며 해당 사업연도의 손금에 산입하지 아니하고 이월하여 손금산입한다.

① 업무용승용차별 감가상각비(→ 한도초과액에 대한 소득처분 : 유보)
② 업무용승용차별 임차료 중 감가상각비 상당액(→ 한도초과액에 대한 소득처분 : 기타사외유출)

감가상각비 한도초과액 = 감가상각비(감가상각비상당액) × 업무사용비율 − 800만원

▶ 부동산임대업을 주된 사업으로 하는 등의 특정내국법인의 경우에는 800만원은 400만원으로 한다.

■ 감가상각비 상당액

1. 시설대여업자로부터 임차한 승용차 : 임차료 − 보험료 − 자동차세 − 수선유지비
   ▶ 수선유지비를 별도로 구분하기 어려운 경우에는 다음의 금액으로 함

수선유지비 = (임차료 − 보험료 − 자동차세) × 7%

2. 자동차대여사업자로부터 임차한 승용차 : 임차료 × 70%

2) 이월 손금산입

감가상각비 한도초과액은 다음의 구분에 따른 방법에 따라 산정된 금액을 한도로 이월하여 손금에 산입한다.

① 업무용승용차별 감가상각비 이월액 : 해당 사업연도의 다음 사업연도부터 해당 업무용승용차의 업무사용금액 중 감가상각비가 800만원에 미달하는 경우 그 미달하는 금액을 한도로 하여 손금으로 추인한다(→ 소득처분 : △유보).

② 업무용승용차별 임차료 중 감가상각비 상당액 이월액 : 해당 사업연도의 다음 사업연도부터 해당 업무용승용차의 업무사용금액 중 감가상각비 상당액이 800만원에 미달하는 경우 그 미달하는 금액을 한도로 손금에 산입한다(→ 소득처분 : 기타).

(4) 업무용승용차 처분손실의 이월 손금산입

업무용승용차를 처분하여 발생하는 손실로서 업무용승용차별로 800만원(해당 사업연도가 1년 미만인 경우 800만원에 해당 사업연도의 월수를 곱하고 이를 12로 나누어 산출한 금액)을 초과하는 금액은 해당 사업연도의 다음 사업연도부터 800만원을 균등하게 손금에 산입하되, 남은 금액이 800만원 미만인 사업연도에는 남은 금액을 모두 손금에 산입한다.

▶ 부동산임대업을 주된 사업으로 하는 등의 특정내국법인의 경우에는 800만원은 400만원으로 한다.

■ 내국법인이 해산하는 경우 감가상각비 한도초과액 및 처분손실의 처리

내국법인이 해산(합병·분할 또는 분할합병에 따른 해산을 포함함)한 경우에는 이월된 감가상각비 상당액 한도초과액 및 처분손실 중 남은 금액을 해산등기일(합병·분할 또는 분할합병에 따라 해산한 경우에는 합병등기일 또는 분할등기일을 말함)이 속하는 사업연도에 모두 손금에 산입한다.

기업업무추진비

1. 기업업무추진비의 정의

기업업무추진비란 접대, 교제, 사례 또는 그 밖에 어떠한 명목이든 상관없이 이와 유사한 목적으로 지출한 비용으로서 내국법인이 직접 또는 간접적으로 업무와 관련이 있는 자와 업무를 원활하게 진행하기 위하여 지출한 금액을 말한다.

기업업무추진비의 범위

1. 주주 또는 출자자(이하 "주주 등")나 임원 또는 직원이 부담하여야 할 성질의 기업업무추진비를 법인이 지출한 것은 이를 기업업무추진비로 보지 아니한다.
2. 법인이 그 직원이 조직한 조합 또는 단체에 복리시설비를 지출한 경우 해당 조합이나 단체가 법인인 때에는 이를 기업업무추진비로 보며, 해당 조합이나 단체가 법인이 아닌 때에는 그 법인의 경리의 일부로 본다.

현물기업업무추진비

법인이 기업업무추진비를 금전 외의 자산으로 제공한 경우 해당 자산의 가액은 장부가액과 시가 중 큰 금액으로 산정한다.

2. 기업업무추진비의 손금불산입

(1) 직부인

내국법인이 한 차례의 접대에 지출한 기업업무추진비 중 3만원(경조금의 경우 20만원)을 초과하는 기업업무추진비로서 다음의 어느 하나에 해당하지 아니하는 것은 각 사업연도의 소득금액을 계산할 때 손금에 산입하지 아니한다.

① 다음의 어느 하나에 해당하는 것(이하 "신용카드 등")을 사용하여 지출하는 기업업무추진비. 이 규정을 적용할 때 재화 또는 용역을 공급하는 신용카드 등의 가맹점이 아닌 다른 가맹점의 명의로 작성된 매출전표 등을 발급받은 경우 해당 지출금액은 신용카드 등을 사용하여 지출하는 기업업무추진비로 보지 아니하며,[48] 이 규정에 따른 신용카드 등은 해당 법인의 명의로 발급받은 신용카드 등으로 한다.

48) 재화 또는 용역을 공급하는 신용카드 등의 가맹점이 아닌 다른 가맹점의 명의로 작성된 매출전표 등을 발급받은 경우는 매출전표 등에 기재된 상호 및 사업장소재지가 재화 또는 용역을 공급하는 신용카드 등의 가맹점의 상호 및 사업장소재지와 다른 경우로 한다.

(가) 「여신전문금융업법」에 따른 신용카드(신용카드와 유사한 것으로서 다음의 어느 하나에 해당하는 것을 포함함)

㉠ 「여신전문금융업법」에 따른 직불카드

㉡ 외국에서 발행된 신용카드

㉢ 「조세특례제한법」에 따른 기명식선불카드, 직불전자지급수단, 기명식선불전자지급수단 또는 기명식전자화폐

(나) 「조세특례제한법」에 따른 현금영수증

② 계산서 또는 「부가가치세법」에 따른 세금계산서를 발급받아 지출하는 기업업무추진비

③ 매입자발행계산서 또는 「부가가치세법」에 따른 매입자발행세금계산서를 발행하여 지출하는 기업업무추진비

④ 원천징수영수증을 발행하여 지출하는 기업업무추진비

구 분	기업업무추진비	
	건당 3만원(경조금 20만원) **이하**	**건당 3만원**(경조금 20만원) **초과**
적격증명서류 미수취	세무조정 없음	손금불산입, 기타사외유출
증명서류 미수취	손금불산입, 상여	

다만, 지출사실이 객관적으로 명백한 경우로서 기업업무추진비라는 증거자료를 구비하기 어려운 국외지역에서의 지출 및 농어민에 대한 지출 등 다음의 지출은 그러하지 아니하다.

① 기업업무추진비가 지출된 국외지역의 장소(해당 장소가 소재한 인근 지역 안의 유사한 장소를 포함함)에서 현금 외에 다른 지출수단이 없어 증거자료를 구비하기 어려운 경우의 해당 국외지역에서의 지출

② 농·어민(작물재배업·축산업·복합농업, 임업 또는 어업에 종사하는 자를 말하며, 법인은 제외함)으로부터 직접 재화를 공급받는 경우의 지출로서 그 대가를 금융회사등을 통하여 지급한 지출(해당 법인이 법인세 과세표준 신고를 할 때 과세표준 신고서에 송금사실을 적은 송금명세서를 첨부하여 납세지 관할 세무서장에게 제출한 경우에 한정함)

③ 법인이 직접 생산한 제품 등으로 제공한 경우

④ 거래처에 대한 매출채권의 임의포기 등 거래실태상 원천적으로 증빙을 구비할 수 없는 경우

(2) 시부인

1) 일반기업업무추진비

내국법인이 각 사업연도에 지출한 기업업무추진비(직부인된 기업업무추진비 제외)로서 다음 금액의 합계액을 초과하는 금액은 해당 사업연도의 소득금액을 계산할 때 손금에 산입하지 아니한다.

① 기본한도 : 다음 계산식에 따라 계산한 금액

$$1천200만원(중소기업의 경우 3천600만원) \times \frac{해당 사업연도의 개월 수^*}{12}$$

* 이 경우 개월 수는 역에 따라 계산하되, 1개월 미만의 일수는 1개월로 한다.

② 수입금액별 한도 : 해당 사업연도의 수입금액[기업회계기준에 따라 계산한 매출액(사업연도 중에 중단된 사업부문의 매출액 포함)을 말함. 이하 "매출액"]에 다음 표에 규정된 비율을 적용하여 산출한 금액. 다만, 특수관계인과의 거래에서 발생한 수입금액에 대해서는 그 수입금액에 다음 표에 규정된 비율을 적용하여 산출한 금액의 10%에 상당하는 금액으로 한다.

수입금액	비 율
100억원 이하	0.3%
100억원 초과 500억원 이하	3천만원 + (수입금액 − 100억원) × 0.2%
500억원 초과	1억1천만원 + (수입금액 − 500억원) × 0.03%

기업업무추진비 한도액 계산 시의 수입금액 계산(집행기준 25-0-3)

수입금액 기준에 의한 기업업무추진비 한도액 계산에 있어서의 수입금액은 기업회계기준에 따라 계산한 매출액을 말하는 것으로, 이에 포함하는 것과 포함하지 않는 것을 예시하면 다음과 같다.

수입금액에 포함하는 것	수입금액에 포함하지 않는 것
① 기업회계기준에 따른 매출액을 세무조정으로 익금에 산입한 금액 ② 영업수입금액 ③ 반제품·부산물·작업폐물 매출액 ④ 중단사업부문의 매출액	① 기업회계기준에 따른 매출액과 「법인세법」 상의 익금과의 차액을 세무조정으로 익금 산입한 금액 ② 매출에누리·매출할인 ③ 영업외수입·특별이익 ④ 간주임대료 ⑤ 부당행위계산부인으로 익금산입한 금액 ⑥ 개별소비세 과세물품 제조·판매 법인의 매출액에 포함된 개별소비세(교육세 포함)

■ 특정내국법인

다음의 요건을 모두 갖춘 내국법인의 경우에는 일반기업업무추진비 손금산입한도액의 50%를 초과하는 기업업무추진비를 해당 사업연도의 소득금액을 계산할 때 손금에 산입하지 아니한다(법법 §25⑤, 법령 §42②).

① 해당 사업연도 종료일 현재 내국법인의 지배주주 등[49]이 보유한 주식 등의 합계가 해당 내국법인의 발행주식총수 또는 출자총액의 50%를 초과할 것

② 해당 사업연도에 부동산 임대업을 주된 사업으로 하거나[50] 다음의 금액 합계가 기업회계기준에 따라 계산한 매출액[㈎부터 ㈐까지에서 정하는 금액이 포함되지 않은 경우에는 이를 포함하여 계산함]의 50% 이상일 것

㈎ 부동산 또는 부동산상의 권리의 대여로 인하여 발생하는 수입금액(간주임대료를 포함함)

㈏ 「소득세법」에 따른 이자소득의 금액

㈐ 「소득세법」에 따른 배당소득의 금액

③ 해당 사업연도의 상시근로자 수가 5명 미만일 것

2) 문화기업업무추진비(조특법 §136③)

내국법인이 2028년 12월 31일 이전에 문화비로 지출한 기업업무추진비에 대해서는 내국법인의 일반기업업무추진비 한도액의 20%에 상당하는 금액의 범위에서 손금에 산입한다.

한도액 = Min[문화기업업무추진비, 일반기업업무추진비 × 20%]

▶ 문화기업업무추진비 지출액에 대한 추가한도의 성격이므로 실제 지출한 문화기업업무추진비를 초과하는 한도액은 인정될 수 없다.

문화비란 국내 문화관련 지출로서 다음의 용도로 지출한 비용을 말한다(조특령 §130⑤).

① 「문화예술진흥법」에 따른 문화예술의 공연이나 전시회 또는 「박물관 및 미술관 진흥법」에 따른 박물관의 입장권 구입

② 「국민체육진흥법」에 따른 체육활동의 관람을 위한 입장권의 구입

③ 「영화 및 비디오물의 진흥에 관한 법률」에 따른 비디오물의 구입

④ 「음악산업진흥에 관한 법률」에 따른 음반 및 음악영상물의 구입

⑤ 「출판문화산업 진흥법」에 따른 간행물의 구입

⑥ 「관광진흥법」에 따라 문화체육관광부장관이 지정한 문화관광축제의 관람 또는 체험을 위한 입장권·이용권의 구입

49) 발행주식총수 또는 출자총액의 1% 이상의 주식 또는 출자지분을 소유한 주주 등으로서 그와 특수관계에 있는 자와의 소유 주식 또는 출자지분의 합계가 해당 법인의 주주 등 중 가장 많은 경우의 해당 주주 등을 말한다(법령 §43⑦).

50) 내국법인이 둘 이상의 서로 다른 사업을 영위하는 경우에는 사업별 사업수입금액이 큰 사업을 주된 사업으로 본다(법령 §42③).

⑦ 「관광진흥법 시행령」에 따른 관광공연장 입장권의 구입
⑧ 박람회의 입장권 구입
⑨ 다음의 어느 하나에 해당하는 국가유산의 관람을 위한 입장권의 구입
　㈎ 「문화유산의 보존 및 활용에 관한 법률」에 따른 지정문화유산
　㈏ 「근현대문화유산의 보존 및 활용에 관한 법률」에 따른 국가등록문화유산
　㈐ 「자연유산의 보존 및 활용에 관한 법률」에 따른 천연기념물등
　㈑ 「무형유산의 보전 및 진흥에 관한 법률」에 따른 국가무형유산
　㈒ 「무형유산의 보전 및 진흥에 관한 법률」에 따른 시·도무형유산
⑩ 「문화예술진흥법」에 따른 문화예술 관련 강연의 입장권 구입 또는 초빙강사에 대한 강연료 등
⑪ 자체시설 또는 외부임대시설을 활용하여 해당 내국인이 직접 개최하는 공연 등 문화예술행사비
⑫ 문화체육관광부의 후원을 받아 진행하는 문화예술, 체육행사에 지출하는 경비
⑬ 미술품의 구입(취득가액이 거래단위별로 1백만원 이하인 것으로 한정함)
⑭ 「관광진흥법」에 따라 종합유원시설업 또는 일반유원시설업의 허가를 받은 자가 설치한 유기시설 또는 유기기구의 이용을 위한 입장권·이용권의 구입
⑮ 「수목원·정원의 조성 및 진흥에 관한 법률」에 따른 수목원 및 정원의 입장권 구입
⑯ 「궤도운송법」에 따른 궤도시설의 이용권 구입

3) 전통시장기업업무추진비(조특법 §136 ⑥)

내국인이 2028년 12월 31일 이전에 「전통시장 및 상점가 육성을 위한 특별법」에 따른 전통시장에서 지출하거나 「지역사랑상품권 이용 활성화에 관한 법률」에 따른 지역사랑상품권으로 지출한 기업업무추진비로서 다음의 요건을 모두 갖춘 기업업무추진비는 내국인의 기업업무추진비 한도액에도 불구하고 해당 과세연도의 소득금액을 계산할 때 내국인의 기업업무추진비 한도액의 20%에 상당하는 금액의 범위에서 손금에 산입한다.

① 신용카드 등 사용금액에 해당할 것. 다만, 지역사랑상품권으로 지출한 경우에는 지역사랑상품권 지출 증명자료에 기재된 금액을 포함한다.
② 다음의 어느 하나에 해당하는 소비성 서비스업(조특령 §29 ③)을 경영하는 법인 또는 사업자에게 지출한 것이 아닐 것
　㈎ 호텔업 및 여관업(관광숙박업은 제외함)
　㈏ 주점업(일반유흥주점업, 무도유흥주점업 및 단란주점 영업만 해당하되, 「관광진흥법」에 따른 외국인전용 유흥음식점업 및 관광유흥음식점업은 제외함)
　㈐ 그 밖에 오락·유흥 등을 목적으로 하는 사업으로서 다음의 사업(조특칙 §17)

㉠ 무도장 운영업

㉡ 기타 사행시설 관리 및 운영업(「관광진흥법」 또는 「폐광지역 개발 지원에 관한 특별법」에 따라 허가를 받은 카지노업은 제외함)

㉢ 유사 의료업 중 안마를 시술하는 업

㉣ 마사지업

한도액 = Min[전통시장기업업무추진비, 일반기업업무추진비 × 20%]

▶ 전통시장기업업무추진비 지출액에 대한 추가한도의 성격이므로 실제 지출한 전통시장기업업무추진비를 초과하는 한도액은 인정될 수 없다.

자산으로 계상한 기업업무추진비의 처리(집행기준 25-0-6)

1. 기업업무추진비는 당기에 건설중인 자산 등 자산으로 계상된 기업업무추진비를 포함하여 시부인 계산하며 그 한도초과액은 다음과 같이 처리한다.
   ① 기업업무추진비 한도초과액이 당기에 손비로 계상한 기업업무추진비보다 많은 경우 당기에 손비로 계상한 기업업무추진비는 전액 손금불산입하고 그 차액은 건설중인 자산에서 감액하여 처리한다.
   ② 기업업무추진비 한도초과액이 당기에 손비로 계상한 기업업무추진비보다 많지 않은 경우에는 기업업무추진비 한도초과액만 손금에 산입하지 아니한다.

2. 1.에 따라 자산계정을 감액처리함에 있어서 수개의 자산계정에 기업업무추진비가 계상된 경우 그 감액의 순위는 다음에 의한다.
   ① 건설중인 자산
   ② 유형자산 및 무형자산

기업업무추진비	계상액	한도액	한도초과액	비 고
손비	×××		<1순위>	
건설중인 자산	×××		<2순위>	손入, △유보
유형자산 및 무형자산	×××		<3순위>	손入, △유보 → 직부인 → 시부인
계	×××	×××	손不, 기유	

기부금

1. 기부금의 정의

기부금이란 내국법인이 사업과 직접적인 관계없이 무상으로 지출하는 금액을 말한다.

기부금에는 특수관계인 외의 자에게 정당한 사유 없이 자산을 정상가액보다 낮은 가액으로 양도하거나 특수관계인 외의 자로부터 정상가액보다 높은 가액으로 매입하는 거래를 통하여 실질적으로 증여한 것으로 인정되는 금액을 포함한다. 이 경우 정상가액은 다음의 구분에 따른 가액으로 한다.

① 자산을 정상가액보다 낮은 가액으로 양도하는 경우 : 시가 − 시가 × 30%

② 자산을 정상가액보다 높은 가액으로 매입하는 경우 : 시가 + 시가 × 30%

2. 기부금의 범위

(1) 특례기부금

내국법인이 각 사업연도에 지출한 기부금 및 이월된 기부금한도초과액 중 다음에 따른 특례기부금은 손금산입한도액 내에서 해당 사업연도의 소득금액을 계산할 때 손금에 산입하되, 손금산입한도액을 초과하는 금액은 손금에 산입하지 아니한다.

① 국가나 지방자치단체에 무상으로 기증하는 금품의 가액(법인이 개인 또는 다른 법인에게 자산을 기증하고 이를 기증받은 자가 지체없이 다시 국가 또는 지방자치단체에 기증한 금품의 가액을 포함함)

② 국방헌금(예비군에 직접 지출하거나 국방부장관의 승인을 받은 기관 또는 단체를 통하여 지출하는 기부금 포함)과 국군장병 위문금품의 가액

③ 천재지변(특별재난지역으로 선포된 경우 그 선포의 사유가 된 재난을 포함함)으로 생기는 이재민을 위한 구호금품의 가액

④ 다음의 기관(병원은 제외함)에 시설비·교육비·장학금 또는 연구비로 지출하는 기부금

㈎ 「사립학교법」에 따른 사립학교

㈏ 비영리 교육재단(국립·공립·사립학교의 시설비, 교육비, 장학금 또는 연구비 지급을 목적으로 설립된 비영리 재단법인으로 한정함)

㈐ 「국민 평생 직업능력 개발법」에 따른 기능대학

㈑ 「평생교육법」에 따른 전공대학의 명칭을 사용할 수 있는 평생교육시설 및 원격대학 형태의 평생교육시설

(마) 「경제자유구역 및 제주국제자유도시의 외국교육기관 설립·운영에 관한 특별법」에 따라 설립된 외국교육기관 및 「제주특별자치도 설치 및 국제자유도시 조성을 위한 특별법」에 따라 설립된 비영리법인이 운영하는 국제학교

(바) 「산업교육진흥 및 산학연협력촉진에 관한 법률」에 따른 산학협력단

(사) 「한국과학기술원법」에 따른 한국과학기술원, 「광주과학기술원법」에 따른 광주과학기술원, 「대구경북과학기술원법」에 따른 대구경북과학기술원, 「울산과학기술원법」에 따른 울산과학기술원 및 「한국에너지공과대학교법」에 따른 한국에너지공과대학교

(아) 「국립대학법인 서울대학교 설립·운영에 관한 법률」에 따른 국립대학법인 서울대학교, 「국립대학법인 인천대학교 설립·운영에 관한 법률」에 따른 국립대학법인 인천대학교 및 이와 유사한 학교로서 대통령령으로 정하는 학교

(자) 「재외국민의 교육지원 등에 관한 법률」에 따른 한국학교(대통령령으로 정하는 요건을 충족하는 학교만 해당한다)로서 대통령령으로 정하는 바에 따라 재정경제부장관이 지정·고시하는 학교

(차) 「한국장학재단 설립 등에 관한 법률」에 따른 한국장학재단

⑤ 다음의 병원 등에 시설비·교육비 또는 연구비로 지출하는 기부금

(가) 「국립대학병원 설치법」에 따른 국립대학병원

(나) 「국립대학치과병원 설치법」에 따른 국립대학치과병원

(다) 「서울대학교병원 설치법」에 따른 서울대학교병원

(라) 「서울대학교치과병원 설치법」에 따른 서울대학교치과병원

(마) 「사립학교법」에 따른 사립학교가 운영하는 병원

(바) 「암관리법」에 따른 국립암센터

(사) 「지방의료원의 설립 및 운영에 관한 법률」에 따른 지방의료원

(아) 「국립중앙의료원의 설립 및 운영에 관한 법률」에 따른 국립중앙의료원

(자) 「대한적십자사 조직법」에 따른 대한적십자사가 운영하는 병원

(차) 「한국보훈복지의료공단법」에 따른 한국보훈복지의료공단이 운영하는 병원

(카) 「방사선 및 방사성동위원소 이용진흥법」에 따른 한국원자력의학원

(타) 「국민건강보험법」에 따른 국민건강보험공단이 운영하는 병원

(파) 「산업재해보상보험법」 제43조 제1항 제1호에 따른 의료기관

(하) (가)부터 (파)까지의 병원이 설립한 「보건의료기술 진흥법」 제28조의2 제1항에 따른 의료기술협력단

⑥ 사회복지사업, 그 밖의 사회복지활동의 지원에 필요한 재원을 모집·배분하는 것을 주된 목적으로 하는 비영리법인(대통령령으로 정하는 요건을 충족하는 법인만 해당함)으로서 재정경제부장관이 지정·고시하는 법인에 지출하는 기부금(지정기간 : 2023.1.1.~2028.12.31.)[51)]

(가) 사회복지법인 사회복지공동모금회

(나) 재단법인 바보의 나눔

(2) 우리사주조합기부금(조특법 §88의4 ⑬

법인이 우리사주조합에 지출하는 기부금은 손금산입한도액 내에서 손금에 산입할 수 있다(조특법 §88의4 ⑬).

(3) 일반기부금

내국법인이 각 사업연도에 지출한 기부금 및 이월된 기부금한도초과액 중 다음에 따른 일반기부금은 손금산입한도액 내에서 해당 사업연도의 소득금액을 계산할 때 손금에 산입하되, 손금산입한도액을 초과하는 금액은 손금에 산입하지 아니한다.

① 다음의 비영리법인(단체 및 비영리외국법인을 포함함, 이하 "공익법인 등")에 대하여 해당 공익법인 등의 고유목적사업비로 지출하는 기부금. 다만, (바)에 따라 지정·고시된 법인에 지출하는 기부금은 지정기간[52]에 지출하는 기부금으로 한정한다.

(가) 「사회복지사업법」에 따른 사회복지법인

(나) 「영유아보육법」에 따른 어린이집

(다) 「유아교육법」에 따른 유치원, 「초·중등교육법」 및 「고등교육법」에 따른 학교, 「국민 평생 직업능력 개발법」에 따른 기능대학, 「평생교육법」 제31조 제4항에 따른 전공대학 형태의 평생교육시설 및 같은 법 제33조 제3항에 따른 원격대학 형태의 평생교육시설

(라) 「의료법」에 따른 의료법인 및 「보건의료기술 진흥법」에 따른 의료기술협력단(특례기부금 해당 병원이 설립한 「보건의료기술 진흥법」에 따른 의료기술협력단은 제외함)

(마) 종교의 보급, 그 밖에 교화를 목적으로 「민법」 제32조에 따라 문화체육관광부장관 또는 지방자치단체의 장의 허가를 받아 설립한 비영리법인(그 소속 국내 소재 단체를 포함한다)

(바) 「민법」 제32조에 따라 주무관청의 허가를 받아 설립된 비영리법인(이하 "「민법」상 비영리법인"), 비영리외국법인, 「협동조합 기본법」 제85조에 따라 설립된 사회적협동조합(이하 "사회적협동조합"), 「공공기관의 운영에 관한 법률」 제4조에 따른 공공기관(같은 법 제5조 제4항 제1호에 따른 공기업은 제외함. 이하 "공공기관") 또는 법률에 따라 직접 설립 또는 등록된 기관 중 법정 요건을 모두 충족한 것으로서 국세청장(주사무소 및 본점소재지 관할 세무서장을 포함함)의 추천을 받아 재정경제부장관이 지정하여 고시한 법인. 이 경우

---

51) 2024년 3분기 공익법인 등 지정·변경에 관한 고시(재정경제부)

52) 지정일이 속하는 연도의 1월 1일부터 3년간(지정받은 기간이 끝난 후 2년 이내에 재지정되는 경우에는 재지정일이 속하는 사업연도의 1월 1일부터 6년간)

국세청장은 해당 법인의 신청을 받아 재정경제부장관에게 추천해야 한다.

② 다음의 기부금

(가) 「유아교육법」에 따른 유치원의 장·「초·중등교육법」 및 「고등교육법」에 의한 학교의 장, 「국민 평생 직업능력 개발법」에 의한 기능대학의 장, 「평생교육법」 제31조 제4항에 따른 전공대학 형태의 평생교육시설 및 같은 법 제33조 제3항에 따른 원격대학 형태의 평생교육시설의 장이 추천하는 개인에게 교육비·연구비 또는 장학금으로 지출하는 기부금

(나) 「상속세 및 증여세법 시행령」 제14조 제1항 각 호의 요건을 갖춘 공익신탁으로 신탁하는 기부금

(다) 사회복지·문화·예술·교육·종교·자선·학술 등 공익목적으로 지출하는 기부금으로서 재정경제부장관이 지정하여 고시하는 기부금

- 보건복지가족부장관이 인정하는 의료취약지역에서 비영리법인이 행하는 의료사업의 사업비·시설비·운영비로 지출하는 기부금
- 「국민체육진흥법」에 따른 국민체육진흥기금으로 출연하는 기부금
- 「전쟁기념사업회법」에 따른 전쟁기념사업회에 전쟁기념관 또는 기념탑의 건립비용으로 지출하는 기부금
- 「중소기업협동조합법」에 따른 중소기업공제사업기금 또는 소기업·소상공인공제에 출연하는 기부금
- 「중소기업협동조합법」에 따른 중소기업중앙회에 중소기업연수원 및 중소기업제품전시장의 건립비와 운영비로 지출하는 기부금
- 「중소기업협동조합법」에 따른 중소기업중앙회에 중소기업글로벌지원센터(중소기업이 공동으로 이용하는 중소기업 지원시설만 해당함)의 건립비로 지출하는 기부금
- 「중소기업협동조합법」에 따른 중소기업중앙회에 중소기업의 정보자원(정보 및 설비, 기술, 인력 등 정보화에 필요한 자원을 말함) 도입을 무상으로 지원하기 위한 사업비로 지출하는 기부금
- 「근로복지기본법」에 따른 근로복지진흥기금으로 출연하는 기부금
- 「발명진흥법」에 따른 발명진흥기금으로 출연하는 기부금
- 「과학기술기본법」에 따른 과학기술진흥기금으로 출연하는 기부금
- 「여성기업지원에 관한 법률」에 따른 한국여성경제인협회에 여성경제인박람회개최비 또는 연수원 및 여성기업종합지원센터의 건립비로 지출하는 기부금
- 「방송법」에 따라 종교방송을 하는 방송법인에 방송을 위한 건물(방송에 직접 사용되는 부분으로 한정함)의 신축비로 지출하는 기부금
- 「보호관찰 등에 관한 법률」에 따른 범죄예방자원봉사위원지역협의회 및 그 전

국연합회에 청소년 선도보호와 범법자 재범방지활동을 위하여 지출하는 기부금

- 「한국은행법」에 따른 한국은행, 그 밖의 금융기관이 「금융위원회의 설치 등에 관한 법률」 제46조 제2호 및 제3호에 따라 금융감독원에 지출하는 출연금
- 국제체육대회 또는 세계선수권대회의 경기종목에 속하는 경기와 씨름·국궁 및 택견의 기능향상을 위하여 지방자치단체나 대한체육회(시도체육회, 시·군·구체육회 및 대한체육회 회원종목단체, 시도체육회 회원종목단체, 시·군·구 회원종목단체를 포함함)가 추천하는 자에게 지출하거나 대한체육회에 운동선수양성, 단체경기비용, 생활체육진흥 등을 위하여 지출하는 기부금
- 국제기능올림픽대회에 참가할 선수의 파견비용으로 국제기능올림픽대회한국위원회에 지출하는 기부금
- 「지능정보화 기본법」에 따른 한국지능정보사회진흥원에 지출하는 기부금(정보통신기기 및 소프트웨어로 기부하는 것으로 한정함)
- 「근로자직업능력 개발법 시행령」 제2조에 따른 공공단체에 근로자훈련사업비로 지출하는 기부금
- 「숙련기술장려법」 제6조에 따라 한국산업인력공단에 숙련기술장려적립금으로 출연하는 기부금
- 「국민기초생활 보장법」 제15조의2 제1항에 따른 중앙자활센터와 같은 법 제16조 제1항에 따른 지역자활센터에 각각 같은 법 제15조의2 제1항 및 제16조 제1항 각 호에 따른 사업을 위하여 지출하는 기부금
- 「한국교통안전공단법」에 따른 교통안전공단에 자동차손해배상보장사업비로 지출하는 기부금
- 사단법인 한국중화총상회에 국내에서 개최되는 세계화상대회 개최비로 지출하는 기부금
- 「협동조합 기본법」에 따른 사회적협동조합, 사회적협동조합연합회(전체 사업량의 40% 이상을 협동조합기본법 제93조 제1항에 따른 사업을 수행하는 것으로 정관에 규정한 연합회로 한정함) 및 「사회적기업 육성법」에 따른 사회적기업(비영리법인으로 한정함)의 사회서비스 또는 일자리를 제공하는 사업을 위하여 지출하는 기부금
- 「농어업경영체 육성 및 지원에 관한 법률」에 따른 농어업경영체에 대한 교육사업을 위하여 사단법인 한국농수식품씨이오연합회에 지출하는 기부금
- 「대한소방공제회법」에 따른 대한소방공제회에 직무수행 중 순직한 소방공무원의 유가족 또는 상이를 입은 소방공무원의 지원을 위하여 지출하는 기부금
- 「장애인기업활동 촉진법」에 따른 한국장애경제인협회에 장애경제인에 대한 교육훈련비, 장애경제인 창업지원사업비, 장애경제인협회 회관·연수원 건립비, 장애경

제인대회 개최비 및 장애인기업종합지원센터의 설치·운영비로 지출하는 기부금
- 「대한민국헌정회 육성법」에 따른 대한민국헌정회에 정책연구비 및 헌정기념에 관한 사업비로 지출하는 기부금
- 사단법인 한국회계기준원에 국제회계기준위원회재단 재정지원을 위하여 지출하는 기부금
- 저소득층의 생활 안정 및 복지 향상을 위한 신용대출사업으로서 「법인세법 시행령」 제3조 제1항 제11호에 따른 사업을 수행하고 있는 비영리법인에 그 사업을 위한 비용으로 지출하는 기부금
- 「건설근로자의 고용개선 등에 관한 법률」에 따른 건설근로자공제회에 건설근로자의 복지증진 사업을 위하여 지출하는 기부금
- 「문화예술진흥법」 제7조에 따른 전문예술단체에 문화예술진흥사업 및 활동을 지원하기 위하여 지출하는 기부금
- 「중소기업진흥에 관한 법률」에 의한 중소벤처기업진흥공단에 같은 법 제67조 제1항 제20호에 따른 사업을 위하여 지출하는 기부금
- 「여신전문금융업법」 제62조에 따른 여신전문금융업협회에 금융사고를 예방하기 위하여 같은 법 시행령 제6조의13 제1항에 따른 영세한 중소신용카드가맹점의 신용카드 단말기 교체를 지원하기 위하여 지출하는 기부금
- 「정보통신기반 보호법」 제16조에 따른 정보공유·분석센터에 금융 분야의 주요 정보통신기반시설에 대한 침해사고 예방, 취약점의 분석·평가 등 정보통신기반 시설 보호 사업을 위하여 지출하는 기부금
- 「보험업법」 제175조에 따른 보험협회에 생명보험 사회공헌사업 추진을 위한 협약에 따라 사회공헌기금 등을 통하여 수행하는 사회공헌사업을 위하여 지출하는 기부금
- 「노동조합 및 노동관계조정법」 제10조 제2항에 따른 총연합단체인 노동조합이 시행하는 노사상생협력증진에 관한 교육·상담 사업, 그 밖에 선진 노사문화 정착과 노사 공동의 이익증진을 위한 사업으로서 고용노동부장관이 정하는 사업을 위하여 지출하는 기부금
- 해외난민을 위하여 지출하는 기부금
- 특례기부금 단체인 병원에 자선의료비로 지출하는 기부금
- 「도서관법」에 따라 등록된 작은도서관에 사업비, 시설비, 운영비로 지출하는 기부금
- 「신용보증기금법」에 따른 신용보증기금의 보증·보험사업을 위해 기업이 출연하는 기부금
- 「기술보증기금법」에 따른 기술보증기금의 보증사업을 위해 기업이 출연하는 기

부금

- 「근로복지기본법」에 따른 사내근로복지기금 또는 공동근로복지기금으로 출연하는 기부금(사업자 외의 개인이 출연하는 것으로 한정함)
- 「지역신용보증재단법」에 따른 신용보증재단 및 신용보증재단중앙회의 보증사업을 위해 기업이 출연하는 기부금
- 「여신전문금융업법」 제62조에 따른 여신전문금융업협회에 재정경제부에서 시행하는 상생소비지원금 사업의 통합서버 구축·운영비로 지출하는 기부금
- 「중소기업협동조합법」 제106조 제8항에 따른 중소기업중앙회 공동사업지원자금에 출연하는 기부금
- 「새마을금고법」에 따라 설립된 새마을금고에 「사랑의 좀도리운동」을 위하여 지출하는 기부금

③ 다음의 어느 하나에 해당하는 사회복지시설 또는 기관 중 무료 또는 실비로 이용할 수 있는 시설 또는 기관에 기부하는 금품의 가액

㈎ 「아동복지법」에 따른 다함께돌봄센터 및 아동복지시설

㈏ 「노인복지법」 제31조에 따른 노인복지시설 중 다음의 시설을 제외한 시설

- 「노인복지법」 제32조 제1항에 따른 노인주거복지시설 중 입소자 본인이 입소비용의 전부를 부담하는 양로시설[53]·노인공동생활가정 및 노인복지주택
- 「노인복지법」 제34조 제1항에 따른 노인의료복지시설 중 입소자 본인이 입소비용의 전부를 부담하는 노인요양시설·노인요양공동생활가정 및 노인전문병원
- 「노인복지법」 제38조에 따른 재가노인복지시설 중 이용자 본인이 재가복지서비스에 대한 이용대가를 전부 부담하는 시설

㈐ 「장애인복지법」 제58조 제1항에 따른 장애인복지시설. 다만, 다음의 시설은 제외한다.

- 비영리법인(「사회복지사업법」 제16조 제1항에 따라 설립된 사회복지법인을 포함한다) 외의 자가 운영하는 장애인 공동생활가정
- 「장애인복지법 시행령」 제36조에 따른 장애인생산품 판매시설
- 장애인 유료복지시설

㈑ 「한부모가족지원법」 제19조 제1항에 따른 한부모가족복지시설

㈒ 정신건강증진 및 정신질환자 복지서비스 지원에 관한 법률」 제3조 제6호 및 제7호에 따른 정신요양시설 및 정신재활시설

㈓ 「성매매방지 및 피해자보호 등에 관한 법률」 제6조 제2항 및 제10조 제2항에 따른

53) 노인주거복지시설 중 양로시설을 설치한 자가 해당 시설의 설치·운영에 필요한 비용을 부담하는 경우 그 부담금 중 해당 시설의 운영으로 발생한 손실금(기업회계기준에 따라 계산한 해당 과세기간의 결손금을 말함)이 있는 경우에는 그 금액을 포함한다(법령 §39 ① Ⅳ).

지원시설 및 성매매피해상담소

(사) 「가정폭력방지 및 피해자보호 등에 관한 법률」 제5조 제2항 및 제7조 제2항에 따른 가정폭력 관련 상담소 및 보호시설

(아) 「성폭력방지 및 피해자보호 등에 관한 법률」 제10조 제2항 및 제12조 제2항에 따른 성폭력피해상담소 및 성폭력피해자보호시설

(자) 「사회복지사업법」 제34조에 따른 사회복지시설 중 사회복지관과 부랑인·노숙인 시설

(차) 「노인장기요양보험법」 제32조에 따른 재가장기요양기관

(카) 「다문화가족지원법」 제12조에 따른 다문화가족지원센터

(타) 「건강가정기본법」에 따른 건강가정지원센터 및 가족센터

(파) 「청소년복지 지원법」 제31조에 따른 청소년복지시설

(하) 「보호관찰 등에 관한 법률」에 따른 갱생보호시설

④ 다음의 요건을 모두 갖춘 국제기구로서 재정경제부장관이 지정하여 고시하는 국제기구에 지출하는 기부금

(가) 사회복지, 문화, 예술, 교육, 종교, 자선, 학술 등 공익을 위한 사업을 수행할 것

(나) 우리나라가 회원국으로 가입하였을 것

(4) 비지정기부금

특례기부금, 우리사주조합기부금 및 일반기부금 외의 기부금은 해당 사업연도의 소득금액을 계산할 때 손금에 산입하지 아니한다.

3. 기부금 손금산입한도 시부인 계산틀

차가감소득금액 … 당기순이익 + 가산조정 − 차감조정

	항목	당기 지출분 손금산입한도	한도초과액	이월공제
I/S 비용 계상	(+) 특례기부금	A × 50% − 이월특례한도초과액(손入, 기타)	손不, 기유	10년
	(+) 우리사주조합기부금	(A − 특례) × 30%	손不, 기유	×
	(+) 일반기부금	(A − 특례 − 우리) × 10%(사회적 기업 30%) − 이월일반한도초과액(손入, 기타)	손不, 기유	10년
	기준소득금액			
	(−) 이월결손금	… Min[이월결손금, 기준소득금액 × 80%(100%)]		
	기부가능액(A)			

▶ 기준소득금액에는 합병 및 분할에 따른 양도손익은 제외한다.

▶ 기준소득금액에서 차감하는 이월결손금은 다음의 요건을 모두 갖춘 금액을 말하며, 각 사업연도 소득의 80%를 한도로 이월결손금 공제를 적용받는 법인은 기준소득금액의 80%를 한도로 이월결손금을 차감한다.

① 각 사업연도의 개시일 전 15년 이내에 개시한 사업연도에서 발생한 결손금일 것

② 신고하거나 결정·경정되거나 수정신고(국기법 §45)한 과세표준에 포함된 결손금일 것

▶ 내국법인이 각 사업연도에 지출하는 특례기부금 및 일반기부금 중 손금산입한도액을 초과하여 손금에 산입하지 아니한 금액은 해당 사업연도의 다음 사업연도 개시일부터 10년 이내에 끝나는 각 사업연도로 이월하여 그 이월된 사업연도의 소득금액을 계산할 때 기부금 각각의 손금산입한도액의 범위에서 손금에 산입한다.

▶ 특례기부금 및 일반기부금을 손금에 산입하는 경우에는 이월된 특례기부금한도초과액 및 일반기부금한도초과액을 해당 사업연도에 지출한 기부금보다 먼저 손금에 산입한다. 이 경우 이월된 특례기부금 및 일반기부금은 먼저 발생한 이월금액부터 손금에 산입한다.

▶ 사회적기업이란 취약계층에게 사회서비스 또는 일자리를 제공하거나 지역사회에 공헌함으로써 지역 주민의 삶의 질을 높이는 등의 사회적 목적을 추구하면서 재화 및 서비스의 생산 판매 등 영업활동을 하는 기업을 말한다(사회적기업육성법 §2 Ⅰ).

4. 기부금의 가액 등

(1) 현물기부금

법인이 기부금을 금전 외의 자산으로 제공한 경우 해당 자산의 가액은 다음의 구분에 따라 산정한다.

① 특례기부금의 경우 : 기부했을 때의 장부가액

② 특수관계인이 아닌 자에게 기부한 일반기부금의 경우 : 기부했을 때의 장부가액

③ 위 외의 경우 : 기부했을 때의 장부가액과 시가 중 큰 금액

(2) 이연계상

법인이 기부금을 가지급금 등으로 이연계상한 경우에는 이를 그 지출한 사업연도의 기부금으로 하고, 그 후의 사업연도에 있어서는 이를 기부금으로 보지 아니한다.

(3) 기간경과분 계상

법인이 기부금을 미지급금으로 계상한 경우 실제로 이를 지출할 때까지는 당해 사업연도의 소득금액계산에 있어서 이를 기부금으로 보지 아니한다.

지급이자

다음의 차입금의 이자는 내국법인의 각 사업연도의 소득금액을 계산할 때 손금에 산입하지 아니한다.

① 채권자가 불분명한 사채의 이자(이하 "채권자불분명사채이자")

② 「소득세법」에 따른 채권·증권의 이자·할인액 또는 차익[54] 중 그 지급받은 자가 불분명한 것(이하 "비실명 채권·증권의 이자")

③ 건설자금에 충당한 차입금의 이자(이하 "건설자금이자")

④ 다음의 어느 하나에 해당하는 자산을 취득하거나 보유하고 있는 내국법인이 각 사업연도에 지급한 차입금의 이자 중 대통령령으로 정하는 바에 따라 계산한 금액(차입금 중 해당 자산가액에 상당하는 금액의 이자를 한도로 함)(이하 "업무무관이자")

㈎ 업무무관자산

㈏ 특수관계인에게 해당 법인의 업무와 관련 없이 지급한 가지급금 등으로서 대통령령으로 정하는 것(이하 "특수관계인에 대한 업무무관가지급금 등")

1. 채권자불분명사채이자

채권자불분명사채이자란 다음의 어느 하나에 해당하는 차입금의 이자(알선수수료·사례금 등 명목여하에 불구하고 사채를 차입하고 지급하는 금품을 포함함)를 말한다. 다만, 거래일 현재 주민등록표에 의하여 그 거주사실 등이 확인된 채권자가 차입금을 변제받은 후 소재불명이 된 경우의 차입금에 대한 이자를 제외한다.

① 채권자의 주소 및 성명을 확인할 수 없는 차입금

② 채권자의 능력 및 자산상태로 보아 금전을 대여한 것으로 인정할 수 없는 차입금

③ 채권자와의 금전거래사실 및 거래내용이 불분명한 차입금

2. 비실명 채권·증권의 이자

비실명 채권·증권의 이자란 채권 또는 증권의 이자·할인액 또는 차익을 당해 채권 또는

---

54) ① 국가나 지방자치단체가 발행한 채권 또는 증권의 이자와 할인액(소법 §16① I)
② 내국법인이 발행한 채권 또는 증권의 이자와 할인액(소법 §16① II)
③ 외국법인의 국내지점 또는 국내영업소에서 발행한 채권 또는 증권의 이자와 할인액(소법 §16① V)
④ 대통령령으로 정하는 채권 또는 증권의 환매조건부 매매차익(소법 §16① VIII)

증권의 발행법인이 직접 지급하는 경우 그 지급사실이 객관적으로 인정되지 아니하는 이자·할인액 또는 차익을 말한다.

3. 건설자금이자

(1) 특정차입금의 이자

1) 개관

특정차입금이란 사업용 유형자산 및 무형자산의 매입·제작 또는 건설(이하 "건설 등")에 소요되는 차입금(자산의 건설 등에 소요된지의 여부가 분명하지 아니한 차입금은 제외함)을 말한다. 그 명목 여하에 불구하고 특정차입금에 대한 지급이자 또는 이와 유사한 성질의 지출금(이하 "지급이자 등")은 내국법인의 각 사업연도의 소득금액을 계산할 때 손금에 산입하지 아니한다.

2) 손금불산입액

특정차입금에 대한 지급이자 등은 건설 등이 준공된 날까지 이를 자본적 지출로 하여 그 원본에 가산한다. 다만, 특정차입금의 일시예금에서 생기는 수입이자는 원본에 가산하는 자본적 지출금액에서 차감한다.

특정차입금의 일부를 운영자금에 전용한 경우에는 그 부분에 상당하는 지급이자는 이를 손금으로 한다.

특정차입금의 연체로 인하여 생긴 이자를 원본에 가산한 경우 그 가산한 금액은 이를 해당 사업연도의 자본적 지출로 하고, 그 원본에 가산한 금액에 대한 지급이자는 이를 손금으로 한다.

손금불산입액(자본적 지출액) = 특정차입금의 이자 − 일시예금 수입이자 − 운용자금 전용 이자 + 연체이자

구 분			세무조정 및 소득처분	비 고
과대계상			건설자금이자 ×××(손入, △유보)	
과소계상	비상각자산		건설자금이자 ×××(손不, 유보)	
	상각자산	미준공	건설자금이자 ×××(손不, 유보)	준공 시 상각부인액으로 취급함
		준공	즉시상각의제	상각범위액 이내에서 손금에 산입함

■ 준공된 날

준공된 날이라 함은 다음의 어느 하나에 해당하는 날로 한다(법령 §52 ⑥).

① 토지를 매입하는 경우에는 그 대금을 청산한 날. 다만, 그 대금을 청산하기 전에 당해 토지를 사업에 사용하는 경우에는 그 사업에 사용되기 시작한 날

② 건축물의 경우에는 「소득세법 시행령」의 규정에 의한 취득일 또는 당해 건설의 목적물이 그 목적에 실제로 사용되기 시작한 날(이하 "사용개시일") 중 빠른 날

※ 「소득세법 시행령 제162조 제1항 제4호

> 자기가 건설한 건축물에 있어서는 사용승인서 교부일을 취득시기로 한다. 다만, 사용승인서 교부일 전에 사실상 사용하거나 임시사용승인을 받은 경우에는 그 사실상의 사용일 또는 임시사용승인을 받은 날 중 빠른 날로 하고 건축허가를 받지 아니하고 건축하는 건축물에 있어서는 그 사실상의 사용일로 한다.

③ 그 밖의 사업용 유형자산 및 무형자산의 경우에는 사용개시일

3) 손금산입액

특정차입금 중 해당 건설 등이 준공된 후에 남은 차입금에 대한 이자는 각 사업연도의 손금으로 한다. 이 경우 건설 등의 준공일은 당해 건설 등의 목적물이 전부 준공된 날로 한다.

(2) 일반차입금의 이자

일반차입금이란 해당 사업연도에 상환하거나 상환하지 아니한 차입금 중 특정차입금을 제외한 금액을 말한다. 건설자금에 충당한 차입금의 이자에서 건설자금에 충당한 특정차입금의 이자를 뺀 금액으로서 다음의 금액은 내국법인의 각 사업연도의 소득금액을 계산할 때 손금에 산입하지 아니할 수 있다.

Min[①, ②]

① (건설 등에 대한 연평균지출액*1 − 특정차입금의 연평균지출액*2) × 자본화 이자율*3

② 해당 사업연도 중 건설 등에 소요된 기간에 실제로 발생한 일반차입금의 지급이자 등의 합계

*1 해당 건설 등에 대하여 해당 사업연도에 지출한 금액의 적수 ÷ 해당 사업연도 일수

*2 해당 사업연도의 특정차입금의 적수 ÷ 해당 사업연도 일수

*3 일반 차입금에서 발생한 지급이자 등의 합계액 ÷ 일반차입금의 연평균지출액

↳ 해당 사업연도의 일반차입금의 적수 ÷ 해당 사업연도 일수

4. 업무무관이자

(1) 특수관계인에 대한 업무무관가지급금 등

업무무관가지급금 등이란 명칭여하에 불구하고 당해 법인의 업무와 관련이 없는 자금의 대여액(금융회사 등의 경우 주된 수익사업으로 볼 수 없는 자금의 대여액을 포함함)을 말한다. 다만, 다음의 어느 하나에 해당하는 것은 제외한다.

① 「소득세법」에 따라 지급한 것으로 보는 배당소득 및 상여금(이하 "미지급소득")에 대한 소득세를 법인이 납부하고 이를 가지급금 등으로 계상한 금액(해당 소득을 실제 지급할 때까지의 기간에 상당하는 금액으로 한정함)

② 국외에 자본을 투자한 내국법인이 해당 국외투자법인에 종사하거나 종사할 자의 여비·급료 기타 비용을 대신하여 부담하고 이를 가지급금 등으로 계상한 금액(그 금액을 실지로 환부받을 때까지의 기간에 상당하는 금액에 한함)

③ 법인이 우리사주조합[55] 또는 그 조합원에게 해당 우리사주조합이 설립된 회사의 주식 취득(조합원간에 주식을 매매하는 경우와 조합원이 취득한 주식을 교환하거나 현물출자함으로써 「독점규제 및 공정거래에 관한 법률」에 의한 지주회사 또는 「금융지주회사법」에 의한 금융지주회사의 주식을 취득하는 경우를 포함함)에 소요되는 자금을 대여한 금액(상환할 때까지의 기간에 상당하는 금액에 한함)

④ 「국민연금법」에 의하여 근로자가 지급받은 것으로 보는 퇴직금전환금(당해 근로자가 퇴직할 때까지의 기간에 상당하는 금액에 한함)[56]

⑤ 대표자에게 상여처분한 금액에 대한 소득세를 법인이 납부하고 이를 가지급금으로 계상한 금액(특수관계가 소멸될 때까지의 기간에 상당하는 금액에 한함)

⑥ 직원에 대한 월정급여액의 범위에서의 일시적인 급료의 가불금

⑦ 직원에 대한 경조사비 또는 학자금(자녀의 학자금을 포함함)의 대여액

⑧ 중소기업에 근무하는 직원(지배주주 등인 직원은 제외함)에 대한 주택구입 또는 전세자금의 대여액

⑨ 「금융기관부실자산 등의 효율적 처리 및 한국자산관리공사의 설립에 관한 법률」에 의한 한국자산관리공사가 출자총액의 전액을 출자하여 설립한 법인에 대여한 금액

---

55) 주식회사의 소속 근로자가 그 주식회사의 주식을 취득·관리하기 위하여 「근로복지기본법」에서 정하는 요건을 갖추어 설립한 단체를 말한다(근로복지기본법 §2 Ⅳ).

56) 퇴직금전환금이란 퇴직금의 준비금에서 국민연금관리공단으로 전환하여 납부한 금액을 말한다. 퇴직금전환액은 표준소득월액의 30/1,000에 상당하는 금액이다. 퇴직금전환금은 지급할 퇴직금 중 그 해당금액을 미리 지급한 것, 즉 퇴직금의 선급액으로 인정된다(고성삼, 『회계·세무 용어사전』, 2006).

■ 원천징수시기에 대한 특례

1. 배당소득

법인이 이익 또는 잉여금의 처분에 따른 배당 또는 분배금을 그 처분을 결정한 날부터 3개월이 되는 날까지 지급하지 아니한 경우에는 그 3개월이 되는 날에 그 배당소득을 지급한 것으로 보아 소득세를 원천징수한다. 다만, 11월 1일부터 12월 31일까지의 사이에 결정된 처분에 따라 다음 연도 2월 말일까지 배당소득을 지급하지 아니한 경우에는 그 처분을 결정한 날이 속하는 과세기간의 다음 연도 2월 말일에 그 배당소득을 지급한 것으로 보아 소득세를 원천징수한다(소법 §131 ①).

2. 근로소득

법인이 이익 또는 잉여금의 처분에 따라 지급하여야 할 상여를 그 처분을 결정한 날부터 3개월이 되는 날까지 지급하지 아니한 경우에는 그 3개월이 되는 날에 그 상여를 지급한 것으로 보아 소득세를 원천징수한다. 다만, 그 처분이 11월 1일부터 12월 31일까지의 사이에 결정된 경우에 다음 연도 2월 말일까지 그 상여를 지급하지 아니한 경우에는 그 상여를 다음 연도 2월 말일에 지급한 것으로 보아 소득세를 원천징수한다(소법 §135 ③).

(2) 업무무관이자의 계산

업무무관이자란 다음 산식에 의하여 계산한 금액을 말한다.

$$\text{지급이자} \times \frac{\text{업무무관가지급금 등 및 업무무관자산가액의 합계액의 적수(총차입금의 적수를 한도로 함)}}{\text{총차입금의 적수}}$$

▶ 특수관계인에 대한 업무무관가지급금 등은 동일인에 대한 가지급금 등과 가수금이 함께 있는 경우에는 이를 상계한 금액으로 하되, 동일인에 대한 가지급금 등과 가수금의 발생시에 각각 상환기간 및 이자율 등에 관한 약정이 있어 이를 상계할 수 없는 경우에는 상계를 하지 아니한다.

▶ 업무무관자산은 취득가액(부당행위계산의 유형 규정에 의한 시가초과액을 포함함)으로 한다.

▶ 총 차입금에는 내국법인이 한국은행총재가 정한 규정에 따라 기업구매자금대출에 의하여 차입한 금액을 제외한다.

■ 차입금 및 차입금이자의 범위(집행기준 28-0-2)

① 지급이자의 손금불산입 규정 적용 시 차입금이란 명목여하에 관계없이 지급이자 및 할인료를 부담하는 모든 부채를 말한다. 이 경우 상품, 제품 등을 매출하고 받은 상업어음을 할인한 경우의 할인어음은 차입금으로 보지 아니하고, 금융리스에 의한 리스료 중 유효이자율법에 따라 계산한 이자상당액을 제외한 금액(상환액은 제외함)은 차입금에 포함한다.

② 차입금이자는 ①의 차입금에 대한 지급이자를 의미하며, 이를 예시하면 다음과 같다.

지급이자에 포함되는 것	지급이자에 포함되지 않는 것
㈎ 금융어음 할인료 ㈏ 미지급이자	㈎ 상업어음 할인액(기업회계기준에 따라 매각 거래로 보는 경우)

지급이자에 포함되는 것	지급이자에 포함되지 않는 것
(다) 금융리스료 중 이자상당액 (라) 사채할인발행차금 상각액 (마) 전환사채의 만기보유자에게 지급하는 상환 할증금 (바) 회사정리계획인가결정에 의해 면제받은 미지급 이자	(나) 선급이자 (다) 현재가치할인차금 상각액 (라) 연지급수입에 있어서 취득가액과 구분하여 지급이자로 계상한 금액(Banker's Usance 이자 등) (마) 지급보증료·신용보증료·지급수수료 (바) 금융기관의 차입금을 조기 상환하는 경우 지급하는 조기상환수수료

감가상각비

I 감가상각비의 손금불산입

내국법인이 각 사업연도의 결산을 확정할 때 토지를 제외한 건물, 기계 및 장치, 특허권 등 감가상각자산에 대한 감가상각비를 손비로 계상한 경우에는 상각범위액의 범위에서 그 계상한 감가상각비를 해당 사업연도의 소득금액을 계산할 때 손금에 산입하고, 그 계상한 금액 중 상각범위액을 초과하는 금액은 손금에 산입하지 아니한다.

1. 감가상각자산

감가상각자산이란 다음의 유형자산 및 무형자산을 말한다.

① 다음의 어느 하나에 해당하는 유형자산

(가) 건물(부속설비 포함) 및 구축물(이하 "건축물")

(나) 차량 및 운반구, 공구, 기구 및 비품

(다) 선박 및 항공기

(라) 기계 및 장치

(마) 동물 및 식물

(바) 그 밖에 위의 자산과 유사한 유형자산

② 다음의 어느 하나에 해당하는 무형자산

(가) 영업권(합병 또는 분할로 인하여 합병법인등이 계상한 영업권 제외[57]), 디자인권, 실용신안권, 상표권

(나) 특허권, 어업권, 양식업권, 「해저광물자원 개발법」에 의한 채취권, 유료도로관리권, 철도시설관리권, 수리권, 전기가스공급시설이용권, 공업용수도시설이용권, 수도시설

57) 한국채택국제회계기준에 따르면 기업의 초과수익력의 유무와 관계없이 합병으로 취득한 순자산의 공정가치보다 이전대가가 더 큰 경우 그 차액을 영업권으로 인식하므로(국회기 제1103호 문단32) 법인세법상 영업권과 차이가 있기 때문이다(김완석·황남석, 『법인세법론』, 삼일인포마인, 2021, 364면).

이용권, 열공급시설이용권

(다) 광업권, 전신전화전용시설이용권, 전용측선이용권, 하수종말처리장시설관리권, 수도시설관리권

(라) 댐사용권

(마) 개발비 : 상업적인 생산 또는 사용 전에 재료·장치·제품·공정·시스템 또는 용역을 창출하거나 현저히 개선하기 위한 계획 또는 설계를 위하여 연구결과 또는 관련지식을 적용하는데 발생하는 비용으로서 기업회계기준에 따른 개발비 요건을 갖춘 것(산업기술연구조합의 조합원이 해당 조합에 연구개발 및 연구시설 취득 등을 위하여 지출하는 금액을 포함함)

(바) 사용수익기부자산가액 : 금전 외의 자산을 국가 또는 지방자치단체, 특례기부금법인[58] 또는 일반기부금공익법인법인에게 기부한 후 그 자산을 사용하거나 그 자산으로부터 수익을 얻는 경우 해당 자산의 장부가액

(사) 주파수이용권 및 공항시설관리권

(아) 항만시설관리권

(자) 그 밖에 위의 자산과 유사한 무형자산(이하 "기타유사무형자산")

감가상각자산은 다음의 자산을 포함하지 아니하는 것으로 한다.

① 사업에 사용하지 아니하는 것(유휴설비 제외)

② 건설 중인 것

③ 시간의 경과에 따라 그 가치가 감소되지 아니하는 것

장기할부조건 등으로 매입한 감가상각자산의 경우 법인이 해당 자산의 가액 전액을 자산으로 계상하고 사업에 사용하는 경우에는 그 대금의 청산 또는 소유권의 이전여부에 관계없이 이를 감가상각자산에 포함한다.

자산을 시설대여하는 자(이하 "리스회사")가 대여하는 해당 자산(이하 "리스자산") 중 기업회계기준에 따른 금융리스의 자산은 리스이용자의 감가상각자산으로, 금융리스 외의 리스자산은 리스회사의 감가상각자산으로 한다.[59] 이 규정을 적용함에 있어서 「자산유동화에 관한 법률」에 의한 유동화전문회사가 동법에 의한 자산유동화계획에 따라 금융리스의 자산을 양수한 경우 당해 자산에 대하여는 리스이용자의 감가상각자산으로 한다.

---

58) 학교 등, 병원 및 사회복지사업, 그 밖의 사회복지활동의 지원에 필요한 재원을 모집·배분하는 것을 주된 목적으로 하는 비영리법인으로서 재정경제부장관이 지정·고시하는 법인에 지출하는 기부금

59) 2019년 한국채택국제회계기준이 개정되었으나 「법인세법」은 종전의 방식을 유지한다(김완석·황남석, 『법인세법론』, 삼일인포마인, 2021, 284면). 금융리스의 경우에는 리스자산의 소유에 따른 위험과 효익이 실질적으로 리스이용자에게 이전되나 금융리스 외의 리스는 그렇지 않다.

2. 감가상각비의 손비계상방법

법인이 각 사업연도에 감가상각자산의 감가상각비를 손비로 계상하거나 한국채택국제회계기준을 적용하는 내국법인에 대한 감가상각비 손금산입 특례 규정에 따라 감가상각비를 추가로 손금에 산입하는 경우에는 해당 감가상각자산의 장부가액을 직접 감액하는 방법 또는 장부가액을 감액하지 아니하고 감가상각누계액으로 계상하는 방법 중 선택하여야 한다. 법인이 감가상각비를 감가상각누계액으로 계상하는 경우에는 개별 자산별로 계상하여야 한다.

3. 상각범위액

(1) 상각방법

상각범위액이란 개별 감가상각자산별로 다음의 구분에 따른 상각방법 중 법인이 납세지 관할 세무서장에게 신고한 방법에 의하여 계산한 금액을 말한다.

<table>
<tr><th colspan="2" rowspan="2">구 분</th><th colspan="2">상각방법</th></tr>
<tr><th>신 고</th><th>무신고</th></tr>
<tr><td rowspan="3">(1) 유형자산</td><td>건축물</td><td>정액법</td><td>정액법</td></tr>
<tr><td>광업용 유형자산</td><td>생산량비례법·정률법 또는 정액법</td><td>생산량비례법</td></tr>
<tr><td>위 외</td><td>정률법 또는 정액법</td><td>정률법</td></tr>
<tr><td rowspan="4">(2) 무형자산</td><td>광업권(채취권 포함) 또는 폐기물매립시설</td><td>생산량비례법 또는 정액법</td><td>생산량비례법</td></tr>
<tr><td>개발비</td><td>관련 제품의 판매 또는 사용이 가능한 시점부터 20년의 범위에서 연단위로 신고한 내용연수에 따라 매 사업연도별 경과월수에 비례하여 상각하는 방법</td><td>관련 제품의 판매 또는 사용이 가능한 시점부터 5년동안 매년 균등액을 상각하는 방법</td></tr>
<tr><td>사용수익기부자산가액</td><td>해당 자산의 사용수익기간(그 기간에 관한 특약이 없는 경우 신고내용연수를 말함)에 따라 균등하게 안분한 금액(그 기간 중에 해당 기부자산이 멸실되거나 계약이 해지된 경우 그 잔액을 말함)을 상각하는 방법</td><td>좌동(左同)</td></tr>
<tr><td>주파수이용권, 공항시설관리권 및 항만시설관리권</td><td>주무관청에서 고시하거나 주무관청에 등록한 기간내에서 사용기간에 따라 균등액을 상각하는 방법</td><td>좌동(左同)</td></tr>
</table>

구 분		상각방법	
		신 고	무신고
	기타유사무형자산	연 단위로 신고한 내용연수(기업회계기준에 따른 내용연수를 말함)에 따라 매 사업연도별 경과월수에 비례하여 상각하는 방법	5년동안 매년 균등액을 상각하는 방법
	위 외	정액법	정액법

(2) 상각방법의 신고

법인이 상각방법을 신고하려는 때에는 자산별로 하나의 방법을 선택하여 감가상각방법 신고서를 다음에 따른 날이 속하는 사업연도의 법인세 과세표준의 신고기한까지 납세지 관할세무서장에게 제출하여야 한다.

① 신설법인과 새로 수익사업을 개시한 비영리법인은 그 영업을 개시한 날
② 위 외의 법인이 감가상각자산을 새로 취득한 경우에는 그 취득한 날

법인이 신고한 상각방법(상각방법을 신고하지 아니한 경우에는 무신고 시 상각방법)은 그 후의 사업연도에도 계속하여 그 상각방법을 적용하여야 한다.

(3) 잔존가액

상각범위액을 계산함에 있어서 감가상각자산의 잔존가액은 "0"으로 한다. 다만, 정률법에 의하여 상각범위액을 계산하는 경우에는 취득가액의 5%에 상당하는 금액으로 하되, 그 금액은 당해 감가상각자산에 대한 미상각잔액이 최초로 취득가액의 5% 이하가 되는 사업연도의 상각범위액에 가산한다.

법인은 감가상각이 종료되는 감가상각자산에 대하여는 「잔존가액」 규정에 불구하고 취득가액의 5%와 1천원 중 적은 금액을 당해 감가상각자산의 장부가액으로 하고, 동 금액에 대하여는 이를 손금에 산입하지 아니한다.

정률법의 잔존가액을 0(영)으로 하지 않는 이유

정률법의 상각률은 다음과 같이 계산하므로 잔존가액을 0(영)으로 할 경우 그 상각률을 계산할 수 없기 때문이다.

$$\text{정률법 상각률} = 1 - \sqrt[n]{\frac{\text{잔존가액}}{\text{취득가액}}}$$

정률법의 상각률을 계산하기 위하여 임의의 수치로서 취득가액의 5%에 상당하는 금액을 잔존가액으로 하고, 이후 그 감가상각자산의 미상각잔액이 취득가액의 5% 이하가 되는 때에, 즉 잔존가액으로 설정한 금액보다 작거나 같아질 때에 잔존가액(미상각잔액이 잔존가액보다 작을 때에는 미상각잔액)을 상각범위액에 가산하여 모조리 상각함으로써 잔존가액을 0(영)으로 맞춘다.

(4) 기타사항

사업연도의 변경 및 의제에 따른 사업연도가 1년 미만인 경우에는 상각범위액에 당해 사업연도의 월수를 곱한 금액을 12로 나누어 계산한 금액을 그 상각범위액으로 한다. 이 경우 월수는 역에 따라 계산하되 1월 미만의 일수는 1월로 한다.

사업연도 중에 취득하여 사업에 사용한 감가상각자산에 대한 상각범위액은 사업에 사용한 날부터 당해 사업연도종료일까지의 월수에 따라 계산한다. 이 경우 월수는 역에 따라 계산하되 1월 미만의 일수는 1월로 한다.

4. 감가상각방법의 변경

법인이 다음에 해당하는 경우에는 납세지 관할세무서장의 승인을 얻어 그 상각방법을 변경할 수 있다.

① 상각방법이 서로 다른 법인이 합병(분할합병 포함)한 경우
② 상각방법이 서로 다른 사업자의 사업을 인수 또는 승계한 경우
③ 「외국인투자촉진법」에 의하여 외국투자자가 내국법인의 주식 등을 20% 이상 인수 또는 보유하게 된 경우
④ 해외시장의 경기변동 또는 경제적 여건의 변동으로 인하여 종전의 상각방법을 변경할 필요가 있는 경우 → 납세지 관할세무서장이 해당 사유로 인하여 상각방법의 변경을 승인하고자 할 때에는 국세청장이 정하는 기준에 따라야 한다.
⑤ 회계정책의 변경[60]에 따라 결산상각방법이 변경된 경우(변경한 결산상각방법과 같은 방법으로 변경하는 경우만 해당함)

---

60) 다음의 어느 하나에 해당하는 경우를 말한다(법칙 §14).
① 한국채택국제회계기준을 최초로 적용한 사업연도에 결산상각방법을 변경하는 경우
② 한국채택국제회계기준을 최초로 적용한 사업연도에 지배기업의 연결재무제표 작성 대상에 포함되는 종속기업이 지배기업과 회계정책을 일치시키기 위하여 결산상각방법을 지배기업과 동일하게 변경하는 경우

상각방법의 변경승인을 얻고자 하는 법인은 그 변경할 상각방법을 적용하고자 하는 최초사업연도의 종료일까지 감가상각방법변경신청서를 납세지 관할세무서장에게 제출하여야 한다.

신청서를 접수한 납세지 관할세무서장은 신청서의 접수일이 속하는 사업연도 종료일부터 1개월 이내에 그 승인여부를 결정하여 통지하여야 한다.

법인이 변경승인을 얻지 아니하고 상각방법을 변경한 경우 상각범위액은 변경하기 전의 상각방법에 의하여 계산한다.

상각방법을 변경하는 경우 상각범위액의 계산은 다음의 계산식에 따른다.

① 정률법을 정액법으로 변경하는 경우

세무상 미상각잔액 × 신고내용연수(또는 기준내용연수)의 정액법에 의한 상각률

② 정액법을 정률법으로 변경하는 경우

세무상 미상각잔액 × 신고내용연수(또는 기준내용연수)의 정률법에 의한 상각률

5. 내용연수와 상각률

감가상각자산의 내용연수와 해당 내용연수에 따른 상각률은 다음의 구분에 따른다.

구 분			내용연수
(1) 유형자산	시험연구용자산	건물부속설비, 구축물, 기계장치	5년
		광학기기, 시험기기, 측정기기, 공구, 기타 시험연구용 설비	3년
	위 외		신고내용연수 (무신고 시 기준내용연수)
(2) 무형자산	영업권, 디자인권, 실용신안권, 상표권		5년
	특허권		7년
	어업권, 「해저광물자원 개발법」에 따른 채취권(생산량비례법 선택 적용), 유료도로관리권, 수리권, 전기가스공급시설이용권, 공업용수도시설이용권, 수도시설이용권, 열공급시설이용권		10년
	광업권(생산량비례법 선택 적용), 전신전화전용시설이용권. 전용측선이용권, 하수종말처리장시설관리권, 수도시설관리권		20년

구 분		내용연수
	댐사용권	50년
	개발비	20년 (무신고 시 5년)
	사용수익기부자산가액	사용수익기간
	주파수이용권, 공항시설관리권 및 항만시설관리권	사용기간
	기타유사무형자산	기업회계기준에 따른 연단위로 신고한 내용연수

신고내용연수란 구조 또는 자산별·업종별로 기준내용연수에 그 기준내용연수의 25%를 가감하여 정하는 내용연수범위 안에서 법인이 선택하여 납세지 관할 세무서장에게 신고한 내용연수를 말한다.

사업연도가 1년 미만이면 다음 계산식에 따라 계산한 내용연수와 그에 따른 상각률에 따른다. 이 경우 개월 수는 태양력에 따라 계산하되, 1개월 미만의 일수는 1개월로 한다.

$$\text{환산내용연수} = \text{내용연수·신고내용연수·기준내용연수} \times \frac{12}{\text{사업연도의 개월 수}}$$

법인이 내용연수를 신고할 때에는 내용연수신고서를 다음의 날이 속하는 사업연도의 법인세 과세표준의 신고기한까지 납세지 관할세무서장에게 제출하여야 한다.

① 신설법인과 새로 수익사업을 개시한 비영리내국법인의 경우에는 그 영업을 개시한 날
② 위 외의 법인이 자산별·업종별 구분에 따라 기준내용연수가 다른 감가상각자산을 새로 취득하거나 새로운 업종의 사업을 개시한 경우에는 그 취득한 날 또는 개시한 날

법인이 자산별·업종별로 적용한 신고내용연수 또는 기준내용연수는 그 후의 사업연도에 있어서도 계속하여 그 내용연수를 적용하여야 한다.

내용연수의 신고는 연단위로 하여야 한다.

6. 내용연수의 특례 및 변경

법인은 다음의 어느 하나에 해당하는 경우에는 기준내용연수에 기준내용연수의 50%(⑤ 및 ⑥에 해당하는 경우에는 25%)을 가감하는 범위에서 사업장별로 납세지 관할지방국세청장의 승인을 받아 내용연수범위와 달리 내용연수를 적용하거나 적용하던 내용연수를 변경할 수 있다.

① 사업장의 특성으로 자산의 부식·마모 및 훼손의 정도가 현저한 경우
② 영업개시 후 3년이 경과한 법인으로서 당해 사업연도의 생산설비(건축물을 제외함, 이하 "생산설비")의 가동률이 직전 3개 사업연도의 평균가동률보다 현저히 증가한 경우
③ 새로운 생산기술 및 신제품의 개발·보급 등으로 기존 생산설비의 가속상각이 필요한 경우
④ 경제적 여건의 변동으로 조업을 중단하거나 생산설비의 가동률이 감소한 경우
⑤ 시험연구용자산을 제외한 유형자산에 대하여 한국채택국제회계기준을 최초로 적용하는 사업연도에 결산내용연수를 변경한 경우(결산내용연수가 연장된 경우 내용연수를 연장하고 결산내용연수가 단축된 경우 내용연수를 단축하는 경우만 해당하되 내용연수를 단축하는 경우에는 결산내용연수보다 짧은 내용연수로 변경할 수 없음)
⑥ 시험연구용자산을 제외한 유형자산에 대한 기준내용연수가 변경된 경우. 다만, 내용연수를 단축하는 경우로서 결산내용연수가 변경된 기준내용연수의 25%를 가감한 범위 내에 포함되는 경우에는 결산내용연수보다 짧은 내용연수로 변경할 수 없다.

법인이 내용연수의 승인 또는 변경승인을 얻고자 할 때에는 다음의 날부터 3월 또는 그 변경할 내용연수를 적용하고자 하는 최초 사업연도의 종료일까지 내용연수승인(변경승인)신청서를 납세지 관할 세무서장을 거쳐 관할 지방국세청장에게 제출하여야 한다. 이 경우 내용연수의 승인·변경승인의 신청은 연단위로 하여야 한다.
① 신설법인과 새로 수익사업을 개시한 비영리내국법인의 경우에는 그 영업을 개시한 날
② 위 외의 법인이 자산별·업종별 구분에 따라 기준내용연수가 다른 감가상각자산을 새로 취득하거나 새로운 업종의 사업을 개시한 경우에는 그 취득한 날 또는 개시한 날

신청서를 접수한 납세지 관할세무서장은 신청서의 접수일이 속하는 사업연도 종료일부터 1개월 이내에 관할 지방국세청장으로부터 통보받은 승인 여부에 관한 사항을 통지하여야 한다.

감가상각자산의 내용연수를 변경(재변경 포함)한 법인이 당해 자산의 내용연수를 다시 변경하고자 하는 경우에는 변경한 내용연수를 최초로 적용한 사업연도종료일부터 3년이 경과하여야 한다.

7. 중고자산 등의 상각범위액

(1) 중고자산

내국법인이 기준내용연수(해당 내국법인에게 적용되는 기준내용연수를 말함)의 50% 이상이 경과된 자산(이하 "중고자산")을 다른 법인 또는 사업자[61]로부터 취득(합병·분할에 의하여 자산을 승계한 경우 포함)한 경우에는 그 자산의 기준내용연수의 50%에 상당하는 연수와 기준내용연수의 범위에서 선택하여 납세지 관할 세무서장에게 신고한 연수(이하 "수정내용연수")를 내용연수로 할 수 있다. 이 경우 수정내용연수를 계산할 때 1년 미만은 없는 것으로 한다.

이 규정은 내국법인이 다음에 규정하는 기한 내에 내용연수변경신고서를 제출한 경우에 한하여 적용한다.

① 중고자산을 취득한 경우에는 그 취득일이 속하는 사업연도의 법인세 과세표준 신고기한
② 합병·분할로 승계한 자산의 경우에는 합병·분할등기일이 속하는 사업연도의 법인세 과세표준 신고기한

(2) 적격합병 등으로 취득한 자산

적격합병, 적격분할, 적격물적분할 또는 적격현물출자(이하 "적격합병 등")에 의하여 취득한 자산의 상각범위액을 정할 때 취득가액은 적격합병 등에 의하여 자산을 양도한 법인(이하 "양도법인")의 취득가액으로 하고, 미상각잔액은 양도법인의 양도 당시의 장부가액에서 적격합병 등에 의하여 자산을 양수한 법인(이하 "양수법인")이 이미 감가상각비로 손금에 산입한 금액을 공제한 잔액으로 하며, 해당 자산의 상각범위액은 다음의 어느 하나에 해당하는 방법으로 정할 수 있다. 이 경우 선택한 방법은 그 후 사업연도에도 계속 적용한다.

① 양도법인의 상각범위액을 승계하는 방법. 이 경우 상각범위액은 양도법인이 적용하던 상각방법 및 내용연수에 의하여 계산한 금액으로 한다.
② 양수법인의 상각범위액을 적용하는 방법. 이 경우 상각범위액은 양수법인이 적용하던 상각방법 및 내용연수에 의하여 계산한 금액으로 한다.

적격물적분할 또는 적격현물출자를 하여 문단 30을 적용하는 경우로서 상각범위액이 해당 자산의 장부가액을 초과하는 경우에는 그 초과하는 금액을 손금에 산입할 수 있다. 이 경우 그 자산을 처분하면 전단에 따라 손금에 산입한 금액의 합계액을 그 자산을 처분한 날이 속하는 사업연도에 익금산입한다.

---

61) 사업소득이 있는 거주자를 말한다(소법 §1의2 ① V).

감가상각의제

결산조정의 원칙에도 불구하고 내국법인이 각 사업연도의 소득에 대하여 「법인세법」과 다른 법률에 따라 법인세를 면제받거나 감면받은 경우에는 해당 사업연도의 소득금액을 계산할 때 개별 자산에 대한 감가상각비가 상각범위액이 되도록 감가상각비를 손금에 산입하여야 한다. 다만, 한국채택국제회계기준을 적용하는 법인은 「한국채택국제회계기준을 적용하는 내국법인에 대한 감가상각비 손금산입 특례 규정」에 따라 개별 자산에 대한 감가상각비를 추가로 손금에 산입할 수 있다.

추계결정 또는 경정을 하는 경우에는 감가상각자산에 대한 감가상각비를 손금에 산입한 것으로 본다.[62)]

즉시상각의제

1. 일반원칙

내국법인이 다음의 어느 하나에 해당하는 금액을 손비로 계상한 경우에는 해당 사업연도의 소득금액을 계산할 때 감가상각비로 계상한 것으로 보아 상각범위액을 계산한다.

① 감가상각자산을 취득하기 위하여 지출한 금액

② 감가상각자산에 대한 자본적 지출에 해당하는 금액

2. 예외적 사항

(1) 감가상각자산의 취득가액

일반원칙에도 불구하고 취득가액이 거래단위별로 100만원 이하인 감가상각자산에 대해서는 그 사업에 사용한 날이 속하는 사업연도의 손비로 계상한 것에 한정하여 손금에 산입한다. 다만, 다음의 어느 하나에 해당하는 자산은 제외한다.

① 그 고유업무의 성질상 대량으로 보유하는 자산

② 그 사업의 개시 또는 확장을 위하여 취득한 자산

---

62) 이미 손금에 산입한 것으로 보므로 손금산입의 세무조정을 하지 않는다.

거래단위라 함은 이를 취득한 법인이 그 취득한 자산을 독립적으로 사업에 직접 사용할 수 있는 것을 말한다.

이에도 불구하고 다음의 자산에 대해서는 이를 그 사업에 사용한 날이 속하는 사업연도의 손비로 계상한 것에 한정하여 손금에 산입한다.

① 어업에 사용되는 어구(어선용구 포함)
② 영화필름, 공구, 가구, 전기기구, 가스기기, 가정용 기구·비품, 시계, 시험기기, 측정기기 및 간판
③ 대여사업용 비디오테이프 및 음악용 콤팩트디스크로서 개별자산의 취득가액이 30만원 미만인 것
④ 전화기(휴대용 전화기 포함) 및 개인용 컴퓨터(그 주변기기 포함)

(2) 감가상각자산에 대한 자본적 지출액

자본적 지출이란 법인이 소유하는 감가상각자산의 내용연수를 연장시키거나 해당 자산의 가치를 현실적으로 증가시키기 위하여 지출한 수선비를 말하며, 다음의 어느 하나에 해당하는 것에 대한 지출을 포함한다.

① 본래의 용도를 변경하기 위한 개조
② 엘리베이터 또는 냉난방장치의 설치
③ 빌딩 등에 있어서 피난시설 등의 설치
④ 재해 등으로 인하여 멸실 또는 훼손되어 본래의 용도에 이용할 가치가 없는 건축물·기계·설비 등의 복구
⑤ 그 밖에 개량·확장·증설 등 ①부터 ④까지의 지출과 유사한 성질의 것

수익적 지출

감가상각자산의 원상을 회복시키거나 능률 유지를 위하여 지출한 수선비를 말하며, 다음의 어느 하나에 해당하는 것에 대한 지출을 포함한다.

① 건물 또는 벽의 도장
② 파손된 유리나 기와의 대체
③ 기계의 소모된 부속품 또는 벨트의 대체
④ 자동차 타이어의 대체
⑤ 재해를 입은 자산에 대한 외장의 복구·도장 및 유리의 삽입
⑥ 기타 조업가능한 상태의 유지등 위와 유사한 것

법인이 각 사업연도에 지출한 수선비가 다음의 어느 하나에 해당하는 경우로서 그 수선비를 해당 사업연도의 손비로 계상한 경우에는 자본적 지출에 포함하지 않는다.

① 개별자산별로 수선비로 지출한 금액이 600만원 미만인 경우

② 개별자산별로 수선비로 지출한 금액이 직전 사업연도종료일 현재 재무상태표상의 장부가액의 5%에 미달하는 경우
③ 3년 미만의 기간마다 주기적인 수선을 위하여 지출하는 경우

3. 기타사항

다음의 어느 하나에 해당하는 경우에는 해당 자산의 장부가액에서 1천원을 공제한 금액을 폐기일이 속하는 사업연도의 손금에 산입할 수 있다.
① 시설의 개체 또는 기술의 낙후로 인하여 생산설비의 일부를 폐기한 경우
② 사업의 폐지 또는 사업장의 이전으로 임대차계약에 따라 임차한 사업장의 원상회복을 위하여 시설물을 철거하는 경우

감가상각자산이 진부화, 물리적 손상 등에 따라 시장가치가 급격히 하락하여 법인이 기업회계기준에 따라 손상차손을 계상한 경우(천재지변·화재 등의 사유로 파손되거나 멸실된 유형자산의 장부가액을 감액한 경우 제외)에는 해당 금액을 감가상각비로서 손비로 계상한 것으로 본다.

IV 상각부인액등의 처리

1. 시인부족액과의 상계

법인이 상각범위액을 초과해 손금에 산입하지 않는 금액(이하 "상각부인액")은 그 후의 사업연도에 해당 법인이 손비로 계상한 감가상각비가 상각범위액에 미달하는 경우에 그 미달하는 금액(이하 "시인부족액")을 한도로 손금에 산입한다. 이 경우 법인이 감가상각비를 손비로 계상하지 않은 경우에도 상각범위액을 한도로 그 상각부인액을 손금에 산입한다.
한편, 시인부족액은 그 후 사업연도의 상각부인액에 이를 충당하지 못한다.

2. 평가이익과의 상계

법인이 「보험업법」이나 그 밖의 법률에 따라 감가상각자산의 장부가액을 증액(이하 "평가증")한 경우 해당 감가상각자산의 상각부인액은 평가증의 한도까지 익금에 산입된 것으로 보아 손금에 산입하고, 평가증의 한도를 초과하는 금액은 이를 그 후의 사업연도에 이월할 상각부인액으로 한다. 이 경우 시인부족액은 소멸하는 것으로 한다.

법인이 감가상각자산에 대하여 감가상각과 평가증을 병행한 경우에는 먼저 감가상각을 한 후 평가증을 한 것으로 보아 상각범위액을 계산한다.

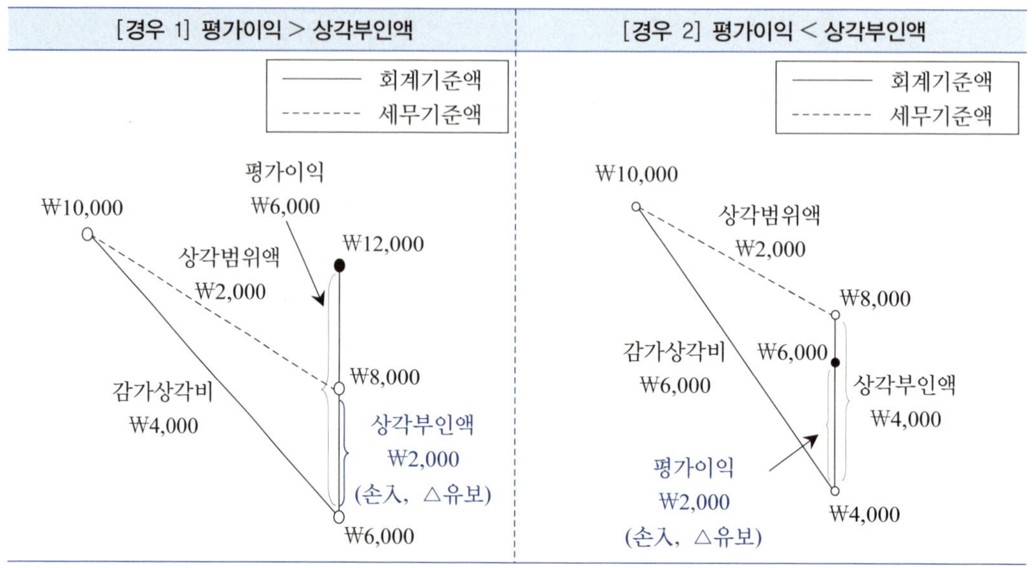

3. 감가상각자산의 양도 시 추인

감가상각자산을 양도한 경우 당해 자산의 상각부인액은 양도일이 속하는 사업연도의 손금에 이를 산입한다.

감가상각자산의 일부를 양도한 경우 당해 양도자산에 대한 감가상각누계액 및 상각부인액 또는 시인부족액은 당해 감가상각자산 전체의 감가상각누계액 및 상각부인액 또는 시인부족액에 양도부분의 가액이 당해 감가상각자산의 전체가액에서 차지하는 비율을 곱하여 계산한 금액으로 한다. 이 경우 그 가액은 취득당시의 장부가액에 의한다.

V 한국채택국제회계기준을 적용하는 내국법인에 대한 감가상각비 손금산입 특례

1. 개관

한국채택국제회계기준을 적용하는 내국법인이 보유한 감가상각자산 중 유형자산과 무형자산의 감가상각비는 개별 자산별로 다음의 구분에 따른 금액이 손금에 산입한 감가상각비 보다 큰 경우 그 차액의 범위에서 추가로 손금에 산입할 수 있다.

① 2013년 12월 31일 이전 취득분 : 한국채택국제회계기준을 적용하지 아니하고 종전의 방식에 따라 감가상각비를 손비로 계상한 경우 손금에 산입할 감가상각비 상당액(이하 "종전감가상각비")

② 2014년 1월 1일 이후 취득분 : 기준내용연수를 적용하여 계산한 감가상각비 상당액(이하 "기준감가상각비")

특례적용대상 무형자산

이 규정 적용대상이 되는 무형자산은 「법인세법」상 감가상각자산인 무형자산 중에서 다음의 어느 하나에 해당하는 것을 말한다(법령 §24 ②).

① 감가상각비를 손비로 계상할 때 적용하는 내용연수(이하 "결산내용연수")를 확정할 수 없는 것으로서 다음의 요건을 모두 갖춘 무형자산
   ㈎ 법령 또는 계약에 따른 권리로부터 발생하는 무형자산으로서 법령 또는 계약에 따른 사용 기간이 무한하거나, 무한하지 아니하더라도 취득가액의 10% 미만의 비용으로 그 사용 기간을 갱신할 수 있을 것
   ㈏ 한국채택국제회계기준에 따라 내용연수가 비한정인 무형자산으로 분류될 것
   ㈐ 결산을 확정할 때 해당 무형자산에 대한 감가상각비를 계상하지 아니할 것

② 한국채택국제회계기준을 최초로 적용하는 사업연도 전에 취득한 「법인세법」상 감가상각자산인 영업권

2. 종전감가상각비

(1) 종전감가상각비 계산 대상 자산

종전감가상각비 계산 대상 자산은 법인이 2013년 12월 31일 이전에 취득한 감가상각자산으로서 한국채택국제회계기준을 최초로 적용한 사업연도의 직전 사업연도(이하 "기준연도") 이전에 취득한 감가상각자산(이하 "기존보유자산") 및 기존보유자산과 동일한 종류의 자산으로서 기존보유자산과 동일한 업종(해당 법인이 해당 업종을 한국채택국제회계기준 도입 이후에도 계속하여 영위하는 경우로 한정함)에 사용되는 것(이하 "동종자산")것을 말한다.

(2) 종전감가상각비의 추가 손금산입

1) 결산상각방법[*1]이 정액법인 경우

감가상각자산A	취득가액	×	기준상각률[*2]	−	감가상각비 손금산입액	=	추가손금산입액(> 0)
감가상각자산B	취득가액	×	기준상각률	−	감가상각비 손금산입액	=	추가손금산입액(> 0)
손금산입한도	∑취득가액	×	기준상각률	−	∑감가상각비 손금산입액	=	×××[*3]

*1 한국채택국제회계기준을 최초로 적용한 사업연도의 직전 사업연도에 해당 자산의 동종자산에 대하여 감가상각비를 손비로 계상할 때 적용한 상각방법을 말한다.

*2 한국채택국제회계기준 도입 이전 상각률로서 기준연도 및 그 이전 2개 사업연도에 대하여 각 사업연도별로 다음에 따른 비율을 구하고 이를 평균하여 계산한다. 이 경우 기준연도 및 그 이전 2개 사업연도 중에 법인이 신규 설립된 경우, 합병 또는 분할한 경우, 상각방법을 변경한 경우 또는 내용연수의 특례 및 변경에 따라 내용연수범위와 달리 내용연수를 적용하거나 적용하던 내용연수를 변경한 경우에는 그 사유가 발생하기 전에 종료한 사업연도는 제외하고 계산한다.

① 결산상각방법이 정액법인 경우 : 동종자산의 감가상각비 손금산입액 합계액이 동종자산의 취득가액 합계액에서 차지하는 비율

② 결산상각방법이 정률법인 경우 : 동종자산의 감가상각비 손금산입액 합계액이 동종자산의 미상각잔액 합계액에서 차지하는 비율

*3 0보다 작은 경우에는 0으로 본다.

2) 결산상각방법이 정률법인 경우

감가상각자산A	미상각잔액	× 기준상각률	−	감가상각비 손금산입액	=	추가손금산입액(> 0)
감가상각자산B	미상각잔액	× 기준상각률	−	감가상각비 손금산입액	=	추가손금산입액(> 0)
손금산입한도	∑미상각잔액	× 기준상각률	−	∑감가상각비 손금산입액	=	×××

기준연도에 감가상각비를 손비로 계상하지 아니한 경우

기준연도에 해당 자산의 동종자산에 대하여 감가상각비를 손비로 계상하지 아니한 경우에는 기준연도 이전 마지막으로 해당 자산의 동종자산에 대하여 감가상각비를 손비로 계상한 사업연도의 결산상각방법을 기준연도의 결산상각방법으로 한다(법령 §26의2 ③).

3. 기준감가상각비

(1) 기준감가상각비 계산 대상 자산

기준감가상각비 계산 대상 자산은 법인이 2014년 1월 1일 이후에 취득한 감가상각자산으로서 기존보유자산 및 동종자산을 말한다.

(2) 기준감가상각비의 추가 손금산입

감가상각자산A	기준감가상각비[*1]	−	감가상각비 손금산입액	=	추가손금산입액(> 0)	
감가상각자산B	기준감가상각비	−	감가상각비 손금산입액	=	추가손금산입액(> 0)	
기준감가상각비 한도	Σ기준감가상각비	−	감가상각비 손금산입액	=	×××	Min = 손금산입한도[*3]
종전감가상각비 한도					×××[*2]	

*1 해당 사업연도의 결산상각방법과 기준내용연수를 적용하여 계산한 금액을 말하며, 0보다 작은 경우에는 0으로 본다.

*2 0보다 작은 경우에는 영으로 본다.

*3 종전감가상각비 한도액의 25%에 해당하는 금액이 기준감가상각비 한도액보다 큰 경우에는 개별 자산에 대하여 추가로 손금에 산입하는 감가상각비를 동종자산별로 합한 금액이 종전감가상각비 한도액의 25%에 해당하는 금액을 초과하지 아니하는 범위에서 추가로 손금에 산입할 수 있다.

Chapter 06

충당금

Section 01 | 퇴직급여충당금 및 퇴직연금충당금

Ⅰ 퇴직급여충당금

내국법인이 각 사업연도의 결산을 확정할 때 임원이나 직원의 퇴직급여에 충당하기 위하여 퇴직급여충당금을 손비로 계상한 경우에는 손금산입한도액의 범위에서 그 계상한 퇴직급여충당금을 해당 사업연도의 소득금액을 계산할 때 손금에 산입한다.

손금산입한도액 : Min[①, ②]
① 총급여액 기준 : 총급여액 × 5%
② 누적액 기준 : 추계액 × 설정률(0%) − (기초 퇴직급여충당금 − 퇴직금 지급액) + 퇴직금전환금
↳ 기말퇴직급여충당금

▶ 총급여액은 퇴직급여의 지급대상이 되는 임원 또는 직원(확정기여형 퇴직연금 등이 설정된 자는 제외함)에게 해당 사업연도에 지급한 총급여액으로서 다음의 금액으로 하되, 비과세소득(소법 §12)과 손금에 산입하지 아니하는 상여금 등은 제외한다.

① 근로를 제공함으로써 받는 봉급·급료·보수·세비·임금·상여·수당과 이와 유사한 성질의 급여(소법 §20 ① Ⅰ)

② 법인의 주주총회·사원총회 또는 이에 준하는 의결기관의 결의에 따라 상여로 받는 소득(소법 §20 ① Ⅱ)

▶ 추계액 : Max[①, ②]

① 일시퇴직기준추계액 : 해당 사업연도 종료일 현재 재직하는 임원 또는 직원의 전원이 퇴직할 경우에 퇴직급여로 지급되어야 할 금액의 추계액

② 보험수리적기준추계액 등 : 다음의 금액을 더한 금액

㈎ 보험수리적기준추계액 : 매 사업연도 말일 현재를 기준으로 산정한 확정급여형 퇴직연금제도 가입자의 예상 퇴직시점까지의 가입기간에 대한 급여에 드는 비용 예상액의 현재가치에서 장래 근무기간분에 대하여 발생하는 부담금 수입 예상액의 현재가치를 뺀 금액으로

서 고용노동부령으로 정하는 방법에 따라 산정한 금액(근로자퇴직급여 보장법 §16 ① I)

(나) 해당 사업연도 종료일 현재 재직하는 임원 또는 직원 중 확정급여형 퇴직연금제도에 가입하지 아니한 사람[63] 전원이 퇴직할 경우에 퇴직급여로 지급되어야 할 금액의 추계액과 확정급여형 퇴직연금제도에 가입한 사람으로서 그 재직기간 중 가입하지 아니한 기간이 있는 사람 전원이 퇴직할 경우에 그 가입하지 아니한 기간에 대하여 퇴직급여로 지급되어야 할 금액의 추계액을 더한 금액

▶ 설정률 : 2010년까지 설정률이 30%였으나 2011년부터 5%씩 줄이기 시작해 2016년부터 설정률이 0%가 되었다.

▶ 퇴직금 지급액 : 퇴직급여충당금을 손금에 산입한 내국법인이 임원이나 직원에게 퇴직금을 지급하는 경우에는 그 퇴직급여충당금에서 먼저 지급한 것으로 본다.

▶ 퇴직금전환금 : 내국법인이 「국민연금법」에 의한 퇴직금전환금으로 계상한 금액

누적액 기준 산식의 이해

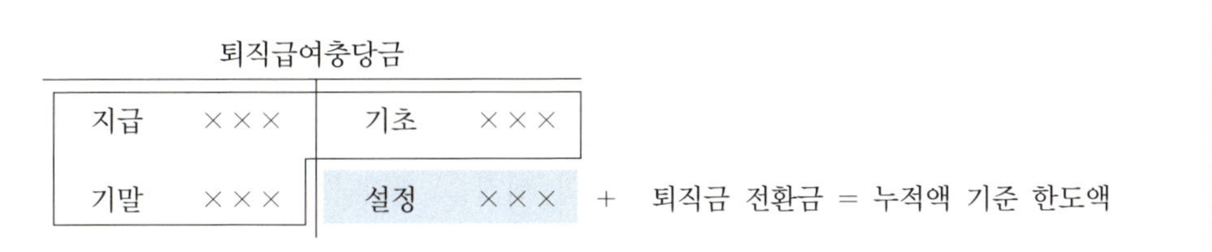

퇴직급여충당금 환입의 금지

손금에 산입한 퇴직급여충당금의 누적액에서 퇴직급여충당금을 손금에 산입한 사업연도의 다음 사업연도 중 임원 또는 직원에게 지급한 퇴직금을 뺀 금액이 추계액에 설정률을 곱한 금액을 초과하는 경우 그 초과한 금액은 익금으로 환입하지 아니한다(법령 §60 ③).

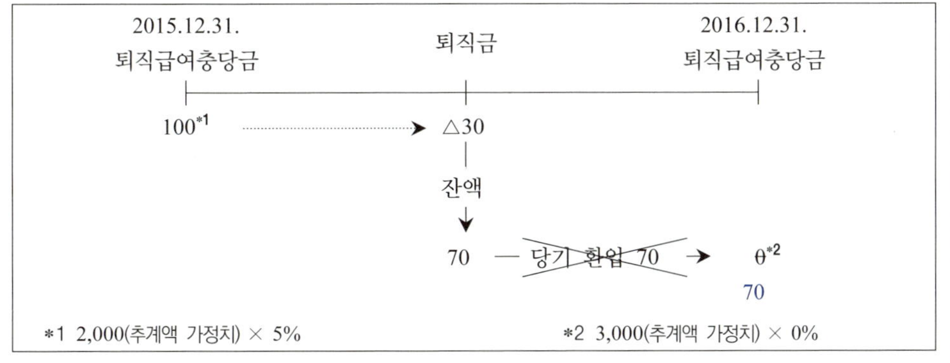

합병법인 등의 퇴직급여충당금 승계

퇴직급여충당금을 손금에 산입한 내국법인이 합병하거나 분할하는 경우 그 법인의 합병등기일 또는 분할등기일 현재의 해당 퇴직급여충당금 중 합병법인·분할신설법인 또는 분할합병의 상대방 법인(이하 "합병법인 등")이 승계받은 금액은 그 합병법인 등이 합병등기일 또는 분

63) 개인형 퇴직연금제도에 가입한 사람을 말한다.

할등기일에 가지고 있는 퇴직급여충당금으로 본다(법법 §33 ③).
사업자가 그 사업을 내국법인에게 포괄적으로 양도하는 경우에 관하여는 이 규정을 준용한다(법법 §33 ④).

Ⅱ 퇴직연금충당금

1. 퇴직보험료 등의 손금불산입

내국법인이 임원 또는 직원의 퇴직급여를 지급하기 위하여 납입하거나 부담하는 보험료·부금 또는 부담금(이하 "보험료 등") 중 퇴직연금의 부담금으로서 지출하는 금액 외의 보험료 등은 이를 손금에 산입하지 아니한다.

퇴직연금이란 내국법인이 임원 또는 직원의 퇴직을 퇴직급여의 지급사유로 하고 임원 또는 직원을 수급자로 하는 연금으로서 다음의 어느 하나에 해당하는 기관이 취급하는 것을 말한다.

① 「보험업법」에 따른 보험회사
② 「자본시장과 금융투자업에 관한 법률」에 따른 신탁업자·집합투자업자·투자매매업자 또는 투자중개업자
③ 「은행법」에 따른 은행
④ 「산업재해보상보험법」에 따른 근로복지공단

퇴직연금제도에는 확정기여형, 확정급여형 및 개인형이 있다.

① 확정기여형(Defined Contribution) : 급여의 지급을 위하여 사용자가 부담하여야 할 부담금의 수준이 사전에 결정되어 있는 퇴직연금제도
② 확정급여형(Defined Benefit) : 근로자가 받을 급여[64]의 수준이 사전에 결정되어 있는 퇴직연금제도
③ 개인형(Indivisual Retirement Pension) : 가입자의 선택에 따라 가입자가 납입한 일시금이나 사용자 또는 가입자가 납입한 부담금을 적립·운용하기 위하여 설정한 퇴직연금제도로서 급여의 수준이나 부담금의 수준이 확정되지 아니한 퇴직연금제도

---

64) 퇴직급여제도나 개인형퇴직연금제도에 의하여 근로자에게 지급되는 연금 또는 일시금을 말한다(근로자퇴직급여 보장법 §2 V).

(1) 확정기여형 퇴직연금 등의 부담금

확정기여형 퇴직연금 등의 부담금은 전액 손금에 산입한다. 다만, 임원에 대한 부담금은 법인이 퇴직 시까지 부담한 부담금의 합계액을 퇴직급여로 보아 한도 이내에서 손금에 산입하되, 손금산입한도 초과금액이 있는 경우에는 퇴직일이 속하는 사업연도의 부담금 중 손금산입 한도 초과금액 상당액을 손금에 산입하지 아니하고, 손금산입 한도 초과금액이 퇴직일이 속하는 사업연도의 부담금을 초과하는 경우 그 초과금액은 퇴직일이 속하는 사업연도의 익금에 산입한다.

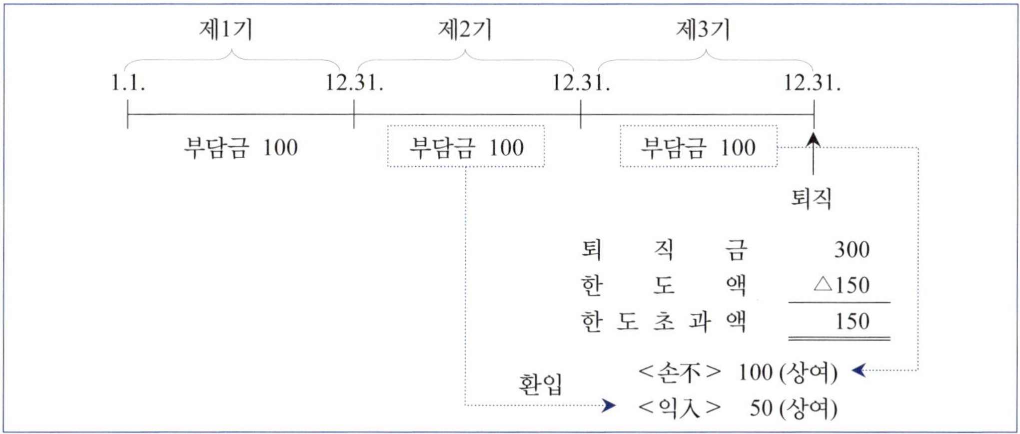

(2) 확정기여형을 제외한 퇴직연금 등의 부담금

퇴직연금의 부담금으로서 지출하는 금액 중 확정기여형 퇴직연금 등의 부담금을 제외한 금액은 다음의 금액을 한도로 손금에 산입하며, 둘 이상의 부담금이 있는 경우에는 먼저 계약이 체결된 퇴직연금 등의 부담금부터 손금에 산입한다. 이에 따라 손금에 산입한 금액을 퇴직연금충당금이라 한다.

Min[①, ②] − (기초 퇴직연금충당금 − 퇴직금 지급액)
① Max[일시퇴직기준추계액, 보험수리적기준추계액] − 해당 사업연도 종료일 현재 퇴직급여충당금
② 해당 사업연도 종료일 현재 퇴직연금부담금(퇴직연금운용자산 또는 사외적립자산)

【기말 퇴직연금충당금(가정치)】

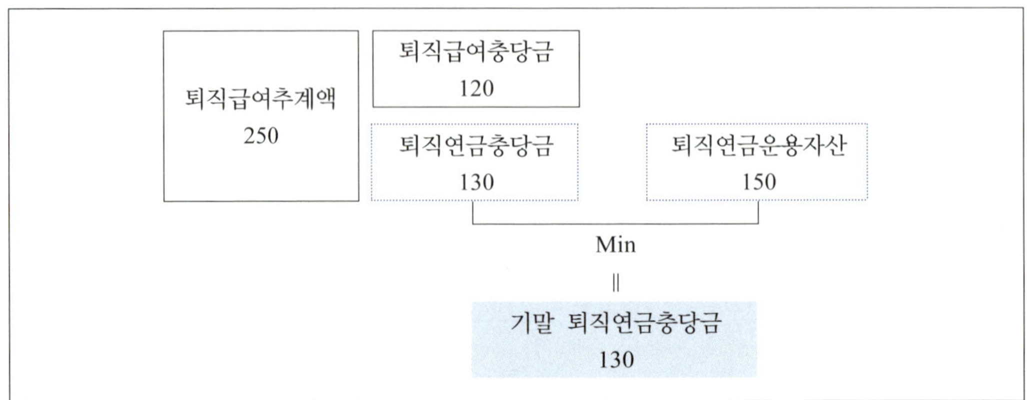

【퇴직연금충당금 손금산입한도(가정치)】

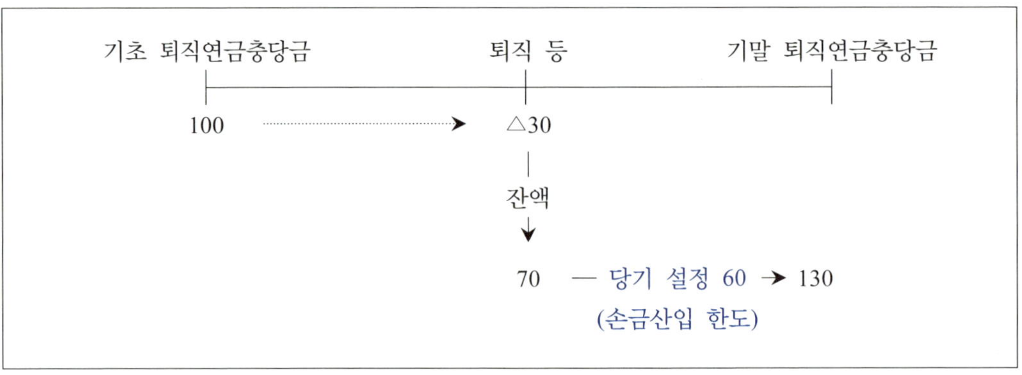

Section 02 | 대손금과 대손충당금

I 대손금

1. 대손금의 정의

대손금이란 회수할 수 없는 채권의 금액을 말한다.

2. 대손사유 및 대손시기

내국법인이 보유하고 있는 채권 중 다음의 사유로 회수할 수 없는 채권은 다음의 대손사유별로 다음의 구분에 따른 날이 속하는 사업연도의 소득금액을 계산할 때 손금에 산입한다.

구 분	내 용	대손시기
(1) 신고조정사유	① 소멸시효 완성 채권 (가) 「상법」에 따른 소멸시효가 완성된 외상매출금 및 미수금 (나) 「어음법」에 따른 소멸시효가 완성된 어음 (다) 「수표법」에 따른 소멸시효가 완성된 수표 (라) 「민법」에 따른 소멸시효가 완성된 대여금 및 선급금 ② 「채무자 회생 및 파산에 관한 법률」에 따른 회생계획인가의 결정 또는 법원의 면책결정에 따라 회수불능으로 확정된 채권 ③ 「서민의 금융생활 지원에 관한 법률」에 따른 채무조정을 받아 신용회복지원협약에 따라 면책으로 확정된 채권 ④ 「민사집행법」에 따라 채무자의 재산에 대한 경매가 취소된 압류채권	해당 사유가 발생한 날
(2) 결산조정사유	⑤ 물품의 수출 또는 외국에서의 용역제공으로 발생한 채권으로서 다음의 어느 하나에 해당하여 무역에 관한 법령에 따라 한국무역보험공사로부터 회수불능으로 확인된 채권 (가) 채무자의 파산·행방불명 또는 이에 준하는 불가항력으로 채권회수가 불가능함을 현지의 거래은행·상공회의소·공공기관 또는 해외채권추심기관(한국무역보험공사와 대외채권 추심 업무 수행에 관한 협약을 체결한 외국의 기관을 말함)이 확인하는 경우 (나) 거래당사자 간에 분쟁이 발생하여 중재기관·법원 또는 보험기관 등이 채권금액을 감면하기로 결정하거나 채권금액을 그 소요경비로 하기로 확정한 경우(채권금액의 일부를 감액하거나 일부를 소요경비로 하는 경우에는 그 감액되거나 소요경비로 하는 부분으로 한정함) (다) 채무자의 인수거절·지급거절에 따라 채권금액의 회수가 불가능하거나 불가피하게 거래당사자 간의 합의에 따라 채권금액을 감면하기로 한 경우로서 이를 현지의 거래은행·검사기관·공증기관·공공기관 또는 해외채권추심기관이 확인하는 경우(채권금액의 일부를 감액한 경우에는 그 감액된 부분으로 한정함) ⑥ 채무자의 파산, 강제집행, 형의 집행, 사업의 폐지, 사망, 실종 또는 행방불명으로 회수할 수 없는 채권	해당 사유가 발생하여 손비로 계상한 날

구 분	내 용	대손시기
	⑦ 부도발생일부터 6개월 이상 지난 수표 또는 어음상의 채권 및 외상매출금(중소기업의 외상매출금으로서 부도발생일 이전의 것에 한정함). 다만, 해당 법인이 채무자의 재산에 대하여 저당권을 설정하고 있는 경우는 제외한다. ⑧ 중소기업의 외상매출금 및 미수금(이하 "외상매출금 등")으로서 회수기일이 2년 이상 지난 외상매출금 등. 다만, 특수관계인과의 거래로 인하여 발생한 외상매출금 등은 제외한다. ⑨ 재판상 화해 등 확정판결과 같은 효력을 가지는 것으로서 다음의 어느 하나에 해당하는 것에 따라 회수불능으로 확정된 채권 ㈎ 「민사소송법」에 따른 화해 ㈏ 「민사소송법」에 따른 화해권고결정 ㈐ 「민사조정법」에 따른 조정을 갈음하는 결정 ㈑ 「민사조정법」에 따른 조정 ⑩ 회수기일이 6개월 이상 지난 채권 중 채권가액이 30만원 이하(채무자별 채권가액의 합계액을 기준으로 함)인 채권 ⑪ 금융회사 등의 채권(여신전문금융회사인 신기술사업금융업자의 경우에는 신기술사업자에 대한 것에 한정함) 중 다음의 채권 ㈎ 금융감독원장이 재정경제부장관과 협의하여 정한 대손처리기준에 따라 금융회사 등이 금융감독원장으로부터 대손금으로 승인받은 것 ㈏ 금융감독원장이 ㈎의 기준에 해당한다고 인정하여 대손처리를 요구한 채권으로 금융회사 등이 대손금으로 계상한 것 ⑫ 「벤처투자 촉진에 관한 법률」에 따른 벤처투자회사의 창업자에 대한 채권으로서 중소벤처기업부장관이 재정경제부장관과 협의하여 정한 기준에 해당한다고 인정한 것	

위 표의 (2).⑦에서 부도발생일은 소지하고 있는 부도수표나 부도어음의 지급기일(지급기일 전에 해당 수표나 어음을 제시하여 금융회사 등으로부터 부도확인을 받은 경우에는 그 부도확인일)로 한다. 이 경우 대손금으로 손비에 계상할 수 있는 금액은 사업연도 종료일 현재 회수되지 아니한 해당 채권의 금액에서 1천원을 뺀 금액으로 한다.

법인이 다른 법인과 합병하거나 분할하는 경우로서 결산조정사유의 대손금[위 표의 (2).⑤의 대손금은 제외]을 합병등기일 또는 분할등기일이 속하는 사업연도까지 손비로 계상하지 아니한 경우 그 대손금은 해당 법인의 합병등기일 또는 분할등기일이 속하는 사업연도의 손비로 한다.

3. 채권의 재조정

기업회계기준에 따라 채권·채무의 장부가액과 현재가치의 차액을 대손금 또는 채무면제 이익으로 계상한 경우 채권·채무 재조정에 대한 처리는 다음과 같다.

① 채권자 : 내국법인이 기업회계기준에 따른 채권의 재조정에 따라 채권의 장부가액과 현재가치의 차액을 대손금으로 계상한 경우에는 이를 손금에 산입하며, 손금에 산입한 금액은 기업회계기준의 환입방법에 따라 익금에 산입한다.

② 채무자 : 채무의 장부가액과 현재가치의 차액을 채무면제 이익으로 계상한 경우에는 이를 익금에 산입하지 아니한다.

채권자인 법인이 기업회계기준에 따른 채권·채무의 조정과 관련하여 원금의 일부를 감면한 경우에는 약정에 의한 채권의 포기로 보아 대손금으로 보지 아니하며 기부금 또는 기업업무추진비로 본다. 다만, 특수관계인 외의 자와 거래에서 발생한 채권으로서 채무자의 부도발생 등으로 장래에 회수가 불확실한 어음·수표상의 채권 등을 조기에 회수하기 위하여 그 채권의 일부를 불가피하게 포기한 경우 해당 채권의 일부를 포기하거나 면제한 행위에 객관적으로 정당한 사유가 있는 때에는 그 채권포기액을 손금에 산입한다.

4. 대손처리할 수 없는 채권

대손금의 손금산입 규정은 다음의 어느 하나에 해당하는 채권에는 적용하지 아니한다.

① 채무보증으로 인하여 발생한 구상채권. 다만, 다음의 어느 하나에 해당하는 채무보증은 제외한다.

(가) 「독점규제 및 공정거래에 관한 법률」 제24조에 해당하는 채무보증

(나) 금융회사 등이 행한 채무보증

(다) 법률에 따라 신용보증사업을 영위하는 법인이 행한 채무보증

(라) 「대·중소기업 상생협력 촉진에 관한 법률」에 따른 위탁기업이 수탁기업협의회의 구성원인 수탁기업에 대하여 행한 채무보증

(마) 건설업 및 전기 통신업을 영위하는 내국법인이 건설사업(미분양주택을 기초로 하는 유동화 거래 포함)과 직접 관련하여 특수관계인에 해당하지 아니하는 자에 대한 채무보증. 다만, 「사회기반시설에 대한 민간투자법」의 사업시행자 등 재정경제부령으로 정하는 자에 대한 채무보증은 특수관계인에 대한 채무보증을 포함한다.

(바) 「해외자원개발 사업법」에 따른 해외자원개발사업자가 해외자원개발사업과 직접 관련하여 해외에서 설립된 법인에 대하여 행한 채무보증

(사) 「해외건설 촉진법」에 따른 해외건설사업자가 해외자원개발을 위한 해외건설업과

직접 관련하여 해외에서 설립된 법인에 대해 행한 채무보증

㈅ 내국법인이 「국가자원안보특별법」에 따른 핵심자원 및 그 핵심자원의 소재·부품(「소재·부품·장비산업 경쟁력 강화 및 공급망 안정화를 위한 특별조치법」에 따른 소재·부품으로 한정)의 생산과 직접 관련하여 해외에서 설립된 법인에 대하여 행한 채무보증

② 특수관계인에 대한 업무무관가지급금. 이 경우 특수관계인에 대한 판단은 대여시점을 기준으로 한다.

대손 불가 채권의 처분손실

채무보증구상채권과 특수관계인에 대한 업무무관가지급금의 처분손실은 업무와 관련이 없는 지출로 보아 손금에 산입하지 않는다(법령 §50 ③).

5. 대손금의 회수

손금에 산입한 대손금 중 회수한 금액은 그 회수한 날이 속하는 사업연도의 소득금액을 계산할 때 익금에 산입한다.

Ⅱ 대손충당금

1. 개관

내국법인이 각 사업연도의 결산을 확정할 때 외상매출금, 대여금 및 그 밖에 이에 준하는 채권의 대손에 충당하기 위하여 대손충당금을 손비로 계상한 경우에는 손금산입한도액의 범위에서 그 계상한 대손충당금을 해당 사업연도의 소득금액을 계산할 때 손금에 산입한다.

2. 대손충당금 설정대상 채권

대손충당금을 설정할 수 있는 외상매출금·대여금 및 그 밖에 이에 준하는 채권은 다음의 구분에 따른 것으로 한다.

① 외상매출금 : 상품·제품의 판매가액의 미수액과 가공료·용역 등의 제공에 의한 사업수입금액의 미수액

② 대여금 : 금전소비대차계약 등에 의하여 타인에게 대여한 금액

③ 그 밖에 이에 준하는 채권 : 어음상의 채권·미수금, 그 밖에 기업회계기준에 따라 대손

충당금 설정대상이 되는 채권(자산을 시가보다 높은 가액으로 매입 또는 현물출자받았거나 그 자산을 과대상각한 경우로서 부당행위계산의 부인 규정에 따라 계산된 시가초과액에 상당하는 채권은 제외함)

대손충당금 설정 불가 채권

대손충당금의 손금산입 규정은 대손금의 손금산입 규정 적용 배제 대상 채권에는 적용하지 아니한다(법법 §34 ②).

3. 손금산입한도액

해당 사업연도 종료일 현재의 외상매출금·대여금, 그 밖에 이에 준하는 채권의 장부가액의 합계액(이하 "채권잔액")의 1%에 상당하는 금액과 채권잔액에 대손실적률을 곱하여 계산한 금액 중 큰 금액을 말한다.

$$\text{손금산입한도액} = \text{채권잔액} \times \text{Max}\left[1\%,\ \text{대손실적률} = \frac{\text{해당 사업연도의 대손금}}{\text{직전 사업연도 종료일 현재의 채권가액}}\right]$$

채권·채무조정에 따라 계상된 대손충당금

대손충당금의 손금산입 범위액을 계산할 때에는 채권·채무조정에 따른 대손금과 관련하여 계상된 대손충당금은 제외한다(법령 §61 ④).
① 대손금 : 대손실적률 계산 시 고려하지 않는다.
② 대손충당금 : 재무상태표상 기말 대손충당금에서 차감한다.

4. 대손충당금의 상계 및 환입

대손충당금을 손금에 산입한 내국법인은 대손금이 발생한 경우 그 대손금을 대손충당금과 먼저 상계하여야 하고, 상계하고 남은 대손충당금의 금액은 다음 사업연도의 소득금액을 계산할 때 익금에 산입한다.

5. 합병법인 등의 대손충당금 승계

대손충당금을 손금에 산입한 내국법인이 합병하거나 분할하는 경우 그 법인의 합병등기일 또는 분할등기일 현재의 해당 대손충당금 중 합병법인 등이 승계(해당 대손충당금에 대응하는 채권이 함께 승계되는 경우만 해당함)받은 금액은 그 합병법인 등이 합병등기일 또는 분할등기일에 가지고 있는 대손충당금으로 본다.

Section 03 | 일시상각충당금 및 압축기장충당금

국고보조금 등으로 취득한 사업용자산가액의 손금산입

1. 사용한 국고보조금 등의 손금산입

내국법인이 「보조금 관리에 관한 법률」, 「지방재정법」, 그 밖의 법률에 따라 국고보조금 등을 지급받아 그 지급받은 날이 속하는 사업연도의 종료일까지 사업용자산(사업용 유형자산 및 무형자산과 석유류)을 취득하거나 개량하는 데에 사용한 경우 또는 사업용자산을 취득하거나 개량하고 이에 대한 국고보조금 등을 사후에 지급받은 경우에는 해당 사업용자산의 가액 중 그 사업용자산의 취득 또는 개량에 사용된 국고보조금 등 상당액을 그 사업연도의 소득금액을 계산할 때 손금에 산입할 수 있다.

이 규정을 적용하려는 내국법인은 국고보조금 등과 국고보조금 등으로 취득한 사업용자산의 명세서를 납세지 관할세무서장에게 제출하여야 한다.

국고보조금 등을 금전 외의 자산으로 받은 경우

> 내국법인이 국고보조금 등을 금전 외의 자산으로 받아 사업에 사용한 경우에는 사업용자산의 취득 또는 개량에 사용된 것으로 본다(법법 §36 ④).

(2) 손금산입액

손금에 산입하는 금액은 개별사업용자산별로 해당 사업용자산의 가액 중 그 취득 또는 개량에 사용된 국고보조금 등에 상당하는 금액으로 한다.

사업용자산을 취득하거나 개량한 후 국고보조금 등을 지급받았을 때에는 지급일이 속한 사업연도 이전 사업연도에 이미 손금에 산입한 감가상각비에 상당하는 금액은 손금에 산입하는 금액에서 제외한다.

사업용자산 취득가액		국고보조금
	감가상각비	이중공제방지
	장부금액	손금산입액

(3) 일시상각충당금 및 압축기장충당금 계상

손금에 산입하는 금액은 당해 사업용자산별로 다음의 구분에 따라 일시상각충당금 또는 압축기장충당금으로 계상하여야 한다.

① 감가상각자산 : 일시상각충당금

② 위 외의 자산 : 압축기장충당금

이에 따라 손비로 계상한 일시상각충당금과 압축기장충당금은 다음의 어느 하나에 해당하는 방법으로 익금에 산입한다.

① 일시상각충당금은 해당 사업용자산의 감가상각비(취득가액 중 해당 일시상각충당금에 상당하는 부분에 대한 것에 한함)와 상계할 것. 다만, 해당 자산을 처분하는 경우에는 상계하고 남은 잔액을 그 처분한 날이 속하는 사업연도에 전액 익금에 산입한다.

② 압축기장충당금은 당해 사업용자산을 처분하는 사업연도에 이를 전액 익금에 산입할 것

사업용자산의 일부를 처분하는 경우

해당 사업용자산의 일부를 처분하는 경우의 익금산입액은 해당 사업용자산의 가액 중 일시상각충당금 또는 압축기장충당금이 차지하는 비율로 안분계산한 금액에 의한다(법령 §64⑤).

$$\text{일시상각충당금} \times \frac{\text{처분하는 사업용자산의 가액}}{\text{취득가액}}$$

2. 사용할 국고보조금 등의 손금산입

국고보조금 등을 지급받은 날이 속하는 사업연도의 종료일까지 사업용자산을 취득하거나 개량하지 아니한 내국법인이 그 사업연도의 다음 사업연도 개시일부터 1년 이내에 사업용자산을 취득하거나 개량하려는 경우에는 취득 또는 개량에 사용하려는 국고보조금 등의 금액을 손금에 산입할 수 있다. 이 경우 다음의 어느 하나에 해당하는 사유로 국고보조금 등을 기한 내에 사용하지 못한 경우에는 해당 사유가 끝나는 날이 속하는 사업연도의 종료일을 그 기한으로 본다.

① 공사의 허가 또는 인가 등이 지연되는 경우

② 공사를 시행할 장소의 미확정 등으로 공사기간이 연장되는 경우

③ 용지의 보상 등에 관한 소송이 진행되는 경우

④ 그 밖에 위의 규정에 준하는 사유가 발생한 경우

이에 따라 국고보조금 등 상당액을 손금에 산입한 내국법인이 손금에 산입한 금액을 기한 내에 사업용자산의 취득 또는 개량에 사용하지 아니하거나 사용하기 전에 폐업 또는

해산하는 경우 그 사용하지 아니한 금액은 해당 사유가 발생한 날이 속하는 사업연도의 소득금액을 계산할 때 익금에 산입한다. 다만, 합병하거나 분할하는 경우로서 합병법인 등이 그 금액을 승계한 경우는 제외하며, 이 경우 그 금액은 합병법인 등이 이 규정에 따라 손금에 산입한 것으로 본다.

이 규정을 적용하려는 내국법인은 국고보조금 등과 국고보조금 등의 사용계획서를 납세지 관할세무서장에게 제출하여야 한다.

Ⅱ 공사부담금으로 취득한 사업용자산가액의 손금산입

다음의 어느 하나에 해당하는 사업을 하는 내국법인이 그 사업에 필요한 시설을 하기 위하여 해당 시설의 수요자 또는 편익을 받는 자로부터 그 시설을 구성하는 토지 등 유형자산 및 무형자산(이하 "사업용자산")을 제공받은 경우 또는 금전 등(이하 "공사부담금")을 제공받아 그 제공받은 날이 속하는 사업연도의 종료일까지 사업용자산의 취득에 사용하거나 사업용자산을 취득하고 이에 대한 공사부담금을 사후에 제공받은 경우에는 해당 사업용자산의 가액(공사부담금을 제공받은 경우에는 그 사업용자산의 취득에 사용된 공사부담금 상당액)을 그 사업연도의 소득금액을 계산할 때 손금에 산입할 수 있다. 이 경우 자산을 취득한 후 공사부담금을 지급받았을 때에는 지급일이 속한 사업연도 이전 사업연도에 이미 손금에 산입한 감가상각비에 상당하는 금액은 손금에 산입하는 금액에서 제외한다.

① 「전기사업법」에 따른 전기사업
② 「도시가스사업법」에 따른 도시가스사업
③ 「액화석유가스의 안전관리 및 사업법」에 따른 액화석유가스 충전사업, 액화석유가스 집단공급사업 및 액화석유가스 판매사업
④ 「집단에너지사업법」에 따른 집단에너지공급사업
⑤ 위의 사업과 유사한 사업으로서 다음에 해당하는 사업
  ㈎ 「지능정보화 기본법」에 따른 초연결지능정보통신기반구축사업
  ㈏ 「수도법」에 의한 수도사업

준용규정

공사부담금으로 사업용자산을 취득하는 경우의 손금산입 등에 관하여는 다음의 국고보조금 규정을 준용한다(법법 §37 ②).
① 일시상각충당금 및 압축기장충당금의 계상
② 사용할 국고보조금 등의 손금산입

보험차익으로 취득한 자산가액의 손금산입

내국법인이 유형자산(이하 "보험대상자산")의 멸실이나 손괴로 인하여 보험금을 지급받아 그 지급받은 날이 속하는 사업연도의 종료일까지 멸실한 보험대상자산과 같은 종류의 자산[65]을 대체 취득하거나 손괴된 보험대상자산을 개량(그 취득한 자산의 개량을 포함함)하는 경우에는 해당 자산의 가액 중 그 자산의 취득 또는 개량에 사용된 보험차익 상당액을 그 사업연도의 소득금액을 계산할 때 손금에 산입할 수 있다.

준용규정

보험차익으로 자산을 취득하거나 개량하는 경우의 손금산입 등에 관하여는 다음의 국고보조금 규정을 준용한다(법법 §38 ②).

① 일시상각충당금의 계상
② 사용할 국고보조금 등의 손금산입. 이 경우 1년은 2년으로 본다.

이 규정에 따라 손금에 산입하는 금액은 개별보험대상자산별로 해당 자산의 가액 중 그 취득 또는 개량에 사용된 보험차익에 상당하는 금액으로 한다. 이 경우 해당 보험대상자산의 가액이 지급받은 보험금에 미달하는 경우에는 보험금 중 보험차익 외의 금액을 먼저 사용한 것으로 본다.

보험금	같은 종류의 자산	
보험차익	2순위	… 손금산입액
보험대상자산 (舊자산)	1순위	

65) 같은 종류의 자산은 멸실한 보험대상자산을 대체하여 취득한 유형자산으로서 그 용도나 목적이 멸실한 보험대상자산과 같은 것으로 한다(법령 §66 ①).

Chapter 07

손익의 귀속사업연도

I 권리의무확정주의

내국법인의 각 사업연도의 익금과 손금의 귀속사업연도는 그 익금과 손금이 확정된 날이 속하는 사업연도로 한다.

II 자산의 판매손익 등의 귀속사업연도

1. 자산의 판매 또는 양도

(1) 일반적인 경우

자산의 판매 또는 양도로 인한 익금 및 손금의 귀속사업연도는 다음의 날이 속하는 사업연도로 한다.

① 상품(부동산 제외)·제품 또는 기타의 생산품(이하 "상품 등")의 판매 : 그 상품 등을 인도한 날. 다만, 반환조건부 판매, 동의조건부 판매, 그 밖의 조건부 판매 및 기한부 판매의 경우에는 그 조건이 성취되거나 기한이 지나 판매가 확정되는 날로 한다.

▶ 상품 등을 인도한 날의 판정을 함에 있어서 다음의 경우에는 각 규정된 날로 한다.

(가) 납품계약 또는 수탁가공계약에 의하여 물품을 납품하거나 가공하는 경우에는 당해물품을 계약상 인도하여야 할 장소에 보관한 날. 다만, 계약에 따라 검사를 거쳐 인수 및 인도가 확정되는 물품의 경우에는 당해검사가 완료된 날로 한다.

(나) 물품을 수출하는 경우에는 수출물품을 계약상 인도하여야 할 장소에 보관한 날

② 상품 등 외의 자산의 양도 : 그 대금을 청산한 날. 다만, 대금을 청산하기 전에 소유권 등의 이전등기(등록 포함)를 하거나 당해 자산을 인도하거나 상대방이 당해 자산을 사용수익하는 경우에는 그 이전등기일(등록일 포함)·인도일 또는 사용수익일 중 빠른 날로 한다.

(2) 장기할부조건부 판매 또는 양도의 경우

1) 장기할부조건

장기할부조건이라 함은 자산의 판매 또는 양도(국외거래에 있어서는 소유권이전 조건부 약정에 의한 자산의 임대를 포함함)로서 판매금액 또는 수입금액을 월부·연부 기타의 지불방법에 따라 2회 이상으로 분할하여 수입하는 것 중 당해 목적물의 인도일의 다음날부터 최종의 할부금의 지급기일까지의 기간이 1년 이상인 것을 말한다.

2) 회수기일 도래기준으로의 결산조정 및 신고조정

법인이 장기할부조건으로 자산을 판매하거나 양도한 경우로서 판매 또는 양도한 자산의 인도일(상품 등 외의 자산은 대금청산일, 소유권이전등기·등록일, 인도일 또는 사용수익일 중 빠른 날을 말함)이 속하는 사업연도의 결산을 확정함에 있어서 해당 사업연도에 회수하였거나 회수할 금액과 이에 대응하는 비용을 각각 수익과 비용으로 계상한 경우에는 (1)에도 불구하고 그 장기할부조건에 따라 각 사업연도에 회수하였거나 회수할 금액과 이에 대응하는 비용을 각각 해당사업연도의 익금과 손금에 산입한다. 다만, 중소기업인 법인이 장기할부조건으로 자산을 판매하거나 양도한 경우에는 그 장기할부조건에 따라 각 사업연도에 회수하였거나 회수할 금액과 이에 대응하는 비용을 각각 해당 사업연도의 익금과 손금에 산입할 수 있다.

이 규정을 적용할 때 인도일 이전에 회수하였거나 회수할 금액은 인도일에 회수한 것으로 보며, 법인이 장기할부기간 중에 폐업한 경우에는 그 폐업일 현재 익금에 산입하지 아니한 금액과 이에 대응하는 비용을 폐업일이 속하는 사업연도의 익금과 손금에 각각 산입한다.

3) 현재가치평가의 인정

법인이 장기할부조건 등에 의하여 자산을 판매하거나 양도함으로써 발생한 채권에 대하여 기업회계기준이 정하는 바에 따라 현재가치로 평가하여 현재가치할인차금을 계상한 경우 해당 현재가치할인차금상당액은 해당 채권의 회수기간동안 기업회계기준이 정하는 바에 따라 환입하였거나 환입할 금액을 각 사업연도의 익금에 산입한다.

(3) 택지개발사업 등의 대상이 되는 토지의 양도

「조세특례제한법」에 따른 프로젝트금융투자회사가 「택지개발촉진법」에 따른 택지개발사업 등 토지개발사업을 하는 경우로서 해당 사업을 완료하기 전에 그 사업의 대상이 되는 토지의 일부를 양도하는 경우에는 (1).②에도 불구하고 그 양도 대금을 해당 사업의 작업 진행률에 따라 각 사업연도의 익금에 산입할 수 있다.[66]

---

66) 프로젝트금융투자회사가 택지개발사업 도중 토지를 일부 양도하는 것은 계속 수행 중인 토지개발용역

2. 자산의 시용판매 등

자산의 시용판매 등으로 인한 익금 및 손금의 귀속사업연도는 다음의 날이 속하는 사업연도로 한다.

① 상품 등의 시용판매 : 상대방이 그 상품 등에 대한 구입의 의사를 표시한 날. 다만, 일정기간내에 반송하거나 거절의 의사를 표시하지 아니하면 특약 등에 의하여 그 판매가 확정되는 경우에는 그 기간의 만료일로 한다.

② 자산의 위탁매매 : 수탁자가 그 위탁자산을 매매한 날

③ 증권시장에서 보통거래방식으로 한 유가증권의 매매 : 매매계약을 체결한 날

▶ 보통거래방식 : 투자자가 원하는 종목의 가격과 수량을 지정하여 매수·매도 주문을 하고 그 가격으로 거래가 될 때까지 기다리는 방식

④ 매출할인 : 법인이 매출할인을 하는 경우 그 매출할인금액은 상대방과의 약정에 의한 지급기일(그 지급기일이 정하여 있지 아니한 경우에는 지급한 날)이 속하는 사업연도의 매출액에서 차감한다.

Ⅲ 용역제공 등에 의한 손익의 귀속사업연도

1. 진행기준의 적용

(1) 귀속사업연도

건설·제조 기타 용역(도급공사 및 예약매출 포함. 이하 "건설 등")의 제공으로 인한 익금과 손금은 그 목적물의 건설 등의 착수일이 속하는 사업연도부터 그 목적물의 인도일(용역제공의 경우에는 그 제공을 완료한 날)이 속하는 사업연도까지 그 목적물의 건설 등을 완료한 정도(이하 "작업진행률")를 기준으로 하여 계산한 수익과 비용을 각각 해당 사업연도의 익금과 손금에 산입한다.

(2) 작업진행률

작업진행률이란 다음의 구분에 따른 비율을 말한다.

사업의 일부 결과에 해당하므로 사업 전체의 작업진행률에 따라 수익을 나누어 인식할 수 있도록 허용한 규정이다.

① 건설의 경우 : 다음 산식을 적용하여 계산한 비율. 다만, 건설의 수익실현이 건설의 작업시간·작업일수 또는 기성공사의 면적이나 물량 등(이하 "작업시간 등")과 비례관계가 있고, 전체 작업시간 등에서 이미 투입되었거나 완성된 부분이 차지하는 비율을 객관적으로 산정할 수 있는 건설의 경우에는 그 비율로 할 수 있다.

$$\text{작업진행률} = \frac{\text{해당 사업연도말까지 발생한 총공사비누적액}}{\text{총공사예정비}}$$

② ① 외의 경우 : ①을 준용하여 계산한 비율

총공사예정비는 기업회계기준을 적용하여 계약 당시에 추정한 공사원가에 해당 사업연도말까지의 변동상황을 반영하여 합리적으로 추정한 공사원가로 한다.

(3) 익금 또는 손금산입액의 계산

진행기준에 따라 각 사업연도의 익금과 손금에 산입하는 금액의 계산은 다음의 산식에 의한다.
① 익금 : 계약금액 × 작업진행률 − 직전 사업연도말까지 익금에 산입한 금액
② 손금 : 당해사업연도에 발생된 총비용

작업진행률에 의한 익금 또는 손금이 공사계약의 해약으로 인하여 확정된 금액과 차액이 발생된 경우에는 그 차액을 해약일이 속하는 사업연도의 익금 또는 손금에 산입한다.

2. 인도기준의 적용

(1) 인도기준의 허용

다음의 어느 하나에 해당하는 경우에는 그 목적물의 인도일이 속하는 사업연도의 익금과 손금에 산입할 수 있다.
① 중소기업인 법인이 수행하는 계약기간이 1년 미만인 건설 등의 경우
② 기업회계기준에 따라 그 목적물의 인도일이 속하는 사업연도의 수익과 비용으로 계상한 경우

(2) 인도기준의 강제

작업진행률을 계산할 수 없다고 인정되는 경우로서 법인이 비치·기장한 장부가 없거나 비치·기장한 장부의 내용이 충분하지 아니하여 당해사업연도 종료일까지 실제로 소요된

총공사비누적액 또는 작업시간 등을 확인할 수 없는 경우에는 그 목적물의 인도일이 속하는 사업연도의 익금과 손금에 각각 산입한다.

이자소득 등의 귀속사업연도

1. 수입이자 및 할인액

「소득세법 시행령」에 따른 수입시기에 해당하는 날(금융 및 보험업을 영위하는 법인의 경우에는 실제로 수입된 날로 하되, 선수입이자 및 할인액은 제외함)이 속하는 사업연도. 다만, 결산을 확정할 때 이미 경과한 기간에 대응하는 이자 및 할인액(원천징수되는 이자 및 할인액은 제외함)을 해당 사업연도의 수익으로 계상한 경우에는 그 계상한 사업연도의 익금으로 한다.

2. 지급이자 및 할인액

「소득세법 시행령」에 따른 수입시기에 해당하는 날이 속하는 사업연도. 다만, 결산을 확정할 때 이미 경과한 기간에 대응하는 이자 및 할인액(차입일부터 이자지급일이 1년을 초과하는 특수관계인과의 거래에 따른 이자 및 할인액은 제외함)을 해당 사업연도의 손비로 계상한 경우에는 그 계상한 사업연도의 손금으로 한다.

3. 수입배당금

「소득세법 시행령」에 따른 수입시기에 해당하는 날이 속하는 사업연도의 익금에 산입한다. 다만, 금융회사 등이 금융채무등불이행자의 신용회복 지원과 채권의 공동추심을 위하여 공동으로 출자하여 설립한 유동화전문회사로부터 수입하는 배당금은 실제로 지급받은 날이 속하는 사업연도의 익금에 산입한다.[67)]

투자회사 등의 이자 및 할인액과 배당소득

투자회사 등이 결산을 확정할 때 증권 등의 투자와 관련된 수익 중 이미 경과한 기간에 대응하는 이자 및 할인액과 배당소득을 해당 사업연도의 수익으로 계상한 경우에는 **1.**부터 **3.**까지의 규정에도 불구하고 그 계상한 사업연도의 익금으로 한다.

---

67) 금융회사 등이 유동화전문회사로부터 실제로 배당을 받지 못하는 경우를 참작한 것이다.

4. 보험료 등

금융 및 보험업을 영위하는 법인이 수입하는 보험료·부금·보증료 또는 수수료(이하 "보험료 등")의 귀속사업연도는 그 보험료 등이 실제로 수입된 날이 속하는 사업연도로 하되, 선수입보험료 등은 제외한다. 다만, 결산을 확정함에 있어서 이미 경과한 기간에 대응하는 보험료상당액 등을 해당 사업연도의 수익으로 계상한 경우에는 그 계상한 사업연도의 익금으로 하고, 「자본시장과 금융투자업에 관한 법률」에 따른 투자매매업자 또는 투자중개업자가 정형화된 거래방식으로 증권을 매매하는 경우 그 수수료의 귀속사업연도는 매매계약이 체결된 날이 속하는 사업연도로 한다.

V 임대료 등 기타 손익의 귀속사업연도

1. 임대료 등

자산의 임대로 인한 익금과 손금의 귀속사업연도는 다음의 날이 속하는 사업연도로 한다. 다만, 결산을 확정함에 있어서 이미 경과한 기간에 대응하는 임대료상당액과 이에 대응하는 비용을 당해 사업연도의 수익과 손비로 계상한 경우 및 임대료 지급기간이 1년을 초과하는 경우 이미 경과한 기간에 대응하는 임대료 상당액과 비용은 이를 각각 당해 사업연도의 익금과 손금으로 한다.

① 계약 등에 의하여 임대료의 지급일이 정하여진 경우에는 그 지급일

② 계약 등에 의하여 임대료의 지급일이 정하여지지 아니한 경우에는 그 지급을 받은 날

2. 금전등록기를 설치하여 사용하는 경우

영수증을 작성 및 교부할 수 있는 법인[68]이 금전등록기를 설치·사용하는 경우 그 수입하는 물품대금과 용역대가의 귀속사업연도는 그 금액이 실제로 수입된 사업연도로 할 수 있다.

---

68) 「소득세법」 제162조 및 「부가가치세법」 제36조 제4항을 적용받는 업종을 영위하는 법인을 말한다(법령 §71 ②).

3. 사채할인발행차금

법인이 사채를 발행하는 경우에 상환할 사채금액의 합계액에서 사채발행가액(사채발행수수료와 사채발행을 위하여 직접 필수적으로 지출된 비용을 차감한 후의 가액)의 합계액을 공제한 금액(이하 "사채할인발행차금")은 기업회계기준에 의한 사채할인발행차금의 상각방법에 따라 이를 손금에 산입한다.

4. 개발의 취소

법인이 감가상각자산인 개발비로 계상하였으나 해당 제품의 판매 또는 사용이 가능한 시점이 도래하기 전에 개발을 취소한 경우에는 다음의 요건을 모두 충족하는 날이 속하는 사업연도의 손금에 산입한다.

① 해당 개발로부터 상업적인 생산 또는 사용을 위한 해당 재료·장치·제품·공정·시스템 또는 용역을 개선한 결과를 식별할 수 없을 것

② 해당 개발비를 전액 손비로 계상하였을 것

5. 파생상품

계약의 목적물을 인도하지 아니하고 목적물의 가액변동에 따른 차액을 금전으로 정산하는 파생상품의 거래로 인한 손익은 그 거래에서 정하는 대금결제일이 속하는 사업연도의 익금과 손금으로 한다.

기업회계기준과 관행의 적용

내국법인의 각 사업연도의 소득금액을 계산할 때 그 법인이 익금과 손금의 귀속사업연도에 관하여 일반적으로 공정·타당하다고 인정되는 기업회계기준을 적용하거나 관행을 계속 적용하여 온 경우에는 「법인세법」 및 「조세특례제한법」에서 달리 규정하고 있는 경우를 제외하고는 그 기업회계기준 또는 관행에 따른다(법법 §43).

Chapter 08

자산의 취득가액 및 자산·부채의 평가

Section 01 | 자산의 취득가액

자산의 취득가액

내국법인이 매입·제작·교환 및 증여 등에 의하여 취득한 자산의 취득가액은 다음의 구분에 따른 금액으로 한다.

① 타인으로부터 매입한 자산[기업회계기준에 따라 단기매매항목으로 분류된 금융자산 및 파생상품(이하 "단기금융자산 등")은 제외함] : 매입가액에 취득세(농어촌특별세와 지방교육세 포함), 등록면허세, 그 밖의 부대비용을 가산한 금액

토지와 건물의 일괄취득

법인이 토지와 그 토지에 정착된 건물 및 그 밖의 구축물 등(이하 "건물 등")을 함께 취득하여 토지의 가액과 건물 등의 가액의 구분이 불분명한 경우 시가에 비례하여 안분계산한다(법령 §72 ② I).

② 내국법인이 외국자회사를 인수하여 취득한 주식 등 : 해당 주식 등의 매입가액에서 다음의 요건을 모두 갖춘 수입배당금액을 뺀 금액

(가) 내국법인이 외국자회사의 의결권 있는 발행주식총수 또는 출자총액의 10%(해외자원개발사업을 하는 외국법인의 경우에는 5%) 이상을 최초로 보유하게 된 날의 직전일 기준 이익잉여금을 재원으로 한 수입배당금액일 것

(나) 「외국자회사 수입배당금 익금불산입 규정」에 따라 익금에 산입되지 않았을 것

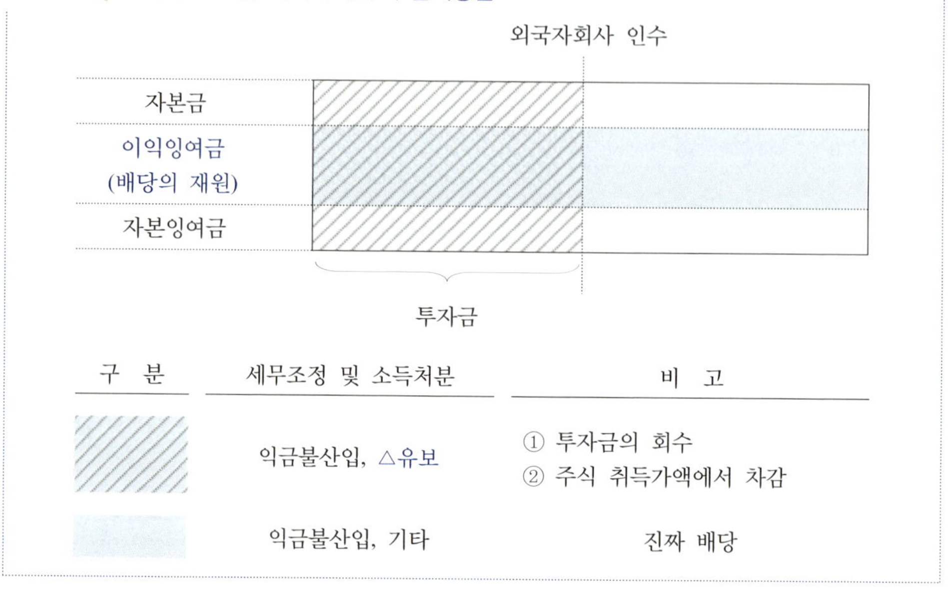

③ 자기가 제조·생산 또는 건설하거나 그 밖에 이에 준하는 방법으로 취득한 자산 : 원재료비·노무비·운임·하역비·보험료·수수료·공과금(취득세와 등록세 포함)·설치비 기타 부대비용의 합계액

④ 합병·분할 또는 현물출자에 따라 취득한 자산의 경우 다음의 구분에 따른 금액

㈎ 적격합병 또는 적격분할의 경우 : 피합병법인 또는 분할법인 등의 장부가액

㈏ 그 밖의 경우 : 해당 자산의 시가

⑤ 물적분할에 따라 분할법인이 취득하는 주식 등의 경우 : 물적분할한 순자산의 시가

물적분할한 순자산의 시가로 평가하는 이유

상법에서는 수혜회사(분할법인으로부터 재산을 포괄승계받고 자기의 주식 또는 출자지분을 교부하는 회사)가 신설되는 형태의 물적분할만이 허용된다는 견해와 기존의 회사에 분할출자하는 분할합병형태의 물적분할도 가능하다고 보는 견해가 대립한다. 우리 법인세법은 제47조 제1항에서 "분할법인이 물적분할에 의하여 분할신설법인의 주식 등을 취득한 경우로서…"라고 규정하여 법인이 신설되는 형태의 물적분할만을 인정하고 있는 것으로 보인다(김완석·황남석, 『법인세법론』, 삼일인포마인, 2021, 573면). 물적분할은 분할법인이 분할신설법인에 자산을 출자하고, 그 대가로 분할신설법인의 주식을 받는 교환거래에 해당한다. 따라서 그 주식의 실질적 취득원가는 분할법인이 출자한 자산의 가치로 보는 것이 경제적 실질에 부합한다.

⑥ 현물출자에 따라 출자법인이 취득한 주식 등의 경우 다음의 구분에 따른 금액

㈎ 출자법인(출자법인과 공동으로 출자한 자를 포함함. 이하 "출자법인 등")이 현물출자로 인하여 피출자법인을 새로 설립하면서 그 대가로 주식 등만 취득하는 현물출자의 경우 : 현

물출자한 순자산의 시가

■ 현물출자로 법인을 설립하는 경우

1. 대가로 주식 등만 취득하는 경우

(차) 주 식 등 ××× (대) 순 자 산 ×××

주식 등 = 현물출자산 순자산의 시가

2. 대가로 주식 등과 그 이외의 것을 취득하는 경우

(차) 주 식 등 ××× (대) 순 자 산 ×××
사 채 등[69] ×××

주식 등 = 현물출자산 순자산의 시가 − 사채 등

(나) 그 밖의 경우 : 해당 주식 등의 시가

⑦ 채무의 출자전환에 따라 취득한 주식 등 : 취득 당시의 시가. 다만, 과세이연요건을 갖춘 채무의 출자전환으로 취득한 주식 등은 출자전환된 채권(채무보증구상채권과 특수관계인에 대한 업무무관가지급금은 제외함)의 장부가액으로 한다.

■ 과세이연요건을 갖춘 채무의 출자전환으로 취득한 주식 등의 평가

(차) 금 융 자 산	7,000,000	(대) 채 권	10,000,000
대 손 금	3,000,000		

1. 일반 채권의 경우

<손금불산입> 금융자산 3,000,000 (유보)

▶ 손금에 산입되지 못한 대손금은 이후 해당 금융자산을 처분하거나 평가할 때 처분손실 또는 평가손실로서 손금으로 인정될 수 있다.

2. 채무보증구상채권 및 특수관계인에 대한 업무무관가지급금

<손금불산입> 대 손 금 3,000,000 (기타사외유출)

▶ 채무보증구상채권 및 특수관계인에 대한 업무무관가지급금의 출자전환으로서 과세이연요건을 충족한 경우 그 출자전환으로 취득한 주식 등을 장부가액으로 평가하면 추후 해당 주식 등을 처분하거나 평가할 때 채무보증구상채권 및 특수관계인에 대한 업무무관가지급금의 대손금이 처분손실 또는 평가손실로 대체되어 손금에 산입될 수 있다. 채무보증구상채권 및 특수관계인에 대한 업무무관가지급금은 대손 처리할 수 없는 채권이므로 과세이연요건을 충족한 출자전환의 경우라도 취득한 주식 등의 시가로 평가하고 회사가 계상한 대손금은 손금불산입하여 기타사외유출로 소득처분한다. 손금불산입한 3,000,000원은 채무법인의 채무면제이익으로서 귀속되었다.

⑧ 합병 또는 분할(물적분할은 제외함)에 따라 취득한 주식 등 : 종전의 장부가액에 합병 또는 분할 시 의제배당액 및 불공정 자본거래로 인하여 분여받은 이익의 금액을 더한 금액

69) 과거에는 현물출자의 대가로 사채도 허용되었다.

에서 합병대가 또는 분할대가 중 금전이나 그 밖의 재산가액의 합계액을 뺀 금액

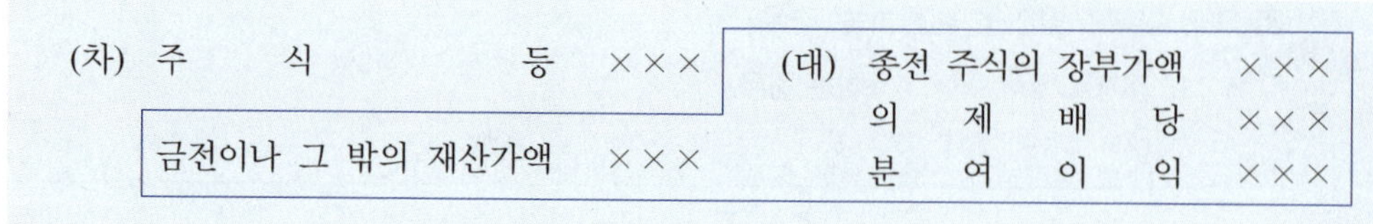

(차)		(대)	
주 식 등	×××	종전 주식의 장부가액	×××
		의 제 배 당	×××
금전이나 그 밖의 재산가액	×××	분 여 이 익	×××

⑨ 단기금융자산 등 : 매입가액

⑩ 「상속세 및 증여세법 시행령」에 따른 공익법인 등이 기부받은 자산 : 특수관계인 외의 자로부터 기부받은 일반기부금에 해당하는 자산(금전 외의 자산만 해당함)은 기부한 자의 기부 당시 장부가액[사업소득과 관련이 없는 자산(개인인 경우만 해당함)의 경우에는 취득 당시의 「소득세법」에 따른 취득가액을 말함]. 다만, 「상속세 및 증여세법」에 따라 증여세 과세가액에 산입되지 않은 출연재산이 그 후에 과세요인이 발생하여 그 과세가액에 산입되지 않은 출연재산에 대하여 증여세의 전액이 부과되는 경우에는 기부 당시의 시가로 한다.

⑪ 「온실가스 배출권의 할당 및 거래에 관한 법률」에 따라 정부로부터 무상으로 할당받은 배출권 : 영(0)원

⑫ 「대기관리권역의 대기환경개선에 관한 특별법」에 따라 정부로부터 무상으로 할당받은 배출허용총량 : 영(0)원

⑬ 그 밖의 방법으로 취득한 자산 : 취득당시의 시가

Ⅱ 취득가액에 포함하는 것

자산의 취득가액에는 다음의 금액을 포함하는 것으로 한다.

① 특수관계인인 개인으로부터 유가증권을 시가보다 낮은 가액으로 매입하는 경우 시가와 그 매입가액의 차액에 상당하는 금액으로서 익금에 산입한 금액

② 건설자금에 충당한 차입금의 이자로서 손금에 산입하지 아니한 금액

③ 유형자산의 취득과 함께 국·공채를 매입하는 경우 기업회계기준에 따라 그 국·공채의 매입가액과 현재가치의 차액을 해당 유형자산의 취득가액으로 계상한 금액

④ 불균등증자 및 감자에 의하여 특수관계인으로부터 분여받은 이익

Ⅲ 취득가액에 포함하지 않는 것

자산의 취득가액에는 다음의 금액을 포함하지 아니하는 것으로 한다.

① 자산을 장기할부조건 등으로 취득하는 경우 발생한 채무를 기업회계기준이 정하는 바에 따라 현재가치로 평가하여 현재가치할인차금으로 계상한 경우의 당해 현재가치할인차금

② 연지급수입에 있어서 취득가액과 구분하여 지급이자로 계상한 금액

③ 다음의 규정에 의한 시가초과액

㈎ 자산을 시가보다 높은 가액으로 매입한 경우

㈏ 법인의 자본(출자액 포함)을 증가시키는 거래에 있어서 신주(전환사채·신주인수권부사채 또는 교환사채 등을 포함함)를 시가보다 높은 가액으로 인수하는 경우

Ⅳ 보유 중인 자산의 취득가액 수정

법인이 보유하는 자산에 대하여 다음의 어느 하나에 해당하는 사유가 발생한 경우의 취득가액은 다음과 같다.

① 보유 중인 주식 등에 대하여 「상법」에 따라 자본준비금의 감액 배당을 받은 경우에는 그 금액을 차감(내국법인이 보유한 주식의 장부가액을 한도로 함)한 금액

② 「보험업법」이나 그 밖의 법률에 따른 유형자산 및 무형자산 등의 평가증이 있는 경우에는 그 평가액

③ 재고자산, 유가증권 등, 화폐성 외화자산·부채, 통화선도 등, 화폐성외화자산·부채의 환위험을 회피하기 위하여 보유하는 통화선도 등 및 가상자산에 대한 평가가 있는 경우에는 그 평가액

④ 동일한 내국법인이 발행주식총수 또는 출자총액을 소유하고 있는 서로 다른 법인 간의 합병으로서 합병법인으로부터 합병대가로 취득하는 주식 등이 없는 경우에는 보유 중인 합병법인의 주식 등의 취득가액에 해당 피합병법인 주식 등의 취득가액(주식 등이 아닌 합병대가가 있는 경우에는 그 합병대가의 금액을 차감한 금액)을 가산한 금액

④ 보유 중인 감가상각자산에 대한 자본적 지출이 있는 경우에는 그 금액을 가산한 금액

⑤ 불공정합병(분할합병 포함)에 따라 분여받은 이익이 있는 경우에는 보유 중인 주식 등의

취득가액에 그 이익을 가산한 금액

⑥ 불균등증자·감자에 의하여 특수관계인으로부터 분여받은 이익이 있는 경우에는 주식 등의 취득가액에 그 이익을 가산한 금액

Section 02 | 자산·부채의 평가

I 일반원칙

내국법인이 보유하는 자산과 부채의 장부가액을 증액 또는 감액(감가상각은 제외함. 이하 "평가")한 경우에는 그 평가일이 속하는 사업연도와 그 후의 각 사업연도의 소득금액을 계산할 때 그 자산과 부채의 장부가액은 평가 전의 가액으로 한다. 다만, 다음의 어느 하나에 해당하는 경우에는 그러하지 아니하다.

① 「보험업법」이나 그 밖의 법률에 따른 유형자산 및 무형자산 등의 평가(장부가액을 증액한 경우만 해당함)

② 다음의 자산과 부채의 평가. 이에 따른 자산과 부채는 그 자산 및 부채별로 법정 방법에 따라 평가하여야 한다.

㈎ 다음의 어느 하나에 해당하는 재고자산

㉠ 제품 및 상품(부동산매매업자가 매매를 목적으로 소유하는 부동산을 포함하며, 유가증권을 제외함)

㉡ 반제품 및 재공품

㉢ 원재료

㉣ 저장품

㈏ 다음의 어느 하나에 해당하는 유가증권 등

㉠ 주식 등

㉡ 채권

㉢ 「자본시장과 금융투자업에 관한 법률」에 따른 집합투자재산

㉣ 「보험업법」의 특별계정에 속하는 자산

㈐ 화폐성 외화자산과 부채

㈑ 금융회사 등이 보유하는 통화 관련 파생상품 중 통화선도, 통화스왑 및 환변동보험

(이하 "통화선도 등")

(마) 금융회사 등 외의 법인이 화폐성외화자산·부채의 환위험을 회피하기 위하여 보유하는 통화선도 등

(바) 「특정 금융거래정보의 보고 및 이용 등에 관한 법률」에 따른 가상자산

1. 재고자산의 평가

(1) 평가방법

재고자산의 평가는 다음 어느 하나에 해당하는 방법 중 법인이 납세지 관할 세무서장에게 신고한 방법에 의한다.

① 원가법 : 개별법, 선입선출법, 후입선출법, 총평균법, 이동평균법, 매출가격환원법

② 저가법 : 재고자산을 원가법과 기업회계기준이 정하는 바에 따라 시가로 평가한 가액 중 낮은 편의 가액을 평가액으로 하는 방법

법인은 재고자산을 평가할 때 해당 자산을 자산별로 구분하여 종류별·영업장별로 각각 다른 방법에 의하여 평가할 수 있다. 이 경우 수익과 비용을 영업의 종목별 또는 영업장별로 각각 구분하여 기장하고, 종목별·영업장별로 제조원가보고서와 포괄손익계산서(포괄손익계산서가 없는 경우에는 손익계산서)를 작성하여야 한다.

(2) 평가방법의 신고

법인이 재고자산의 평가방법을 신고하고자 하는 때에는 다음의 기한 내에 재고자산 등 평가방법신고서(변경신고서)를 납세지 관할 세무서장에게 제출하여야 한다. 이 경우 저가법을 신고하는 경우에는 시가와 비교되는 원가법을 함께 신고하여야 한다.

① 신설법인과 새로 수익사업을 개시한 비영리내국법인은 당해 법인의 설립일 또는 수익사업개시일이 속하는 사업연도의 법인세 과세표준의 신고기한

② ①의 신고를 한 법인으로서 그 평가방법을 변경하고자 하는 법인은 변경할 평가방법을 적용하고자 하는 사업연도의 종료일 이전 3월이 되는 날

(3) 평가방법의 무신고 및 임의변경

법인이 다음의 어느 하나에 해당하는 경우에는 납세지 관할 세무서장이 선입선출법(매매를 목적으로 소유하는 부동산의 경우에는 개별법으로 함)에 의하여 재고자산을 평가한다. 다만, ② 또는 ③에 해당하는 경우로서 신고한 평가방법에 의하여 평가한 가액이 선입선출법(매매를 목

적으로 소유하는 부동산의 경우에는 개별법으로 함)에 의하여 평가한 가액보다 큰 경우에는 신고한 평가방법에 의한다.

① 최초신고기한 내에 재고자산의 평가방법을 신고하지 아니한 경우
② 신고한 평가방법 외의 방법으로 평가한 경우
③ 변경신고기한 내에 재고자산의 평가방법 변경신고를 하지 아니하고 그 방법을 변경한 경우

(4) 기한 후 평가방법의 신고

법인이 재고자산의 평가방법을 최초신고기한 또는 변경신고기한이 경과된 후에 신고한 경우에는 그 신고일이 속하는 사업연도까지는 무신고 또는 임의변경으로 보고, 그 후의 사업연도에 있어서는 법인이 신고한 평가방법에 의한다.

(5) 무신고 시 평가방법의 변경

법인이 재고자산의 평가방법을 신고하지 아니하여 무신고 시 평가방법을 적용받는 경우에 그 평가방법을 변경하려면 변경할 평가방법을 적용하려는 사업연도의 종료일 전 3개월이 되는 날까지 변경신고를 하여야 한다.

2. 유가증권 등의 평가

(1) 주식 등 및 채권

주식 등 및 채권의 평가는 다음의 방법 중 법인이 납세지 관할 세무서장에게 신고한 방법에 의한다.

① 개별법(채권의 경우에 한함)
② 총평균법
③ 이동평균법

다음의 재고자산 관련 규정은 주식 등 및 채권의 평가에 관하여 이를 준용한다.

① 평가방법의 신고
② 평가방법의 무신고 및 임의변경. 이 경우 선입선출법은 총평균법으로 본다.
③ 기한 후 평가방법의 신고
④ 무신고 시 평가방법의 변경

(2) 집합투자재산

투자회사 등이 보유한 「자본시장과 금융투자업에 관한 법률」에 따른 집합투자재산은 시가법에 따라 평가한다. 다만, 「자본시장과 금융투자업에 관한 법률」에 따른 환매금지형집합투자기구가 보유한 시장성 없는 자산은 개별법, 총평균법, 이동평균법 또는 시가법 중 해당 환매금지형집합투자기구가 법인세 과세표준 신고와 함께 납세지 관할 세무서장에게 신고한 방법에 따라 평가하되, 그 방법을 이후 사업연도에 계속 적용하여야 한다.

(3) 특별계정에 속하는 자산

보험회사가 보유한 「보험업법」의 특별계정에 속하는 자산은 개별법, 총평균법, 이동평균법 또는 시가법 중 해당 보험회사가 법인세 과세표준 신고와 함께 납세지 관할세무서장에게 신고한 방법에 따라 평가하되, 그 방법을 이후 사업연도에도 계속 적용하여야 한다. 다만, 평가방법이 서로 다른 보험회사가 합병한 경우에는 합병등기일이 속하는 사업연도 종료일로부터 3년 이내에 1회에 한하여 납세지 관할세무서장에게 신고함으로써 그 평가방법을 변경할 수 있다.

이에 따라 평가방법을 변경하려는 보험회사는 변경된 평가방법을 적용하려는 최초 사업연도의 법인세 과세표준 신고와 함께 평가방법변경신고서를 납세지 관할세무서장에게 제출하여야 한다.

3. 외화자산 및 부채의 평가

(1) 평가방법

1) 금융회사

금융회사 등이 보유하는 화폐성외화자산·부채와 통화선도 등은 다음의 방법에 따라 평가하여야 한다.

① 화폐성외화자산·부채 : 사업연도 종료일 현재의 매매기준율 또는 재정된 매매기준율(이하 "매매기준율 등")로 평가하는 방법

② 통화선도 등 : 다음의 어느 하나에 해당하는 방법 중 관할 세무서장에게 신고한 방법에 따라 평가하는 방법. 다만, 최초로 ㈏의 방법을 신고하여 적용하기 이전 사업연도에는 ㈎의 방법을 적용하여야 하며, 신고한 평가방법은 그 후의 사업연도에도 계속하여 적용하여야 한다.

㈎ 계약의 내용 중 외화자산 및 부채를 계약체결일의 매매기준율 등으로 평가하는 방법

(나) 계약의 내용 중 외화자산 및 부채를 사업연도 종료일 현재의 매매기준율 등으로 평가하는 방법

화폐성 외화자산·부채

화폐성 항목은 보유하는 화폐단위들과 확정되었거나 결정가능한 화폐단위 수량으로 회수하거나 지급하는 자산·부채로 한다(한국채택국제회계기준 제1021호 환율변동효과 문단 8).
화폐성항목의 본질적 특징은 확정되었거나 결정가능한 화폐단위의 수량으로 받을 권리나 지급할 의무라는 것이다. 반면에 비화폐성항목의 본질적 특징은 확정되었거나 결정 가능한 화폐단위의 수량으로 받을 권리나 지급할 의무가 없다는 것이다. 예를 들면 재화와 용역에 대한 선급금, 영업권, 무형자산, 재고자산, 유형자산, 사용권자산, 비화폐성 자산을 인도하여 상환하는 충당부채 등이 비화폐성항목에 속한다(한국채택국제회계기준 제1021호 환율변동효과 문단 16).

2) 금융회사 등 외의 법인

금융회사 등 외의 법인이 보유하는 화폐성 외화자산·부채(보험회사의 책임준비금은 제외)와 화폐성외화자산·부채의 환위험을 회피하기 위하여 보유하는 통화선도 등(이하 "환위험회피용통화선도 등")은 다음의 어느 하나에 해당하는 방법 중 관할 세무서장에게 신고한 방법에 따라 평가하여야 한다. 다만, 최초로 ②의 방법을 신고하여 적용하기 이전 사업연도의 경우에는 ①의 방법을 적용하여야 한다. 법인이 이에 따라 신고한 평가방법은 그 후의 사업연도에도 계속하여 적용하여야 한다. 다만, 신고한 평가방법을 적용한 사업연도를 포함하여 5개 사업연도가 지난 후에는 다른 방법으로 신고를 하여 변경된 평가방법을 적용할 수 있다.

① 화폐성 외화자산·부채와 환위험회피용통화선도 등의 계약 내용 중 외화자산 및 부채를 취득일 또는 발생일(통화선도 등의 경우에는 계약체결일을 말함) 현재의 매매기준율 등으로 평가하는 방법
② 화폐성 외화자산·부채와 환위험회피용통화선도 등의 계약 내용 중 외화자산 및 부채를 사업연도 종료일 현재의 매매기준율 등으로 평가하는 방법

(2) 외화평가차손익의 처리

화폐성 외화자산·부채, 통화선도 등 및 환위험회피용 통화선도 등을 평가함에 따라 발생하는 평가한 원화금액과 원화기장액의 차익 또는 차손은 해당 사업연도의 익금 또는 손금에 이를 산입한다. 이 경우 통화선도 등 및 환위험회피용 통화선도 등의 계약 당시 원화기장액은 계약의 내용 중 외화자산 및 부채의 가액에 계약체결일의 매매기준율 등을 곱한 금액을 말한다.

(3) 외화상환손익의 처리

내국법인이 상환받거나 상환하는 외화채권·채무의 원화금액과 원화기장액의 차익 또는 차손은 당해 사업연도의 익금 또는 손금에 이를 산입한다. 다만, 「한국은행법」에 따른 한국은행의 외화채권·채무 중 외화로 상환받거나 상환하는 금액(이하 "외화금액")의 환율변동분은 한국은행이 정하는 방식에 따라 해당 외화금액을 매각하여 원화로 전환한 사업연도의 익금 또는 손금에 산입한다.

4. 가상자산의 평가

가상자산은 선입선출법(2027.1.1. 이후에는 총평균법)에 따라 평가해야 한다.

Ⅱ 재고자산 등의 평가차손

일반 원칙에도 불구하고 다음의 어느 하나에 해당하는 자산은 법정 방법에 따라 그 장부가액을 감액할 수 있다.

① 재고자산으로서 파손·부패 등의 사유로 정상가격으로 판매할 수 없는 것은 사업연도 종료일 현재 처분가능한 시가로 평가한 가액으로 감액하고, 그 감액한 금액을 해당 사업연도의 손비로 계상함으로써 그 장부가액을 감액할 수 있다.

② 유형자산으로서 다음의 어느 하나에 해당하는 사유로 파손되거나 멸실된 것은 사업연도 종료일 현재 시가로 평가한 가액으로 감액하고, 그 감액한 금액을 해당 사업연도의 손비로 계상함으로써 그 장부가액을 감액할 수 있다.

(가) 천재지변 또는 화재

(나) 법령에 의한 수용 등

(다) 채굴예정량의 채진으로 인한 폐광(토지를 포함한 광업용 유형자산이 그 고유의 목적에 사용될 수 없는 경우 포함)

③ 주식 등으로서 다음의 어느 하나에 해당하는 것은 사업연도 종료일 현재 시가(주식 등의 발행법인별로 보유주식총액을 시가로 평가한 가액이 1천원 이하인 경우에는 1천원)로 평가한 가액으로 감액하고, 그 감액한 금액을 해당 사업연도의 손비로 계상함으로써 그 장부가액을 감액할 수 있다.

(가) 다음의 주식 등으로서 해당 주식 등의 발행법인이 부도가 발생하거나 「채무자 회생 및 파산에 관한 법률」에 따른 회생계획인가의 결정을 받거나 「기업구조조정 촉진

법」에 따른 부실징후기업이 된 경우

㉠ 주권상장법인이 발행한 주식

㉡ 벤처투자회사 또는 신기술사업금융업자가 보유하는 주식 등 중 각각 창업자 또는 신기술사업자가 발행한 것

㉢ 주권상장법인이 아닌 법인 중 특수관계에 있지 않은 법인이 발행한 주식 등

▶ 법인과 특수관계의 유무를 판단할 때 주식 등의 발행법인의 발행주식총수 또는 출자총액의 5% 이하를 소유하고 그 취득가액이 10억원 이하인 주주 등에 해당하는 법인은 소액주주 등으로 보아 특수관계인에 해당하는 지를 판단한다.

(나) 파산한 법인의 주식

Ⅲ 한국채택국제회계기준 적용 내국법인에 대한 재고자산평가차익 익금불산입

내국법인이 한국채택국제회계기준을 최초로 적용하는 사업연도에 재고자산평가방법을 후입선출법에서 다른 재고자산평가방법으로 납세지 관할 세무서장에게 변경신고한 경우에는 해당 사업연도의 소득금액을 계산할 때 ①의 금액에서 ②의 금액을 뺀 금액(이하 "재고자산평가차익")을 익금에 산입하지 아니할 수 있다.

① 한국채택국제회계기준을 최초로 적용하는 사업연도의 기초 재고자산 평가액

② 한국채택국제회계기준을 최초로 적용하기 직전 사업연도의 기말 재고자산 평가액

재고자산평가차익은 한국채택국제회계기준을 최초로 적용하는 사업연도의 다음 사업연도 개시일부터 5년간 균등하게 나누어 익금에 산입한다. 이 경우 개월 수는 태양력에 따라 계산하되 1월 미만의 일수는 1월로 하고, 사업연도 개시일이 속한 월을 계산에서 포함한 경우에는 사업연도 개시일부터 5년이 되는 날이 속한 월은 계산에서 제외한다.

$$\text{익금산입액} = \text{재고자산평가차익} \times \frac{\text{해당 사업연도의 월수}}{60\text{월}}$$

위 규정에 따라 재고자산평가차익을 익금에 산입하지 아니한 내국법인이 해산(적격합병 또는 적격분할로 인한 해산은 제외함)하는 경우에는 익금에 산입하고 남은 금액을 해산등기일이 속하는 사업연도의 소득금액을 계산할 때 익금에 산입한다.

Chapter 09

부당행위계산의 부인

I 개관

납세지 관할 세무서장 또는 관할 지방국세청장은 내국법인의 행위 또는 소득금액의 계산이 특수관계인과의 거래로 인하여 그 법인의 소득에 대한 조세의 부담을 부당하게 감소시킨 것으로 인정되는 경우에는 그 법인의 행위 또는 소득금액의 계산(이하 "부당행위계산")과 관계없이 그 법인의 각 사업연도의 소득금액을 계산한다.

II 부당행위계산의 유형

조세의 부담을 부당하게 감소시킨 것으로 인정되는 경우란 다음의 어느 하나에 해당하는 경우를 말한다.

① 자산을 시가보다 높은 가액으로 매입 또는 현물출자받았거나 그 자산을 과대상각한 경우

② 자산을 무상 또는 시가보다 낮은 가액으로 양도 또는 현물출자한 경우. 다만, 주식매수선택권 등의 행사 또는 지급에 따라 주식을 양도하는 경우는 제외한다.

③ 특수관계인인 법인 간 합병(분할합병 포함)·분할에 있어서 불공정한 비율로 합병·분할하여 합병·분할에 따른 양도손익을 감소시킨 경우. 다만, 「자본시장과 금융투자업에 관한 법률」에 따라 합병(분할합병 포함)·분할하는 경우는 제외한다.

④ 금전, 그 밖의 자산 또는 용역을 무상 또는 시가보다 낮은 이율·요율이나 임대료로 대부하거나 제공한 경우. 다만, 다음의 어느 하나에 해당하는 경우는 제외한다.

㈎ 주식매수선택권 등의 행사 또는 지급에 따라 금전을 제공하는 경우

㈏ 주주 등이나 출연자가 아닌 임원(소액주주 등인 임원 포함) 및 직원에게 사택(임차사택 포함)을 제공하는 경우

㈐ 연결납세방식을 적용받는 연결법인 간에 연결법인세액의 변동이 없는 등 재정경제부령으로 정하는 요건을 갖추어 용역을 제공하는 경우

㈑ 「장애인고용촉진 및 직업재활법」에 따른 장애인 표준사업장에 사업장을 무상 또는 시가보다 낮은 임대료로 임대하는 경우

⑤ 금전, 그 밖의 자산 또는 용역을 시가보다 높은 이율·요율이나 임차료로 차용하거나 제공받은 경우. 다만, 연결납세방식을 적용받는 연결법인 간에 연결법인세액의 변동이 없는 등 재정경제부령으로 정하는 요건을 갖추어 용역을 제공받은 경우는 제외한다.

⑥ 다음의 어느 하나에 해당하는 자본거래로 인하여 주주 등(소액주주 등 제외)인 법인이 특수관계인인 다른 주주 등에게 이익을 분여한 경우

㈎ 특수관계인인 법인 간의 합병(분할합병 포함)에 있어서 주식 등을 시가보다 높거나 낮게 평가하여 불공정한 비율로 합병한 경우. 다만, 주권상장법인이 「자본시장과 금융투자업에 관한 법률」에 따라 합병(분할합병 포함)하는 경우는 제외한다.

㈏ 법인의 자본(출자액 포함)을 증가시키는 거래에 있어서 신주(전환사채·신주인수권부사채 또는 교환사채 등을 포함함)를 배정·인수받을 수 있는 권리의 전부 또는 일부를 포기(그 포기한 신주가 「자본시장과 금융투자업에 관한 법률」에 따른 모집방법으로 배정되는 경우를 제외함)하거나 신주를 시가보다 높은 가액으로 인수하는 경우

㈐ 법인의 감자에 있어서 주주 등의 소유주식 등의 비율에 의하지 아니하고 일부 주주 등의 주식 등을 소각하는 경우

⑦ 외의 경우로서 증자·감자, 합병(분할합병 포함)·분할, 전환사채 등에 의한 주식의 전환·인수·교환 등(상증법 §40 ①) 자본거래를 통해 법인의 이익을 분여하였다고 인정되는 경우. 다만, 주식매수선택권 등 중 주식매수선택권의 행사에 따라 주식을 발행하는 경우는 제외한다.

⑧ 무수익 자산을 매입 또는 현물출자받았거나 그 자산에 대한 비용을 부담한 경우

⑨ 불량자산을 차환하거나 불량채권을 양수한 경우

⑩ 출연금을 대신 부담한 경우

⑪ 파생상품에 근거한 권리를 행사하지 아니하거나 그 행사기간을 조정하는 등의 방법으로 이익을 분여하는 경우

⑫ 그 밖에 위에 준하는 행위 또는 계산 및 그 외에 법인의 이익을 분여하였다고 인정되는 경우

위의 규정은 그 행위당시를 기준으로 하여 당해 법인과 특수관계인 간의 거래(특수관계인 외의 자를 통하여 이루어진 거래 포함)에 대하여 이를 적용한다. 다만, ⑥.㈎의 규정을 적용함에 있어서 특수관계인인 법인의 판정은 합병등기일이 속하는 사업연도의 직전 사업연도의 개시

일(그 개시일이 서로 다른 법인이 합병한 경우에는 먼저 개시한 날)부터 합병등기일까지의 기간에 의한다.

①·②·④·⑤ 및 ⑫(①·②·④ 및 ⑤에 준하는 행위 또는 계산에 한함)는 시가와 거래가액의 차액이 3억원 이상이거나 시가의 5%에 상당하는 금액 이상인 경우에 한하여 적용한다. 다만, 주권상장법인이 발행한 주식을 거래한 경우에는 적용하지 않는다.

시가

부당행위계산의 부인 규정을 적용할 때에는 건전한 사회 통념 및 상거래 관행과 특수관계인이 아닌 자 간의 정상적인 거래에서 적용되거나 적용될 것으로 판단되는 가격(요율·이자율·임대료 및 교환 비율과 그 밖에 이에 준하는 것을 포함함. 이하 "시가")을 기준으로 한다.

1. 본래의 시가

해당 거래와 유사한 상황에서 해당 법인이 특수관계인 외의 불특정다수인과 계속적으로 거래한 가격 또는 특수관계인이 아닌 제3자 간에 일반적으로 거래된 가격이 있는 경우에는 그 가격을 시가로 보아 그 가격에 따른다. 다만, 주권상장법인이 발행한 주식을 다음의 어느 하나에 해당하는 방법으로 거래한 경우 해당 주식의 시가는 그 거래일의 거래소[70] 최종시세가액(거래소 휴장 중에 거래한 경우에는 그 거래일의 직전 최종시세가액)으로 하며, 사실상 경영권의 이전이 수반되는 경우에는 그 가액의 20%를 가산한다.

① 증권시장[71] 외에서 거래하는 방법

② 대량매매 등 재정경제부령으로 정하는 방법[72]

■ 사실상 경영권의 이전이 수반되는 경우

사실상 경영권의 이전이 수반되는 경우란 다음의 어느 하나에 해당하는 경우를 말한다. 다만, 회생계획을 이행 중인 법인(법령 §10① Ⅰ), 기업개선계획을 이행 중인 법인(법령 §10① Ⅱ), 경영정상화계획을 이행 중인 법인(법령 §10① Ⅲ) 및 사업재편계획 승인을 받은 법인(법령 §10①

70) 증권 및 장내파생상품의 공정한 가격 형성과 그 매매, 그 밖의 거래의 안정성 및 효율성을 도모하기 위하여 금융위원회(자본시장법 §373의2)의 허가를 받아 금융투자상품시장을 개설하는 자를 말한다(자본시장법 §8의2 ②).

71) 증권의 매매를 위하여 거래소가 개설하는 시장(자본시장법 §8의2 ④ Ⅰ)

72) 거래소의 증권시장업무규정(자본시장법 §393)에서 일정 수량 또는 금액 이상의 요건을 충족하는 경우에 한정하여 매매가 성립하는 거래방법을 말한다(법칙 §42의6 ②).

Ⅵ)이 회생계획, 기업개선계획, 경영정상화계획 또는 사업재편계획을 이행하기 위하여 주식을 거래하는 경우는 제외한다(법칙 §42의6 ①).
① 최대주주 또는 최대출자자가 변경되는 경우
② 「상속세 및 증여세법」 제63조 제3항에 따른 최대주주 등 간의 거래에서 주식 등의 보유비율이 1% 이상 변동되는 경우

2. 준용시가

시가가 불분명한 경우에는 다음을 차례로 적용하여 계산한 금액에 따른다.

① 「감정평가 및 감정평가사에 관한 법률」에 따른 감정평가법인 등이 감정한 가액이 있는 경우 그 가액(감정한 가액이 2 이상인 경우에는 그 감정한 가액의 평균액). 다만, 주식 등 및 가상자산은 제외한다.
② 「상속세 및 증여세법」의 규정을 준용하여 평가한 가액. 이 경우 비상장주식을 평가할 때 해당 비상장주식을 발행한 법인이 보유한 주식(주권상장법인이 발행한 주식으로 한정함)의 평가금액은 평가기준일[73]의 거래소 최종시세가액으로 한다.

3. 금전의 대여 또는 차용 시 시가

금전의 대여 또는 차용의 경우에는 1.과 2.의 규정에도 불구하고 가중평균차입이자율을 시가로 한다. 다만, 다음의 경우에는 해당 구분에 따라 당좌대출이자율(연간 4.6%)을 시가로 한다.

① 가중평균차입이자율의 적용이 불가능한 경우로서 다음의 어느 하나에 해당하는 사유가 있는 경우 : 해당 대여금 또는 차입금에 한정하여 당좌대출이자율을 시가로 한다.
  ㈎ 특수관계인이 아닌 자로부터 차입한 금액이 없는 경우
  ㈏ 차입금 전액이 채권자가 불분명한 사채 또는 매입자가 불분명한 채권·증권의 발행으로 조달된 경우
  ㈐ 가중평균차입이자율이 없는 것으로 보는 경우
② 대여한 날(계약을 갱신한 경우에는 그 갱신일)부터 해당 사업연도 종료일(해당 사업연도에 상환하는 경우는 상환일)까지의 기간이 5년을 초과하는 대여금이 있는 경우 : 해당 대여금 또는 차입금에 한정하여 당좌대출이자율을 시가로 한다.
③ 해당 법인이 법인세 과세표준 신고와 함께 당좌대출이자율을 시가로 선택하는 경우 :

73) 상속개시일 또는 증여일을 말한다(상증법 §60 ①).

당좌대출이자율을 시가로 하여 선택한 사업연도와 이후 2개 사업연도는 당좌대출이자율을 시가로 한다.

가중평균차입이자율이란 다음의 비율을 말한다. 이 경우 산출된 비율 또는 대여금리가 해당 대여시점 현재 자금을 차입한 법인의 가중평균차입이자율보다 높은 때에는 해당 사업연도의 가중평균차입이자율이 없는 것으로 본다.

$$\frac{\sum \text{자금을 대여한 법인의 대여시점 현재 각각의 차입금 잔액} \times \text{차입 당시의 각각의 이자율}}{\text{해당 차입금 잔액의 총액}}$$

▶ 자금을 대여한 법인의 대여시점 현재 다음의 차입금은 제외한다.
  ① 특수관계인으로부터의 차입금은 제외한다.
  ② 차입금이 채권자가 불분명한 사채 또는 매입자가 불분명한 채권·증권의 발행으로 조달된 차입금, 연지급수입 이자 발생 차입금에 해당하는 경우에는 해당 차입금의 잔액은 가중평균차입이자율 계산을 위한 잔액에 포함하지 아니한다.

▶ 변동금리로 차입한 경우에는 차입 당시의 이자율로 차입금을 상환하고 변동된 이자율로 그 금액을 다시 차입한 것으로 본다.

4. 자산(금전 제외) 또는 용역 제공 시 시가

금전을 제외한 자산 또는 용역을 제공할 때 위 1.과 2.의 규정을 적용할 수 없는 경우에는 다음에 따라 계산한 금액을 시가로 한다.

[유형 또는 무형의 자산을 제공하거나 제공받는 경우]
(당해 자산시가 × 50% − 그 자산의 제공과 관련하여 받은 전세금 또는 보증금) × 정기예금이자율

[건설 기타 용역을 제공하거나 제공받는 경우]
당해 용역의 제공에 소요된 금액*1 × (1 + 수익률)*2

▶ 당해 용역의 제공에 소요된 금액에는 직접비 및 간접비를 포함한다.

▶ 수익률이란 해당 사업연도 중 특수관계인 외의 자에게 제공한 유사한 용역제공거래 또는 특수관계인이 아닌 제3자 간의 일반적인 용역제공거래를 할 때의 수익률로서 기업회계기준에 따라 계산한 매출액에서 원가를 차감한 금액을 원가로 나눈 율을 말한다.

$$\text{수익률} = \frac{\text{매출액} - \text{원가}}{\text{원가}}$$

IV 적용 효과

부당행위계산에 해당하는 경우에는 시가와의 차액 등을 익금에 산입하여 당해 법인의 각 사업연도의 소득금액을 계산한다. 다만, 업무무관가지급금 등으로 보지 않는 금전의 대여에 대하여는 이를 적용하지 아니한다.

V 부당자본거래로 인하여 분여한 이익의 계산

1. 불공정 합병

[1단계] 합병 후 신설 또는 존속하는 법인의 1주당 평가가액 계산

$$\frac{\text{합병법인 발행주식총수} \times \text{1주당 평가액} + \text{피합병법인 발행주식총수} \times \text{1주당 평가액}}{\text{합병법인의 합병 전 발행주식총수} + \text{합병교부신주}}$$

[2단계] 1주당 평가차익 계산

$$\text{합병 후 1주당 평가액} - \frac{\text{피합병법인 발행주식총수} \times \text{1주당 평가액}}{\text{합병교부신주}}$$

[3단계] 특수관계인 간 분여이익 계산

<table>
<tr><td colspan="2" rowspan="2">지분율
교부받은 주식수</td><td colspan="2">합병법인의 주주</td></tr>
<tr><td>갑(특수관계인)</td><td>을</td></tr>
<tr><td rowspan="2">피합병법인의 주주</td><td>A
(특수관계인)</td><td>[shaded]</td><td></td></tr>
<tr><td>B</td><td></td><td></td></tr>
</table>

분여이익 = 1주당 평가차익 × [shaded box]

[4단계] 현저한 이익 여부 검토 : ① 또는 ②

① 1주당 평가차익 ≥ 합병 후 1주당 평가액 × 30%
② 분여이익 ≥ 3억원

[5단계] 세무조정 및 소득처분

구 분	법 인	거주자
이익을 분여한 자	부당행위(익入, 기유)	–
이익을 분여받은 자	투자주식(익入, 유보)	증여세 납세의무

2. 불균등 증자

(1) 저가발행 & 실권주 재배정

[1단계] 증자 후 1주당 평가가액 계산

$$\frac{\text{증자전 주식수} \times \text{증자전 1주당 가액} + \text{증자주식수} \times \text{1주당 발행가액}}{\text{증자전 주식수} + \text{증자주식수}}$$

[2단계] 1주당 평가차익 계산

증자 후 1주당 평가액 − 1주당 발행가액

[3단계] 특수관계인 간 분여이익 계산

실권 비율 / 재배정받은 실권주	갑(특수관계인)	을
A (특수관계인)	■	
B		

분여이익 = 1주당 평가차익 × ■

[4단계] 세무조정 및 소득처분

구 분	법 인	거주자
이익을 분여한 자	부당행위(익入, 기유)	–
이익을 분여받은 자	투자주식(익入, 유보)	증여세 납세의무

(2) 저가발행 & 실권주 소각

[1단계] 균등증자를 가정한 증자 후 1주당 평가가액 계산

$$\frac{\text{증자전 주식수} \times \text{증자전 1주당 가액} + \text{균등증자주식수} \times \text{1주당 발행가액}}{\text{증자전 주식수} + \text{균등증자주식수}}$$

[2단계] 1주당 평가차익 계산

균등증자를 가정한 증자 후 1주당 평가가액 − 1주당 발행가액

[3단계] 특수관계인 간 분여이익 계산

실권주 \ 증자 후 비율	갑(특수관계인)	을
A (특수관계인)	■	
B		

분여이익 = 1주당 평가차익 × ■

[4단계] 현저한 이익 여부 검토 : ① 또는 ②

① 1주당 평가차익 ≥ 균등증자를 가정한 증자 후 1주당 평가가액 × 30%
② 분여한 이익 ≥ 3억원

[5단계] 세무조정 및 소득처분

구 분	법 인	거주자
이익을 분여한 자	부당행위(익入, 기유)	–
이익을 분여받은 자	투자주식(익入, 유보)	증여세 납세의무

(3) 고가발행 & 실권주 재배정

[1단계] 증자 후 1주당 평가가액 계산

$$\frac{\text{증자전 주식수} \times \text{증자전 1주당 가액} + \text{증자주식수} \times \text{1주당 발행가액}}{\text{증자전 주식수} + \text{증자주식수}}$$

[2단계] 1주당 평가차익 계산

증자 후 1주당 평가액 − 1주당 발행가액

[3단계] 특수관계인 간 분여이익 계산

실권 비율 / 재배정받은 실권주	갑(특수관계인)	을
A (특수관계인)	(음영)	
B		

분여이익 = 1주당 평가차익 × ☐

[4단계] 세무조정 및 소득처분

구 분	법 인	거주자
이익을 분여한 자	부당행위(익入, 기유)	−
이익을 분여받은 자	투자주식(익入, 유보)	증여세 납세의무

(4) 고가발행 & 실권주 소각

[1단계] 증자 후 1주당 평가가액 계산

$$\frac{\text{증자전 주식수} \times \text{증자전 1주당 가액} + \text{증자주식수} \times \text{1주당 발행가액}}{\text{증자전 주식수} + \text{증자주식수}}$$

[2단계] 1주당 평가차익 계산

증자 후 1주당 평가액 − 1주당 발행가액

[3단계] 특수관계인 간 분여이익 계산

실권주 \ 증자 전 비율	갑(특수관계인)	을
A (특수관계인)	(음영)	
B		

분여이익 = 1주당 평가차익 × [ ]

[4단계] 현저한 이익 여부 검토 : ① 또는 ②

① 1주당 평가차익 ≥ 증자 후 1주당 평가가액 × 30%
② 분여한 이익 ≥ 3억원

[5단계] 세무조정 및 소득처분

구 분	법 인	거주자
이익을 분여한 자	부당행위(익入, 기유)	–
이익을 분여받은 자	투자주식(익入, 유보)	증여세 납세의무

3. 불균등감자

(1) 저가소각

[1단계] 특수관계인 간 분여이익 계산

(감자 전 1주당 가액 − 감자대가) × 감자주식수 × 감자 후 지분비율

[2단계] 현저한 이익 여부 검토 : ① 또는 ②

① 분여이익 ≥ 감자한 주식 등의 평가액 × 30%
② 분여이익 ≥ 3억원

[3단계] 세무조정 및 소득처분

구 분	법 인	거주자
이익을 분여한 자	부당행위(익入, 기유)	–
이익을 분여받은 자	투자주식(익入, 유보)	증여세 납세의무

(2) 고가소각

▶ 주식 등의 1주당 평가액이 액면가액(대가가 액면가액에 미달하는 경우에는 해당 대가를 말함)에 미달하는 경우로 한정함

[1단계] 1주당 평가액이 1주당 액면가액에 미달하는 지 확인

[2단계] 특수관계인 간 분여이익 계산

(감자대가 − 감자 전 1주당 가액) × 감자주식수 × 감자 후 지분비율

[3단계] 현저한 이익 여부 검토 : ① 또는 ②

① 분여이익 ≥ 감자한 주식 등의 평가액 × 30%
② 분여이익 ≥ 3억원

[4단계] 세무조정 및 소득처분

구 분	법 인	거주자
이익을 분여한 자	부당행위(익入, 기유)	−
이익을 분여받은 자	투자주식(익入, 유보)	증여세 납세의무

Chapter 10

합병 및 분할 등에 관한 특례

Section 01 | 합병

I 합병 시 피합병법인에 대한 과세

1. 비적격합병

피합병법인이 합병으로 해산하는 경우에는 그 법인의 자산을 합병법인에 양도한 것으로 본다. 이 경우 그 양도에 따라 발생하는 양도손익은 피합병법인이 합병등기일이 속하는 사업연도의 소득금액을 계산할 때 익금 또는 손금에 산입한다.

	피합병법인이 합병법인으로부터 받은 양도가액
(−)	피합병법인의 합병등기일 현재 순자산 장부가액
	피 합 병 법 인 의 양 도 손 익

(1) 양도가액

피합병법인이 합병법인으로부터 받은 양도가액은 다음의 금액을 모두 더한 금액으로 한다.

① 합병으로 인하여 피합병법인의 주주 등이 지급받는 합병법인 또는 합병법인의 모회사(합병등기일 현재 합병법인의 발행주식총수 또는 출자총액을 소유하고 있는 법인)의 주식 등(이하 "합병교부주식 등")의 가액 및 금전이나 그 밖의 재산가액의 합계액. 다만, 합병법인이 합병등기일 전 취득한 피합병법인의 주식 등(신설합병 또는 3 이상의 법인이 합병하는 경우 피합병법인이 취득한 다른 피합병법인의 주식 등을 포함함. 이하 "합병포합주식 등")이 있는 경우에는 그 합병포합주식 등

에 대하여 합병교부주식 등을 교부하지 아니하더라도 그 지분비율에 따라 합병교부주식 등을 교부한 것으로 보아 합병교부주식 등의 가액을 계산한다.[74)]

② 합병법인이 납부하는 피합병법인의 법인세 및 그 법인세(감면세액 포함)에 부과되는 국세와 법인지방소득세의 합계액

(2) 순자산 장부가액

순자산 장부가액은 피합병법인의 합병등기일 현재 자산의 장부가액 총액에서 부채의 장부가액 총액을 뺀 가액으로 한다.

피합병법인의 순자산 장부가액을 계산할 때 「국세기본법」에 따라 환급되는 법인세액이 있는 경우에는 이에 상당하는 금액을 피합병법인의 합병등기일 현재의 순자산 장부가액에 더한다.[75)]

2. 적격합병

적격합병의 경우에는 피합병법인이 합병법인으로부터 받은 양도가액을 피합병법인의 합병등기일 현재의 순자산 장부가액으로 보아 양도손익이 없는 것으로 할 수 있다.

적격합병이란 다음의 요건을 모두 갖춘 합병을 말한다.

① 사업목적성 : 합병등기일 현재 1년 이상 사업을 계속하던 내국법인 간의 합병이어야 한다. 다만, 다른 법인과 합병하는 것을 유일한 목적으로 하는 기업인수목적회사의 경우는 사업목적성을 갖춘 것으로 본다.

② 지분연속성

㈎ 피합병법인의 주주 등이 합병으로 인하여 받은 합병대가의 총합계액 중 합병법인의 주식 등의 가액이 80% 이상이거나 합병법인의 모회사의 주식 등의 가액이 80% 이상인 경우일 것[76)]

▶ 피합병법인의 주주 등이 받은 합병대가의 총합계액은 합병법인이 납부하는 피합병법인의 법인세 및 그 법인세(감면세액 포함)에 부과되는 국세와 법인지방소득세의 합계액을 제외한 금액으로 하고, 합병대가의 총합계액 중 합병법인 또는 합병법인의 모회사 합병교부주식 등의 가액이 80% 이상인지를 판정할 때 합병법인이 합병등기일 전 2년 내에 취득한 합

---

74) 이는 합병법인이 합병등기일 이전에 피합병주식을 미리 취득하는 방법으로 적격합병에 관한 요건을 충족하는 외관을 갖추는 것을 방지하기 위한 규정이다(이준봉, 『법인세법강의』, 삼일인포마인, 2025, 767면).

75) 이는 익금불산입대상인 환급법인세액이 양도손익에 포함되어 과세되는 것을 방지하기 위함이다(이준봉, 『법인세법강의』, 삼일인포마인, 2025, 766면).

76) 합병의 경우 그 반대주주(합병을 반대하는 주주)에게 주식매수청구권을 인정한다(상법 §522의3). 이를 감안하여 합병대가의 80% 이상을 주식으로 받을 것을 요구한다(이준봉, 『법인세법강의』, 삼일인포마인, 2025, 769면).

병포합주식 등이 있는 경우에는 다음의 금액을 금전으로 교부한 것으로 본다.[77] 이 경우 신설합병 또는 3 이상의 법인이 합병하는 경우로서 피합병법인이 취득한 다른 피합병법인의 주식 등이 있는 경우에는 그 다른 피합병법인의 주식 등을 취득한 피합병법인을 합병법인으로 보아 다음을 적용하여 계산한 금액을 금전으로 교부한 것으로 한다.

① 합병법인이 합병등기일 현재 피합병법인의 지배주주 등이 아닌 경우 : 합병법인이 합병등기일 전 2년 이내에 취득한 합병포합주식 등이 피합병법인의 발행주식총수 또는 출자총액의 20%를 초과하는 경우 그 초과하는 합병포합주식 등에 대하여 교부한 합병교부주식 등(합병포합주식 등에 대하여 합병교부주식 등을 교부하지 않은 경우로서 합병교부주식 등을 교부한 것으로 보는 경우 그 주식 등 포함)의 가액

② 합병법인이 합병등기일 현재 피합병법인의 지배주주 등인 경우 : 합병등기일 전 2년 이내에 취득한 합병포합주식 등에 대하여 교부한 합병교부주식 등(합병포합주식 등에 대하여 합병교부주식 등을 교부하지 않은 경우로서 합병교부주식 등을 교부한 것으로 보는 경우 그 주식 등 포함)의 가액

㈏ 해당 주주 등에 다음의 가액 이상의 주식 등을 각각 배정할 것

피합병법인의 주주 등이 지급받은 합병교부주식 등의 가액의 총합계액	×	각 해당 주주 등의 피합병법인에 대한 지분비율

㈐ 피합병법인의 지배주주 등 중 다음의 어느 하나에 해당하는 자를 제외한[78] 주주 등(이하 "피합병법인의 법정지배주주 등")이 합병등기일이 속하는 사업연도의 종료일까지 그 주식 등을 보유할 것

㉠ 친족 중 4촌인 혈족[79]

㉡ 합병등기일 현재 피합병법인에 대한 지분비율이 1% 미만이면서 시가로 평가한 그 지분가액이 10억원 미만인 자[80]

㉢ 기업인수목적회사와 합병하는 피합병법인의 지배주주 등인 자[81]

㉣ 피합병법인인 기업인수목적회사의 지배주주 등인 자[82]

③ 사업계속성 : 합병법인이 합병등기일이 속하는 사업연도의 종료일까지 피합병법인으로부터 승계받은 사업을 계속할 것. 다만, 피합병법인이 다른 법인과 합병하는 것을 유일한 목적으로 하는 기업인수목적회사의 경우에는 사업계속성을 갖춘 것으로 본다.

---

77) 합병포합주식은 실질적으로 합병법인이 피합병법인의 구주주에게 합병교부금을 지급한 것과 다르지 않다(김완석·황남석, 『법인세법론』, 삼일인포마인, 2021, 547면).

78) 실질적으로 지분연속성이나 지배관계유지에 영향을 주지 않는 소액·특수관계자 또는 특수한 목적의 주주이기 때문이다.

79) 지배주주의 인적관계로 인해 지분을 보유하고 있을 뿐 실질적으로 기업의 경영이나 지분연속성에 영향을 미치지 않는다.

80) 합병의 실질적인 이해관계자나 지배력 보유자가 아니다.

81) 합병의 목적이 경영승계가 아닌 상장이므로 보유요건 부과의 실익이 없다.

82) 형식적 법인에 대한 보유요건 부과는 규정 취지에 맞지 않다.

④ 고용승계성 : 합병등기일 1개월 전 당시 피합병법인에 종사하는 「근로기준법」에 따라 근로계약을 체결한 내국인 근로자 중 합병법인이 승계한 근로자의 비율이 80% 이상이고, 합병등기일이 속하는 사업연도의 종료일까지 그 비율을 유지할 것. 다만, 다음의 어느 하나에 해당하는 근로자는 제외한다.

㈎ 임원

㈏ 합병등기일이 속하는 사업연도의 종료일 이전에 「고용상 연령차별금지 및 고령자고용촉진에 관한 법률」에 따른 정년[83]이 도래하여 퇴직이 예정된 근로자

㈐ 합병등기일이 속하는 사업연도의 종료일 이전에 사망한 근로자 또는 질병·부상 등 법정사유로 퇴직한 근로자

㈑ 「소득세법」에 따른 일용근로자

㈒ 근로계약기간이 6개월 미만인 근로자. 다만, 근로계약의 연속된 갱신으로 인하여 합병등기일 1개월 전 당시 그 근로계약의 총 기간이 1년 이상인 근로자는 제외한다.

㈓ 금고 이상의 형을 선고받는 등 법으로 정하는 근로자의 중대한 귀책사유로 퇴직한 근로자

다음의 어느 하나에 해당하는 경우에는 적격합병으로 보아 양도손익이 없는 것으로 할 수 있다.

① 내국법인이 발행주식총수 또는 출자총액을 소유하고 있는 다른 법인을 합병하거나 그 다른 법인에 합병되는 경우

② 동일한 내국법인이 발행주식총수 또는 출자총액을 소유하고 있는 서로 다른 법인 간에 합병하는 경우

Ⅱ 합병 시 합병법인에 대한 과세

1. 비적격합병

(1) 자산의 양수가액

합병법인이 합병으로 피합병법인의 자산을 승계한 경우에는 그 자산을 피합병법인으로

83) 사업주는 근로자의 정년을 60세 이상으로 정하여야 한다(고령자고용법 §19①). 사업주가 이에 불구하고 근로자의 정년을 60세 미만으로 정한 경우에는 정년을 60세로 정한 것으로 본다(고령자고용법 §19②).

부터 합병등기일 현재의 시가로 양도받은 것으로 본다.

(2) 세무조정사항의 승계

피합병법인의 퇴직급여충당금 또는 대손충당금을 합병법인이 승계한 경우에는 그와 관련된 세무조정사항을 승계하고 그 밖의 세무조정사항은 모두 합병법인 등에 승계되지 않는다.

(3) 합병매수차손익

1) 합병매수차익

합병법인은 피합병법인의 자산을 시가로 양도받은 것으로 보는 경우로서 피합병법인에 지급한 양도가액이 피합병법인의 합병등기일 현재의 자산총액에서 부채총액을 뺀 금액(이하 "순자산 시가")보다 적은 경우에는 그 차액(이하 "합병매수차익")을 세무조정계산서에 계상하고 합병등기일이 속하는 사업연도부터 합병등기일부터 5년이 되는 날이 속하는 사업연도까지 다음 산식에 따라 계산한 금액을 익금에 산입한다. 이 경우 월수는 역에 따라 계산하되 1월 미만의 일수는 1월로 하고, 이에 따라 합병등기일이 속한 월을 1월로 계산한 경우에는 합병등기일부터 5년이 되는 날이 속한 월은 계산에서 제외한다.

$$\text{익금산입액} = \text{합병매수차익} \times \frac{\text{해당 사업연도의 월수}}{60\text{월}}$$

2) 합병매수차손

합병법인은 피합병법인의 자산을 시가로 양도받은 것으로 보는 경우에 피합병법인에 지급한 양도가액이 합병등기일 현재의 순자산 시가를 초과하는 경우로서 합병법인이 피합병법인의 상호·거래관계, 그 밖의 영업상의 비밀 등에 대하여 사업상 가치가 있다고 보아 대가를 지급한 경우에는 그 차액(이하 "합병매수차손")을 세무조정계산서에 계상하고 합병등기일이 속하는 사업연도부터 합병등기일부터 5년이 되는 날이 속하는 사업연도까지 다음 산식에 따라 계산한 금액을 손금에 산입한다. 이 경우 월수는 역에 따라 계산하되 1월 미만의 일수는 1월로 하고, 이에 따라 합병등기일이 속한 월을 1월로 계산한 경우에는 합병등기일부터 5년이 되는 날이 속한 월은 계산에서 제외한다.

$$\text{손금산입액} = \text{합병매수차손} \times \frac{\text{해당 사업연도의 월수}}{60\text{월}}$$

2. 적격합병

(1) 자산의 양수가액

적격합병을 한 합병법인은 피합병법인의 자산을 장부가액으로 양도받은 것으로 한다. 이 경우 장부가액과 시가와의 차액을 자산별로 계상하여야 한다.

(2) 세무조정사항 등의 승계

적격합병을 한 합병법인은 피합병법인의 합병등기일 현재의 이월결손금과 피합병법인의 세무조정사항, 그 밖의 자산·부채 및 감면·세액공제 등을 승계한다.

(3) 적격합병 과세특례에 대한 사후관리

1) 자산조정계정의 설정 및 처리

합병법인은 피합병법인의 자산을 장부가액으로 양도받은 경우 양도받은 자산 및 부채의 가액을 합병등기일 현재의 시가로 계상하되, 시가에서 피합병법인의 장부가액(세무조정사항이 있는 경우에는 그 세무조정사항 중 익금불산입액은 더하고 손금불산입액은 뺀 가액으로 함)을 뺀 금액이 0보다 큰 경우에는 그 차액을 익금에 산입하고 이에 상당하는 금액을 자산조정계정으로 손금에 산입하며, 0보다 작은 경우에는 시가와 장부가액의 차액을 손금에 산입하고 이에 상당하는 금액을 자산조정계정으로 익금에 산입한다.[84] 이 경우 계상한 자산조정계정은 다음의 구분에 따라 처리한다.

① 감가상각자산에 설정된 자산조정계정 : 자산조정계정으로 손금에 산입한 경우에는 해당 자산의 감가상각비(해당 자산조정계정에 상당하는 부분에 대한 것만 해당함)와 상계하고, 자산조정계정으로 익금에 산입한 경우에는 감가상각비에 가산. 이 경우 해당 자산을 처분하는 경우에는 상계 또는 더하고 남은 금액을 그 처분하는 사업연도에 전액 익금 또는 손금에 산입한다.

② ① 외의 자산에 설정된 자산조정계정 : 해당 자산을 처분하는 사업연도에 전액 익금 또는 손금에 산입. 다만, 자기주식을 소각하는 경우에는 익금 또는 손금에 산입하지 아니하고 소멸한다.

84) 자산조정계정은 일종의 평가성 계정으로서 합병 당시 실현되었으나 인식이 되지 않은 미실현손익을 기록·관리하고 이후에 정확하게 같은 금액이 인식되도록 하는 기능을 한다(김완석·황남석, 『법인세법론』, 삼일인포마인, 2021, 556면).

회계상 장부가액을 기준으로 자산조정계정의 금액을 계산하는 이유

[*case*1] 재무상태표상 장부가액 250(△유보 50), 시가 300인 자산의 포괄승계
세무상 장부가액은 200(= 250 - 50)이며, 합병으로써 실현된 이익은 100(= 300 - 200)이다. 실현된 이익 100은 적격합병에 해당하므로 과세이연된다. 피합병법인의 익금불산입액 50은 합병법인에 승계되어 자산이 상각 또는 처분될 때 익금에 산입될 것이므로 자산조정계정에 포함하여 사후관리하지 않는다. 따라서 시가와 재무상태표상 장부가액의 차액에 대해서만 자산조정계정을 설정한다.

[*case*2] 재무상태표상 장부가액 250(유보 50), 시가 400인 자산의 포괄승계
세무상 장부가액은 300(= 250 + 50)이며, 합병으로써 실현된 이익은 100(= 400 - 300)이다.
실현된 이익 100은 적격합병에 해당하므로 과세이연된다. 피합병법인의 손금불산입액 50은 합병법인에 승계되어 자산이 상각 또는 처분될 때 손금에 산입될 것인데, 이는 합병법인이 해당 유보금액에 대해 법인세를 부담하지 않고도 △유보로 추인될 금액만큼 공제 혜택을 보게 되는 것이므로 자산조정계정에 포함하여 사후관리할 필요가 있다. 따라서 시가와 재무상태표상 장부가액의 차액에 대해서 자산조정계정을 설정한다.

2) 감면 또는 세액공제의 승계

합병법인은 피합병법인이 합병 전에 적용받던 감면 또는 세액공제를 승계하여 감면 또는 세액공제의 적용을 받을 수 있다. 이 경우 「법인세법」 또는 다른 법률에 해당 감면 또는 세액공제의 요건 등에 관한 규정이 있는 경우에는 합병법인이 그 요건 등을 모두 갖춘 경우에만 이를 적용한다.

3) 적격합병에서의 이탈

적격합병(적격합병으로 간주하는 경우 제외)을 한 합병법인은 합병등기일이 속하는 사업연도의 다음 사업연도의 개시일부터 2년(③의 경우에는 3년) 이내에 다음의 어느 하나에 해당하는 사유가 발생하는 경우에는 그 사유가 발생한 날이 속하는 사업연도의 소득금액을 계산할 때 양도받은 자산의 장부가액과 시가와의 차액(시가가 장부가액보다 큰 경우만 해당), 승계받은 결손금 중 공제한 금액 등을 익금에 산입하고, 피합병법인으로부터 승계받아 공제한 감면·세액공제액 등을 해당 사업연도의 법인세에 더하여 납부한 후 해당 사업연도부터 감면 또는 세액공제를 적용하지 아니한다.

① 합병법인이 피합병법인으로부터 승계받은 사업을 폐지하는 경우
② 피합병법인의 법정지배주주 등이 합병법인으로부터 받은 주식 등을 처분하는 경우
③ 각 사업연도 종료일 현재 합병법인에 종사하는 「근로기준법」에 따라 근로계약을 체결한 내국인 근로자 수가 합병등기일 1개월 전 당시 피합병법인과 합병법인에 각각 종사하는 근로자 수의 합의 80% 미만으로 하락하는 경우

합병법인이 적격합병 이탈사유 중 어느 하나에 해당하는 경우에는 자산조정계정 잔액의 총합계액(총합계액이 0보다 큰 경우에 한정하며, 총합계액이 0보다 작은 경우에는 없는 것으로 봄)과 피합병법인으로부터 승계받은 결손금 중 공제한 금액 전액을 익금에 산입한다. 이 경우 계상된 자산조정계정은 소멸하는 것으로 한다. 이에 따라 자산조정계정 잔액의 총합계액을 익금에 산입한 경우 합병매수차익 또는 합병매수차손에 상당하는 금액은 다음의 구분에 따라 처리한다.

① 합병 당시 합병법인이 피합병법인에 지급한 양도가액이 피합병법인의 합병등기일 현재의 순자산 시가에 미달하는 경우 : 합병매수차익에 상당하는 금액을 적격합병 이탈사유가 발생한 날이 속하는 사업연도에 손금에 산입하고, 그 금액에 상당하는 금액을 합병등기일부터 5년이 되는 날까지 다음의 구분에 따라 분할하여 익금에 산입
   (가) 적격합병 이탈사유가 발생한 날이 속하는 사업연도 : 합병매수차익에 합병등기일부터 해당 사업연도 종료일까지의 월수를 60월로 나눈 비율을 곱한 금액(월수는 역에 따라 계산하되 1월 미만의 일수는 1월로 함)을 익금에 산입
   (나) (가)의 사업연도 이후의 사업연도부터 합병등기일부터 5년이 되는 날이 속하는 사업연도 : 합병매수차익에 해당 사업연도의 월수를 60월로 나눈 비율을 곱한 금액(합병등기일이 속하는 월의 일수가 1월 미만인 경우 합병등기일부터 5년이 되는 날이 속하는 월은 없는 것으로 함)을 익금에 산입

② 합병 당시 합병법인이 피합병법인에 지급한 양도가액이 피합병법인의 합병등기일 현재의 순자산 시가를 초과하는 경우 : 합병매수차손에 상당하는 금액을 적격합병 이탈사유가 발생한 날이 속하는 사업연도에 익금에 산입하되, 합병법인이 피합병법인의 상호·거래관계, 그 밖의 영업상의 비밀 등에 대하여 사업상 가치가 있다고 보아 대가를 지급한 경우에 한정하여 그 금액에 상당하는 금액을 합병등기일부터 5년이 되는 날까지 다음 각 목의 구분에 따라 분할하여 손금에 산입
   (가) 적격합병 이탈사유가 발생한 날이 속하는 사업연도 : 합병매수차손에 합병등기일부터 해당 사업연도 종료일까지의 월수를 60월로 나눈 비율을 곱한 금액(월수는 역에 따라 계산하되 1월 미만의 일수는 1월로 함)을 손금에 산입
   (나) (가)의 사업연도 이후의 사업연도부터 합병등기일부터 5년이 되는 날이 속하는 사업연도 : 합병매수차손에 해당 사업연도의 월수를 60월로 나눈 비율을 곱한 금액(합병등기일이 속하는 월의 일수가 1월 미만인 경우 합병등기일부터 5년이 되는 날이 속하는 월은 없는 것으로 함)을 손금에 산입

합병법인이 적격합병 이탈사유 중 어느 하나에 해당하는 경우에는 합병법인의 소득금액 및 과세표준을 계산할 때 승계한 세무조정사항 중 익금불산입액은 더하고 손금불산입액은

빼며, 피합병법인으로부터 승계하여 공제한 감면 또는 세액공제액 상당액을 해당 사유가 발생한 사업연도의 법인세에 더하여 납부하고, 해당 사유가 발생한 사업연도부터 적용하지 아니한다.

Ⅲ 합병 시 이월결손금 등 공제 제한

1. 이월결손금

합병법인의 합병등기일 현재 이월결손금 중 합병법인이 승계한 이월결손금을 제외한 금액은 합병법인의 각 사업연도의 과세표준을 계산할 때 피합병법인으로부터 승계받은 사업에서 발생한 소득금액(중소기업 간 또는 동일사업을 하는 법인 간에 합병하는 경우로서 회계를 구분하여 기록하지 아니한 경우에는 그 소득금액을 합병등기일 현재 합병법인과 피합병법인의 사업용 자산가액 비율로 안분계산한 금액으로 함)의 범위에서는 공제하지 아니한다.

합병법인이 승계한 피합병법인의 결손금은 피합병법인으로부터 승계받은 사업에서 발생한 소득금액의 범위에서 합병법인의 각 사업연도의 과세표준을 계산할 때 공제한다. 이에 따라 합병법인이 각 사업연도의 과세표준을 계산할 때 승계하여 공제하는 결손금은 합병등기일 현재의 피합병법인의 이월결손금(합병등기일을 사업연도의 개시일로 보아 계산한 금액을 말함)으로 하되, 합병등기일이 속하는 사업연도의 다음 사업연도부터는 매년 순차적으로 1년이 지난 것으로 보아 계산한 금액(이하 "승계결손금의 범위액")으로 한다.

합병법인의 합병등기일 현재 결손금과 합병법인이 승계한 피합병법인의 결손금에 대한 공제는 다음의 구분에 따른 소득금액의 80%(중소기업과 회생계획을 이행 중인 기업 등의 경우는 100%)를 한도로 한다.

① 합병법인의 합병등기일 현재 결손금의 경우 : 합병법인의 소득금액에서 피합병법인으로부터 승계받은 사업에서 발생한 소득금액을 차감한 금액

② 합병법인이 승계한 피합병법인의 결손금의 경우 : 피합병법인으로부터 승계받은 사업에서 발생한 소득금액

2. 자산의 처분손실

적격합병을 한 합병법인은 합병법인과 피합병법인이 합병 전 보유하던 자산의 처분손실(합병등기일 현재 해당 자산의 시가가 장부가액보다 낮은 경우로서 그 차액을 한도로 하며, 합병등기일 이후 5년 이

내에 끝나는 사업연도에 발생한 것만 해당)을 각각 합병 전 해당 법인의 사업에서 발생한 소득금액(해당 처분손실을 공제하기 전 소득금액을 말함)의 범위에서 해당 사업연도의 소득금액을 계산할 때 손금에 산입한다. 이 경우 손금에 산입하지 아니한 처분손실은 자산 처분 시 각각 합병 전 해당 법인의 사업에서 발생한 결손금으로 보아 1.을 적용한다.

3. 감면 또는 세액공제

합병법인은 피합병법인으로부터 승계받은 감면 또는 세액공제를 다음에 따라 적용받을 수 있다.

① 각 사업연도의 소득에 대한 세액 감면(면제를 포함하며 일정기간에 걸쳐 감면되는 것으로 한정함)의 경우에는 합병법인이 승계받은 사업에서 발생한 소득에 대하여 합병 당시의 잔존감면기간 내에 종료하는 각 사업연도분까지 그 감면을 적용

② 이월공제가 인정되는 세액공제(외국납부세액공제 포함)로서 이월된 미공제액의 경우에는 합병법인이 다음의 구분에 따라 이월공제잔여기간 내에 종료하는 각 사업연도분까지 공제

㈎ 이월된 외국납부세액공제 미공제액 : 다음 산식에 따라 계산한 금액의 범위에서 공제

$$\text{해당 사업연도의 세액} \times \frac{\text{승계받은 사업에서 발생한 국외원천소득}}{\text{해당 사업연도의 과세표준}}$$

㈏ 「조세특례제한법」에 따른 법인세 최저한세액에 미달하여 공제받지 못한 금액으로서 「조세특례제한법」에 따라 이월된 미공제액 : 승계받은 사업부문에 대하여 「조세특례제한법」을 적용하여 계산한 법인세 최저한세액의 범위에서 공제. 이 경우 공제하는 금액은 합병법인의 법인세 최저한세액을 초과할 수 없다.

㈐ 위 외에 납부할 세액이 없어 공제받지 못한 금액으로서 「조세특례제한법」에 따라 이월된 미공제액 : 승계받은 사업부문에 대하여 계산한 법인세 산출세액의 범위에서 공제

4. 기부금한도초과액

합병법인의 합병등기일 현재 이월된 특례기부금한도초과액 및 일반기부금한도초과액으로서 그 후의 각 사업연도의 소득금액을 계산할 때 손금에 산입하지 아니한 금액(이하 "기부금한도초과액") 중 합병법인이 승계한 기부금한도초과액을 제외한 금액은 합병법인의 각 사업연도의 소득금액을 계산할 때 합병 전 합병법인의 사업에서 발생한 소득금액을 기준으

로 기부금 각각의 손금산입한도액의 범위에서 손금에 산입한다.

피합병법인의 합병등기일 현재 기부금한도초과액으로서 합병법인이 승계한 금액은 합병법인의 각 사업연도의 소득금액을 계산할 때 피합병법인으로부터 승계받은 사업에서 발생한 소득금액을 기준으로 기부금 각각의 손금산입한도액의 범위에서 손금에 산입한다.

Section 02 | 분할

I 분할의 개념과 유형

1. 분할의 개념

회사의 분할이라 함은 법인 재산의 전부 또는 일부를 분리하여 신설법인 또는 기존법인(이하 "수혜법인")에게 포괄승계하고 그 대가로서 수혜법인의 주식을 교부받는 것을 말한다.

분할의 대가인 수혜법인의 주식은 분할법인 또는 분할법인의 주주 또는 사원에게 부여된다. 이 경우 분할법인이란 분할(분할합병 포함)에 따라 분할되는 법인을 말한다.

2. 분할의 형태

구 분	내 용
(1) 소멸분할과 존속분할	소멸분할은 분할 후 분할법인이 소멸하는 형태의 분할을 말하며, 존속분할은 분할 후 분할법인이 존속하는 형태의 분할을 말한다.
(2) 단순분할과 분할합병	단순분할은 분할법인 재산의 전부 또는 일부가 신설법인에게 포괄승계되는 형태의 분할을 말하고, 분할합병은 분할법인 재산의 전부 또는 일부가 기존법인에게 포괄승계되는 형태의 분할을 말한다.
(3) 인적분할과 물적분할	인적분할은 분할 후 분할법인의 주주 또는 사원이 수혜법인의 주주 또는 사원으로 되는 형태의 분할을 말하고, 물적분할은 분할 후 분할법인이 수혜법인의 주주 또는 사원으로 되는 형태의 분할을 말한다.

물적분할에서는 단순분할만 허용된다.

물적분할은 인적분할 중 존속분할과 기본적인 구조는 같으면서 주식 또는 출자지분이 분할법인의 주주 또는 사원이 아닌 분할법인 자신에게 배정된다는 점에서 차이가 있다. 상법에서도 물적분할을 인정하고 있는데, 상법상 물적분할의 규정에 관한 해석에는 견해의 대립이 있다. 수혜회사가 신설되는 형태의 물적분할만이 허용된다는 견해와 기존의 회사에 분할출자하는 분할합병형태의 물적분할도 가능하다고 보는 견해가 그것이다. 우리 「법인세법」은 제47조 제1항에서 "분할법인이 물적분할에 의하여 분할신설법인의 주식 등을 취득한 경우로서…"라고 규정하고 있는 것으로 보아 수혜회사가 신설되는 형태의 물적분할만을 인정하고 있는 것으로 보인다.

Ⅱ 분할 시 분할법인 등에 대한 과세

1. 비적격분할

내국법인이 분할로 해산하는 경우(물적분할은 제외함)에는 그 법인의 자산을 분할신설법인 또는 분할합병의 상대방 법인(이하 "분할신설법인 등")에 양도한 것으로 본다. 이 경우 그 양도에 따라 발생하는 양도손익은 분할법인 또는 소멸한 분할합병의 상대방 법인(이하 "분할법인 등")이 분할등기일이 속하는 사업연도의 소득금액을 계산할 때 익금 또는 손금에 산입한다.

	분할법인 등이 분할신설법인 등으로부터 받은 양도가액
(−)	분할법인 등의 분할등기일 현재의 순자산 장부가액
	분할법인 등의 양도손익

(1) 양도가액

분할법인 등이 분할신설법인 등으로부터 받은 양도가액은 다음의 금액을 모두 더한 금액으로 한다.

① 분할신설법인 등이 분할로 인하여 분할법인의 주주에 지급한 분할신설법인 등의 주식(분할합병의 경우에는 분할등기일 현재 분할합병의 상대방 법인의 발행주식총수 또는 출자총액을 소유하고 있는 법인의 주식을 포함함)의 가액 및 금전이나 그 밖의 재산가액의 합계액. 다만, 분할합병의 경우 분할합병의 상대방법인이 분할등기일 전 취득한 분할법인의 주식[신설분할합병 또는 3 이상의 법인이 분할합병하는 경우에는 분할등기일 전 분할법인이 취득한 다른 분할법인의 주식(분할합병으로

분할합병의 상대방법인이 승계하는 것에 한정한다), 분할등기일 전 분할합병의 상대방법인이 취득한 소멸한 분할합병의 상대방법인의 주식 또는 분할등기일 전 소멸한 분할합병의 상대방법인이 취득한 분할법인의 주식과 다른 소멸한 분할합병의 상대방법인의 주식을 포함함. 이하 "분할합병포합주식"]이 있는 경우에는 그 주식에 대하여 분할신설법인 등의 주식(이하 "분할합병교부주식")을 교부하지 아니하더라도 그 지분비율에 따라 분할합병교부주식을 교부한 것으로 보아 분할합병의 상대방법인의 주식의 가액을 계산한다.

② 분할신설법인 등이 납부하는 분할법인의 법인세 및 그 법인세(감면세액을 포함함)에 부과되는 국세와 법인지방소득세의 합계액

(2) 순자산 장부가액

분할법인 등의 순자산장부가액을 계산할 때 「국세기본법」에 따라 환급되는 법인세액이 있는 경우에는 이에 상당하는 금액을 분할법인 등의 분할등기일 현재의 순자산장부가액에 더한다.

2. 적격분할

적격분할의 경우에는 분할법인 등이 분할신설법인 등으로부터 받은 양도가액을 분할법인 등의 분할등기일 현재의 순자산 장부가액으로 보아 양도손익이 없는 것으로 할 수 있다.

적격분할이란 다음의 요건을 모두 갖춘 분할을 말한다.

① 사업목적성 : 분할등기일 현재 5년 이상 사업을 계속하던 내국법인이 다음의 요건을 모두 갖추어 분할하는 경우일 것(분할합병의 경우에는 소멸한 분할합병의 상대방 법인 및 분할합병의 상대방 법인이 분할등기일 현재 1년 이상 사업을 계속하던 내국법인일 것)

㈎ 분리하여 사업이 가능한 독립된 사업부문을 분할하는 것일 것

㈏ 분할하는 사업부문의 자산 및 부채가 포괄적으로 승계될 것. 다만, 공동으로 사용하던 자산, 채무자의 변경이 불가능한 부채 등 분할하기 어려운 자산과 부채 등은 제외한다.

㈐ 분할법인 등만의 출자에 의하여 분할하는 것일 것

② 지분연속성

㈎ 분할법인 등의 주주가 분할신설법인 등으로부터 받은 분할대가의 전액이 주식인 경우(분할합병의 경우에는 분할대가의 80% 이상이 분할신설법인 등의 주식인 경우 또는 분할대가의 80% 이상이 분할합병의 상대방 법인의 발행주식총수 또는 출자총액을 소유하고 있는 내국법인의 주식인 경우)일 것

▶ 분할대가의 총합계액은 분할신설법인 등이 납부하는 분할법인의 법인세 및 그 법인세(감면세액 포함)에 부과되는 국세와 법인지방소득세의 합계액을 제외한 금액으로 하고, 분할대가의 총합계액 중 분할신설법인등의 주식(분할등기일 현재 분할합병의 상대방 법인의 발행주식총수 또는 출자총액을 소유하고 있는 내국법인의 주식 포함. 이하 "분할합병교부주식")의 가액이 80% 이상인지를 판정할 때 분할합병의 상대방 법인이 분할등기일 전 2년 내에 취득한 분할법인의 분할합병포합주식이 있는 경우에는 다음의 금액을 금전으로 교부한 것으로 본다. 이 경우 신설분할합병 또는 3 이상의 법인이 분할합병하는 경우로서 분할법인이 취득한 다른 분할법인의 주식이 있는 경우에는 그 다른 분할법인의 주식을 취득한 분할법인을 분할합병의 상대방 법인으로 보아 다음을 적용하고, 소멸한 분할합병의 상대방 법인이 취득한 분할법인의 주식이 있는 경우에는 소멸한 분할합병의 상대방 법인을 분할합병의 상대방 법인으로 보아 다음을 적용하여 계산한 금액을 금전으로 교부한 것으로 본다.

① 분할합병의 상대방 법인이 분할등기일 현재 분할법인의 지배주주 등이 아닌 경우 : 분할합병의 상대방 법인이 분할등기일 전 2년 이내에 취득한 분할합병포합주식이 분할법인 등의 발행주식총수의 20%를 초과하는 경우 그 초과하는 분할합병포합주식에 대하여 교부한 분할합병교부주식(분할합병교부주식을 교부한 것으로 보는 경우 그 주식 포함)의 가액

② 분할합병의 상대방 법인이 분할등기일 현재 분할법인의 지배주주 등인 경우 : 분할등기일 전 2년 이내에 취득한 분할합병포합주식에 대하여 교부한 분할합병교부주식(분할합병교부주식을 교부한 것으로 보는 경우 그 주식 포함)의 가액

(나) 그 주식이 분할법인 등의 주주가 소유하던 주식의 비율 등을 고려하여 배정될 것. 이에 따라 분할법인 등의 주주에 분할 또는 분할합병으로 인하여 받은 주식을 배정할 때에는 법정 분할법인 등의 주주에 다음 산식에 따른 가액 이상의 주식을 각각 배정하여야 한다.

$$\frac{\text{분할법인 등의 주주 등이 지급받은}}{\text{분할신설법인 등의 주식의 가액의 총합계액}} \times \frac{\text{각 법정 분할법인 등의 주주의}}{\text{분할법인 등에 대한 지분비율}}$$

▶ 법정 분할법인 등의 주주란 분할법인 등의 지배주주 등 중 다음의 어느 하나에 해당하는 자를 제외한 주주를 말한다.

① 친족 중 4촌인 혈족

② 분할등기일 현재 분할법인 등에 대한 지분비율이 1% 미만이면서 시가로 평가한 그 지분가액이 10억원 미만인 자

(다) 법정 분할법인 등의 주주가 분할등기일이 속하는 사업연도의 종료일까지 그 주식을 보유할 것

③ 사업계속성 : 분할신설법인 등이 분할등기일이 속하는 사업연도의 종료일까지 분할법인 등으로부터 승계받은 사업을 계속할 것

④ 고용승계성 : 분할등기일 1개월 전 당시 분할하는 사업부문에 종사하는 「근로기준법」에 따라 근로계약을 체결한 내국인 근로자 중 분할신설법인 등이 승계한 근로자의 비율이

80% 이상이고, 분할등기일이 속하는 사업연도의 종료일까지 그 비율을 유지할 것. 다만, 다음의 어느 하나에 해당하는 근로자는 제외한다[(사), (아)에 해당하는 근로자는 제외할 수 있다].

(가) 임원
(나) 분할등기일이 속하는 사업연도의 종료일 이전에 「고용상 연령차별금지 및 고령자고용촉진에 관한 법률」에 따른 정년[85]이 도래하여 퇴직이 예정된 근로자
(다) 분할등기일이 속하는 사업연도의 종료일 이전에 사망한 근로자 또는 질병·부상 등 법정사유로 퇴직한 근로자
(라) 「소득세법」에 따른 일용근로자
(마) 근로계약기간이 6개월 미만인 근로자. 다만, 근로계약의 연속된 갱신으로 인하여 분할등기일 1개월 전 당시 그 근로계약의 총 기간이 1년 이상인 근로자는 제외한다.
(바) 금고 이상의 형을 선고받는 등 법으로 정하는 근로자의 중대한 귀책사유로 퇴직한 근로자
(사) 분할 후 존속하는 사업부문과 분할하는 사업부문에 모두 종사하는 근로자
(아) 분할하는 사업부문에 종사하는 것으로 볼 수 없는 인사, 재무, 회계, 경영관리 업무 또는 이와 유사한 업무를 수행하는 근로자

다음의 어느 하나에 해당하는 사업부문을 분할하는 경우에는 적격분할로 보지 아니한다.

① 부동산 임대업을 주업으로 하는 사업부문 : 분할하는 사업부문(분할법인으로부터 승계하는 부문을 말함)이 승계하는 자산총액 중 부동산 임대업에 사용된 자산가액이 50% 이상인 사업부문을 말한다. 이 경우 하나의 분할신설법인 등 또는 피출자법인이 여러 사업부문을 승계하였을 때에는 분할신설법인 등 또는 피출자법인이 승계한 모든 사업부문의 자산가액을 더하여 계산한다.
② 분할법인으로부터 승계한 사업용 자산가액[분할일 현재 3년 이상 계속하여 사업을 경영한 사업부문이 직접 사용한 자산(부동산 임대업에 사용되는 자산은 제외)으로서 토지, 건물 및 부동산에 관한 권리는 제외함] 중 토지, 건물 및 부동산에 관한 권리의 가액이 80% 이상인 사업부문

85) 사업주는 근로자의 정년을 60세 이상으로 정하여야 한다(고령자고용법 §19①). 사업주가 이에 불구하고 근로자의 정년을 60세 미만으로 정한 경우에는 정년을 60세로 정한 것으로 본다(고령자고용법 §19②).

분할 시 분할신설법인 등에 대한 과세

1. 비적격분할

(1) 승계한 자산의 평가

분할신설법인 등이 분할로 분할법인 등의 자산을 승계한 경우에는 그 자산을 분할법인 등으로부터 분할등기일 현재의 시가로 양도받은 것으로 본다.

(2) 세무조정사항의 승계

퇴직급여충당금 또는 대손충당금을 분할신설법인 등이 승계한 경우에는 그와 관련된 세무조정사항을 승계하고 그 밖의 세무조정사항은 모두 분할신설법인 등에 미승계한다.

(3) 분할매수차손익

1) 분할매수차익

분할신설법인 등은 분할법인 등의 자산을 시가로 양도받은 것으로 보는 경우로서 분할법인 등에 지급한 양도가액이 분할법인 등의 분할등기일 현재의 순자산시가보다 적은 경우에는 그 차액(이하 "분할매수차익")을 세무조정계산서에 계상하고 분할등기일부터 5년간 균등하게 나누어 익금에 산입한다. → 합병매수차익의 규정을 준용

2) 분할매수차손

분할신설법인 등은 분할법인 등의 자산을 시가로 양도받은 것으로 보는 경우에 분할법인 등에 지급한 양도가액이 분할등기일 현재의 순자산시가를 초과하는 경우로서 분할신설법인 등이 분할법인 등의 상호·거래관계, 그 밖의 영업상의 비밀 등에 대하여 사업상 가치가 있다고 보아 대가를 지급한 경우에는 그 차액(이하 "분할매수차손")을 세무조정계산서에 계상하고 분할등기일부터 5년간 균등하게 나누어 손금에 산입한다. → 합병매수차손익의 규정을 준용

2. 적격분할

(1) 승계한 자산의 평가

적격분할을 한 분할신설법인 등은 분할법인 등의 자산을 장부가액으로 양도받은 것으로 한다. 이 경우 장부가액과 시가와의 차액을 자산별로 계상하여야 한다.

(2) 세무조정사항 등의 승계

적격분할을 한 분할신설법인 등은 분할법인 등의 분할등기일 현재 결손금과 분할법인 등이 각 사업연도의 소득금액 및 과세표준을 계산할 때 익금 또는 손금에 산입하거나 산입하지 아니한 금액, 그 밖의 자산·부채 및 감면·세액공제 등을 승계한다.

(3) 적격분할 과세특례에 대한 사후관리

1) 자산조정계정의 설정 및 처리

분할신설법인 등은 분할법인 등의 자산을 장부가액으로 양도받은 경우 양도받은 자산 및 부채의 가액을 분할등기일 현재의 시가로 계상하되, 시가에서 분할법인 등의 장부가액(세무조정사항이 있는 경우에는 그 세무조정사항 중 익금불산입액은 더하고 손금불산입액은 뺀 가액으로 함)을 뺀 금액이 0보다 큰 경우에는 그 차액을 익금에 산입하고 이에 상당하는 금액을 자산조정계정으로 손금에 산입하며, 0보다 작은 경우에는 시가와 장부가액의 차액을 손금에 산입하고 이에 상당하는 금액을 자산조정계정으로 익금에 산입한다. 이 경우 자산조정계정의 처리에 관하여는 합병의 규정을 준용한다.

2) 감면 또는 세액공제의 승계

분할신설법인 등은 분할법인 등의 자산을 장부가액으로 양도받은 경우 분할법인 등이 분할 전에 적용받던 감면 또는 세액공제를 승계하여 감면 또는 세액공제의 적용을 받을 수 있다. 이 경우 「법인세법」 또는 다른 법률에 해당 감면 또는 세액공제의 요건 등에 관한 규정이 있는 경우에는 분할신설법인 등이 그 요건 등을 갖춘 경우에만 이를 적용하며, 분할신설법인 등은 다음의 구분에 따라 승계받은 사업에 속하는 감면 또는 세액공제에 한정하여 적용받을 수 있다.

① 이월된 감면·세액공제가 특정 사업·자산과 관련된 경우 : 특정 사업·자산을 승계한 분할신설법인 등이 공제

② ① 외의 이월된 감면·세액공제의 경우 : 분할법인 등의 사업용 자산가액 중 분할신설법

인 등이 각각 승계한 사업용 자산가액 비율로 안분하여 분할신설법인 등이 각각 공제

3) 적격분할에서의 이탈

적격분할을 한 분할신설법인 등은 분할등기일이 속하는 사업연도의 다음 사업연도 개시일부터 2년(③의 경우에는 3년) 이내에 다음의 어느 하나에 해당하는 사유가 발생하는 경우에는 그 사유가 발생한 날이 속하는 사업연도의 소득금액을 계산할 때 양도받은 자산의 장부가액과 시가와의 차액(시가가 장부가액보다 큰 경우만 해당), 승계받은 결손금 중 공제한 금액 등을 익금에 산입하고, 분할법인 등으로부터 승계받아 공제한 감면·세액공제액 등을 해당 사업연도의 법인세에 더하여 납부한 후 해당 사업연도부터 감면·세액공제를 적용하지 아니한다.

① 분할신설법인 등이 분할법인 등으로부터 승계받은 사업을 폐지하는 경우
② 법정 분할법인 등의 주주가 분할신설법인 등으로부터 받은 주식을 처분하는 경우
③ 각 사업연도 종료일 현재 분할신설법인에 종사하는 「근로기준법」에 따라 근로계약을 체결한 내국인 근로자 수가 분할등기일 1개월 전 당시 분할하는 사업부문에 종사하는 근로자 수의 80% 미만으로 하락하는 경우. 다만, 분할합병의 경우에는 다음의 어느 하나에 해당하는 경우를 말한다.
   ㈎ 각 사업연도 종료일 현재 분할합병의 상대방 법인에 종사하는 근로자 수가 분할등기일 1개월 전 당시 분할하는 사업부문과 분할합병의 상대방 법인에 각각 종사하는 근로자 수의 합의 80% 미만으로 하락하는 경우
   ㈏ 각 사업연도 종료일 현재 분할신설법인에 종사하는 근로자 수가 분할등기일 1개월 전 당시 분할하는 사업부문과 소멸한 분할합병의 상대방 법인에 각각 종사하는 근로자 수의 합의 80% 미만으로 하락하는 경우
   ▶ 분할신설법인에 종사하는 근로자 중 분할하는 사업부문에 종사하는 근로자의 경우에는 다음의 어느 하나에 해당하는 근로자를 제외할 수 있다.
      ① 분할 후 존속하는 사업부문과 분할하는 사업부문에 모두 종사하는 근로자
      ② 분할하는 사업부문에 종사하는 것으로 볼 수 없는 인사, 재무, 회계, 경영관리 업무 또는 이와 유사한 업무를 수행하는 근로자

분할신설법인 등이 적격분할 이탈사유 어느 하나에 해당하는 경우 결손금 등의 익금산입 및 분할매수차익이나 분할매수차손 상당액의 손금 또는 익금 산입 등에 관하여는 합병의 규정을 준용한다.

분할신설법인 등이 적격분할 이탈사유 어느 하나에 해당하는 경우에는 분할신설법인 등의 소득금액 및 과세표준을 계산할 때 승계한 세무조정사항 중 익금불산입액은 더하고 손금불산입액은 빼며, 분할법인 등으로부터 승계하여 공제한 감면 또는 세액공제액 상당액

을 해당 사유가 발생한 사업연도의 법인세에 더하여 납부하고, 해당 사유가 발생한 사업연도부터 적용하지 아니한다.

IV 분할 시 이월결손금 등 공제 제한

1. 이월결손금

분할합병의 상대방법인의 분할등기일 현재 이월결손금(법법 §13① I) 중 분할신설법인 등이 승계한 결손금을 제외한 금액은 분할합병의 상대방법인의 각 사업연도의 과세표준을 계산할 때 분할법인으로부터 승계받은 사업에서 발생한 소득금액[중소기업 간 또는 동일사업을 하는 법인 간에 합병하는 경우로서 회계를 구분하여 기록하지 아니한 경우에는[86] 그 소득금액을 분할합병등기일 현재 분할법인(승계된 사업분만 해당함)과 분할합병의 상대방법인(소멸하는 경우를 포함함)의 사업용 자산가액[87] 비율로 안분계산한 금액으로 함]의 범위에서는 공제하지 아니한다.

분할신설법인 등이 승계한 분할법인 등의 결손금은 분할법인 등으로부터 승계받은 사업에서 발생한 소득금액의 범위에서 분할신설법인 등의 각 사업연도의 과세표준을 계산할 때 공제한다. 이에 따라 분할신설법인 등이 각 사업연도의 과세표준을 계산할 때 승계하여 공제하는 결손금은 분할등기일 현재 분할법인 등의 이월결손금(분할등기일을 사업연도의 개시일로 보아 계산한 금액을 말함) 중 분할신설법인 등이 승계받은 사업에 속하는 결손금으로 하되, 분할등기일이 속하는 사업연도의 다음 사업연도부터는 매년 순차적으로 1년이 지난 것으로 보아 계산한 금액으로 한다.

이에 따른 승계받은 사업에 속하는 결손금은 다음의 금액으로 한다.

$$\text{분할등기일 현재 분할법인 등의 결손금} \times \frac{\text{분할신설법인 등이 각각 승계한 사업용 자산가액}}{\text{분할법인 등의 사업용 자산가액}}$$

분할합병의 상대방법인의 분할등기일 현재 결손금과 분할신설법인 등이 승계한 분할법인 등의 결손금에 대한 공제는 다음의 구분에 따른 소득금액의 80%(중소기업과 회생계획을 이

86) 중소기업 간 또는 동일사업을 하는 법인 간에 합병하는 경우에는 회계를 구분하여 기록하지 아니할 수 있다(법법 §113③).

87) 분할신설법인 등이 승계한 분할법인 등의 사업용 자산가액은 승계결손금을 공제하는 각 사업연도의 종료일 현재 계속 보유(처분 후 대체 취득하는 경우를 포함함)·사용하는 자산에 한정하여 그 자산의 분할합병등기일 현재 가액에 따른다(법령 §83①).

행 중인 기업 등의 경우는 100%)을 한도로 한다.

① 분할합병의 상대방법인의 분할등기일 현재 결손금의 경우 : 분할합병의 상대방법인의 소득금액에서 분할법인으로부터 승계받은 사업에서 발생한 소득금액을 차감한 금액

② 분할신설법인 등이 승계한 분할법인 등의 결손금의 경우 : 분할법인 등으로부터 승계받은 사업에서 발생한 소득금액

2. 자산의 처분손실

적격분할합병을 한 분할신설법인 등은 분할법인과 분할합병의 상대방법인이 분할합병 전 보유하던 자산의 처분손실(분할등기일 현재 해당 자산의 시가가 장부가액보다 낮은 경우로서 그 차액을 한도로 하며, 분할등기일 이후 5년 이내에 끝나는 사업연도에 발생한 것만 해당함)을 각각 분할합병 전 해당 법인의 사업에서 발생한 소득금액(해당 처분손실을 공제하기 전 소득금액을 말함)의 범위에서 해당 사업연도의 소득금액을 계산할 때 손금에 산입한다. 이 경우 손금에 산입하지 아니한 처분손실은 자산 처분 시 각각 분할합병 전 해당 법인의 사업에서 발생한 결손금으로 보아 해당 법인의 사업에서 발생한 소득금액의 범위 안에서 분할신설법인 등의 각 사업연도의 과세표준을 계산할 때 공제한다.

3. 감면 또는 세액공제

합병의 규정을 준용한다.

4. 기부금한도초과액

분할합병의 상대방법인의 분할등기일 현재 기부금한도초과액 중 분할신설법인 등이 승계한 기부금한도초과액을 제외한 금액은 분할신설법인 등의 각 사업연도의 소득금액을 계산할 때 분할합병 전 분할합병의 상대방법인의 사업에서 발생한 소득금액을 기준으로 계산한 손금산입한도액의 범위에서 손금에 산입한다.

분할법인 등의 분할등기일 현재 기부금한도초과액으로서 분할신설법인 등이 승계한 금액은 분할신설법인 등의 각 사업연도의 소득금액을 계산할 때 분할법인 등으로부터 승계받은 사업에서 발생한 소득금액을 기준으로 계산한 손금산입한도액의 범위에서 손금에 산입한다. 이에 따라 분할법인 등으로부터 승계받은 사업에 속하는 기부금한도초과액은 다음의 금액으로 한다.

$$\text{분할등기일 현재 분할법인 등의 기부금한도초과액} \times \frac{\text{분할신설법인 등이 각각 승계한 사업용 자산가액}}{\text{분할법인 등의 사업용 자산가액}}$$

 분할 후 분할법인이 존속하는 경우의 과세특례

내국법인이 분할(물적분할 제외)한 후 존속하는 경우 분할한 사업부문의 자산을 분할신설법인 등에 양도함으로써 발생하는 양도손익은 분할법인이 분할등기일이 속하는 사업연도의 소득금액을 계산할 때 익금 또는 손금에 산입한다.

	분할법인이 분할신설법인 등으로부터 받은 양도가액
(−)	분할법인의 분할등기일 현재의 순자산 장부가액
	분 할 법 인 의 양 도 손 익

이에 따른 양도손익의 계산에 관하여는 소멸분할 시 다음의 규정을 준용한다.

① 적격분할의 요건

② 적격분할로 보지 않는 경우

③ 양도가액 및 순자산 장부가액의 계산, 분리하여 사업이 가능한 독립된 사업부문 여부에 관한 판정기준, 분할대가의 계산, 승계받은 사업의 계속 여부에 관한 판정기준 등

분할신설법인 등에 대한 과세에 관하여는 다음의 규정을 준용한다. 다만, 분할법인의 결손금은 승계하지 아니한다.

① 분할 시 분할신설법인 등에 대한 과세

② 적격분할 시 분할신설법인 등에 대한 과세특례

③ 분할 시 이월결손금 등 공제 제한

VI 물적분할 시 분할법인에 대한 과세특례

1. 자산양도차익상당액의 손금산입

분할법인이 물적분할에 의하여 분할신설법인의 주식 등을 취득한 경우로서 적격분할의 요건(분할대가의 전액이 주식 등인 경우로 한정함)을 갖춘 경우 그 주식 등의 가액 중 물적분할로 인하여 발생한 자산의 양도차익에 상당하는 금액은 분할등기일이 속하는 사업연도의 소득금액을 계산할 때 손금에 산입할 수 있다. 이에 따라 손금에 산입하는 금액은 분할신설법인주식 등의 압축기장충당금으로 계상하여야 한다.

분할법인이 손금에 산입한 양도차익에 상당하는 금액은 다음의 어느 하나에 해당하는 사유가 발생하는 사업연도에 해당 주식 등과 자산의 처분비율을 고려하여 대통령령으로 정하는 금액만큼 익금에 산입한다.

① 분할법인이 분할신설법인으로부터 받은 주식 등을 처분하는 경우

② 분할신설법인이 분할법인으로부터 승계받은 자산(이하 "승계자산"[88])을 처분하는 경우. 이 경우 분할신설법인은 그 자산의 처분 사실을 처분일부터 1개월 이내에 분할법인에 알려야 한다.

위에서 대통령령으로 정하는 금액이란 다음 산식에 따라 계산한 금액을 말한다.

$$\text{익금산입액} = \text{압축기장충당금}^{*1} \times (A^{*2} + B^{*3} - A \times B)$$

*1 직전 사업연도 종료일(분할등기일이 속하는 사업연도의 경우에는 분할등기일을 말함) 현재 분할신설법인주식 등의 압축기장충당금을 말한다.

*2 주식처분비율 : 분할법인이 직전 사업연도 종료일 현재 보유하고 있는 적격물적분할에 따라 취득한 분할신설법인의 주식 등의 장부가액에서 해당 사업연도에 처분한 분할신설법인의 주식 등의 장부가액이 차지하는 비율

*3 승계자산처분비율 : 분할신설법인이 직전 사업연도 종료일 현재 보유하고 있는 승계자산의 양도차익(분할등기일 현재의 승계자산의 시가에서 분할등기일 전날 분할법인이 보유한 승계자산의 장부가액을 차감한 금액을 말함)에서 해당 사업연도에 처분한 승계자산의 양도차익이 차지하는 비율

압축기장충당금의 익금산입방식

물적분할 시에 과세이연된 순자산의 양도차익에 대하여 분할법인이 분할신설법인주식을 처분할 때 과세하고 분할신설법인이 분할로 승계한 자산을 처분한 경우 이를 분할법인이 분할신설법인주식을 처분한 것으로 치환함으로써 분할법인이 분할교부주식을 영구적으로 양도하지 않고 법인세 과세를 회피하는 것을 방지하고자 함이다(김완석·황남석, 『법인세법론』, 삼일인

88) 감가상각자산(사업에 사용하지 아니하는 것을 포함함), 토지 및 주식 등을 말한다(법령 §84 ④).

포마인, 2021, 608면).

주식처분비율을 A, 승계자산처분비율을 B라고 할 때, 압축기장충당금 익금산입액의 산식은 다음과 같이 이해해할 수 있다.

구 분	분할법인의 지분율	승계자산처분비율	실현된 양도차익	비 고
처 분	A		A	직접 실현
미처분	1 − A	B	(1 − A) × B	간접 실현
			A + (1 − A) × B = A + B − AB	

2. 사후관리

양도차익 상당액을 손금에 산입한 분할법인은 분할등기일부터 분할등기일이 속하는 사업연도의 다음 사업연도 개시일부터 2년(③의 경우에는 3년) 이내에 다음의 어느 하나에 해당하는 사유가 발생하는 경우에는 압축기장충당금의 잔액을 그 사유가 발생한 날이 속하는 사업연도의 소득금액을 계산할 때 익금에 산입한다.

① 분할신설법인이 분할법인으로부터 승계받은 사업을 폐지하는 경우

② 분할법인이 분할신설법인의 발행주식총수 또는 출자총액의 50% 미만으로 주식 등을 보유하게 되는 경우

③ 각 사업연도 종료일 현재 분할신설법인에 종사하는 근로자 수가 분할등기일 1개월 전 당시 분할하는 사업부문에 종사하는 근로자 수의 80% 미만으로 하락하는 경우

▶ 분할신설법인에 종사하는 근로자 중 분할하는 사업부문에 종사하는 근로자의 경우에는 다음의 어느 하나에 해당하는 근로자를 제외할 수 있다.

① 분할 후 존속하는 사업부문과 분할하는 사업부문에 모두 종사하는 근로자

② 분할하는 사업부문에 종사하는 것으로 볼 수 없는 인사, 재무, 회계, 경영관리 업무 또는 이와 유사한 업무를 수행하는 근로자

3. 세무조정사항 등의 승계

분할법인은 양도차익에 상당하는 금액을 손금에 산입한 경우 분할법인이 각 사업연도의 소득금액 및 과세표준을 계산할 때 익금 또는 손금에 산입하거나 산입하지 아니한 금액, 그 밖의 자산·부채 및 감면·세액공제 등을 분할신설법인에 승계한다.

분할신설법인은 분할법인이 압축기장충당금을 계상한 경우 분할법인이 분할 전에 적용받던 감면 또는 세액공제를 승계하여 감면 또는 세액공제의 적용을 받을 수 있다. 이 경우

「법인세법」 또는 다른 법률에 해당 감면 또는 세액공제의 요건 등에 관한 규정이 있는 경우에는 분할신설법인이 그 요건 등을 갖춘 경우에만 이를 적용하며, 분할신설법인은 다음의 구분에 따라 승계받은 사업에 속하는 감면 또는 세액공제에 한정하여 적용받을 수 있다.

① 이월된 감면·세액공제가 특정 사업·자산과 관련된 경우 : 특정 사업·자산을 승계한 분할신설법인이 공제

② ① 외의 이월된 감면·세액공제의 경우 : 분할법인 등의 사업용 자산가액 중 분할신설법인이 각각 승계한 사업용 자산가액 비율로 안분하여 분할신설법인이 각각 공제

분할신설법인은 분할법인으로부터 승계받은 감면 또는 세액공제를 다음에 따라 적용받을 수 있다.

① 각 사업연도의 소득에 대한 세액 감면(면제를 포함하며 일정기간에 걸쳐 감면되는 것으로 한정)의 경우에는 분할신설법인 등이 승계받은 사업에서 발생한 소득에 대하여 분할 당시의 잔존감면기간 내에 종료하는 각 사업연도분까지 그 감면을 적용

② 이월공제가 인정되는 세액공제(외국납부세액공제 포함)로서 이월된 미공제액의 경우에는 분할신설법인 등이 다음의 구분에 따라 이월공제잔여기간 내에 종료하는 각 사업연도분까지 공제

㈎ 이월된 외국납부세액공제 미공제액 : 다음 산식에 따라 계산한 금액의 범위에서 공제

$$\text{해당 사업연도의 세액} \times \frac{\text{승계받은 사업에서 발생한 국외원천소득}}{\text{해당 사업연도의 과세표준}}$$

㈏ 「조세특례제한법」에 따른 법인세 최저한세액에 미달하여 공제받지 못한 금액으로서 「조세특례제한법」에 따라 이월된 미공제액 : 승계받은 사업부문에 대하여 「조세특례제한법」를 적용하여 계산한 법인세 최저한세액의 범위에서 공제. 이 경우 공제하는 금액은 분할신설법인 등의 법인세 최저한세액을 초과할 수 없다.

㈐ 위 외에 납부할 세액이 없어 공제받지 못한 금액으로서 「조세특례제한법」에 따라 이월된 미공제액 : 승계받은 사업부문에 대하여 계산한 법인세 산출세액의 범위에서 공제

Section 03 | 현물출자

I 자산양도차익상당액의 손금산입

내국법인(이하 "출자법인")이 다음의 요건을 갖춘 현물출자(이하 "적격현물출자")를 하는 경우 그 현물출자로 취득한 현물출자를 받은 내국법인(이하 "피출자법인")의 주식가액 중 현물출자로 발생한 자산의 양도차익에 상당하는 금액은 현물출자일이 속하는 사업연도의 소득금액을 계산할 때 손금에 산입할 수 있다. 이에 따라 손금에 산입하는 금액은 피출자법인주식 등의 압축기장충당금으로 계상하여야 한다.

① 출자법인이 현물출자일 현재 5년 이상 사업을 계속한 법인일 것
② 피출자법인이 그 현물출자일이 속하는 사업연도의 종료일까지 출자법인이 현물출자한 자산으로 영위하던 사업을 계속할 것
③ 다른 내국인 또는 외국인과 공동으로 출자하는 경우 공동으로 출자한 자가 출자법인의 특수관계인이 아닐 것
④ 출자법인 및 ③에 따라 출자법인과 공동으로 출자한 자(이하 "출자법인 등")가 현물출자일 다음 날 현재 피출자법인의 발행주식총수 또는 출자총액의 80% 이상의 주식 등을 보유하고, 현물출자일이 속하는 사업연도의 종료일까지 그 주식 등을 보유할 것

출자법인이 손금에 산입한 양도차익에 상당하는 금액은 다음의 어느 하나에 해당하는 사유가 발생하는 사업연도에 해당 주식 등과 자산의 처분비율을 고려하여 정하는 금액만큼 익금에 산입한다.

① 출자법인이 피출자법인으로부터 받은 주식 등을 처분하는 경우
② 피출자법인이 출자법인 등으로부터 승계받은 감가상각자산(사업에 사용하지 아니하는 것 포함), 토지 및 주식 등을 처분하는 경우. 이 경우 피출자법인은 그 자산의 처분 사실을 처분일부터 1개월 이내에 출자법인에 알려야 한다.

$$\text{익금산입액} = \text{압축기장충당금}^{*1} \times (A^{*2} + B^{*3} - A \times B)$$

*1 직전 사업연도 종료일(현물출자일이 속하는 사업연도의 경우에는 현물출자일을 말함) 현재 피출자법인주식 등의 압축기장충당금 잔액을 말한다.
*2 주식처분비율 : 출자법인이 직전 사업연도 종료일 현재 보유하고 있는 적격현물출자에 따라 취득한 피출자법

인의 주식 등의 장부가액에서 해당 사업연도에 처분한 피출자법인의 주식 등의 장부가액이 차지하는 비율
*3 승계자산처분비율 : 피출자법인이 직전 사업연도 종료일 현재 보유하고 있는 적격현물출자에 따라 출자법인 등으로부터 승계받은 승계자산 양도차익(현물출자일 현재 승계자산의 시가에서 현물출자일 전날 출자법인 등이 보유한 승계자산의 장부가액을 차감한 금액을 말함)에서 해당 사업연도에 처분한 승계자산의 양도차익이 차지하는 비율

II 사후관리

양도차익 상당액을 손금에 산입한 출자법인은 현물출자일이 속하는 사업연도의 다음 사업연도 개시일부터 2년 이내에 다음의 어느 하나에 해당하는 사유가 발생하는 경우에는 압축기장충당금의 잔액을 그 사유가 발생한 날이 속하는 사업연도의 소득금액을 계산할 때 익금에 산입한다.[89)]

① 피출자법인이 출자법인이 현물출자한 자산으로 영위하던 사업을 폐지하는 경우
② 출자법인 등이 피출자법인의 발행주식총수 또는 출자총액의 50% 미만으로 주식 등을 보유하게 되는 경우

89) 피출자법인 및 자산승계법인이 승계한 사업의 계속 또는 폐지의 판정과 적용에 관하여는 합병의 규정을 준용한다(법령 §84의2 ⑭).

Chapter 11 과세표준과 세액의 계산

Section 01 | 과세표준

I 과세표준의 계산

내국법인의 각 사업연도의 소득에 대한 법인세의 과세표준은 각 사업연도의 소득의 범위에서 다음의 금액과 소득을 차례로 공제한 금액으로 한다. 다만, ①의 금액에 대한 공제는 각 사업연도 소득의 80%(중소기업과 회생계획을 이행 중인 기업 등[90]의 경우는 100%)를 한도로 한다.

---

90) 다음의 어느 하나에 해당하는 법인을 말한다(법령 §10 ①).

① 법원이 인가결정한 회생계획을 이행 중인 법인(채무자회생법 §245)

② 기업개선계획의 이행을 위한 약정을 체결하고 기업개선계획을 이행 중인 법인(기업구조조정 촉진법 §14 ①)

③ 해당 법인의 채권을 보유하고 있는 금융회사 등(금융실명법 §2 Ⅰ)이나 그 밖의 법률에 따라 금융업무 또는 기업 구조조정 업무를 하는 공공기관과 경영정상화계획의 이행을 위한 협약을 체결하고 경영정상화계획을 이행 중인 법인

④ 채권, 부동산 또는 그 밖의 재산권(이하 "유동화자산")을 기초로 증권을 발행하거나 자금을 차입(이하 "유동화거래")할 목적으로 설립된 법인으로서 다음의 요건을 모두 갖춘 법인

㈎ 「상법」 또는 그 밖의 법률에 따른 주식회사 또는 유한회사일 것

㈏ 한시적으로 설립된 법인으로서 상근하는 임원 또는 직원을 두지 아니할 것

㈐ 정관 등에서 법인의 업무를 유동화거래에 필요한 업무로 한정하고 유동화거래에서 예정하지 아니한 합병, 청산 또는 해산이 금지될 것

㈑ 유동화거래를 위한 회사의 자산 관리 및 운영을 위하여 업무위탁계약 및 자산관리위탁계약이 체결될 것

㈒ 2015년 12월 31일까지 유동화자산의 취득을 완료하였을 것

⑤ 배당금액에 대한 소득공제 적용 대상 내국법인(법법 §51의2 ①)이나 프로젝트금융투자회사

⑥ 사업재편계획 승인을 받은 법인(기업활력법 §10)

⑦ 「조세특례제한법」 제74조 제1항(④부터 ⑥까지는 제외함) 또는 제4항에 따라 법인의 수익사업에서 발생한 소득을 고유목적사업준비금으로 손금에 산입할 수 있는 비영리내국법인(조특법 §74 ① 및 ④)

① 이월결손금 중 다음의 요건을 모두 갖춘 금액
　㈎ 각 사업연도의 개시일 전 15년 이내에 개시한 사업연도에서 발생한 결손금일 것
　㈏ 법인세 과세표준을 신고하거나 납세지 관할 세무서장 또는 관할 지방국세청장에 의해 과세표준이 결정·경정되거나 수정신고(국기법 §45)한 과세표준에 포함된 결손금일 것
② 「법인세법」과 다른 법률에 따른 비과세소득
③ 「법인세법」과 다른 법률에 따른 소득공제액

과세표준을 계산할 때 다음의 금액은 해당 사업연도의 다음 사업연도 이후로 이월하여 공제할 수 없다.
① 해당 사업연도의 과세표준을 계산할 때 공제되지 아니한 비과세소득 및 소득공제액
② 최저한세(조특법 §132)의 적용으로 인하여 공제되지 아니한 소득공제액

1. 이월결손금

내국법인의 이월결손금은 각 사업연도의 개시일 전 발생한 각 사업연도의 결손금으로서 그 후의 각 사업연도의 과세표준을 계산할 때 공제되지 아니한 금액으로 한다. 이 경우 내국법인의 각 사업연도의 결손금은 그 사업연도에 속하는 손금의 총액이 그 사업연도에 속하는 익금의 총액을 초과하는 경우에 그 초과하는 금액으로 한다.

2. 비과세소득

내국법인의 각 사업연도 소득 중 「공익신탁법」에 따른 공익신탁의 신탁재산에서 생기는 소득에 대하여는 각 사업연도의 소득에 대한 법인세를 과세하지 아니한다.

구 분	내 용
개관	다음의 어느 하나에 해당하는 내국법인이 배당가능이익의 90% 이상을 배당한 경우 그 배당금액은 해당 배당을 결의한 잉여금 처분의 대상이 되는 사업연도의 소득금액에서 공제한다. ① 「자산유동화에 관한 법률」에 따른 유동화전문회사 ② 「자본시장과 금융투자업에 관한 법률」에 따른 투자회사, 투자목적회사, 투자유한회사, 투자합자회사[기관전용 사모집합투자기구(자본시장법 §9 ⑲ Ⅰ)는 제외함*1] 및 투자유한책임회사 ③ 「기업구조조정투자회사법」에 따른 기업구조조정투자회사

구 분	내 용
	④ 「부동산투자회사법」에 따른 기업구조조정 부동산투자회사 및 위탁관리 부동산투자회사 ⑤ 「선박투자회사법」에 따른 선박투자회사 ⑥ 「민간임대주택에 관한 특별법」 또는 「공공주택 특별법」에 따른 특수 목적 법인 등으로서 투자회사(민간임대주택법 시행령 §4 ② Ⅲ 다)의 규정에 따른 요건을 갖추어 설립된 법인 ⑦ 「문화산업진흥 기본법」에 따른 문화산업전문회사 ⑧ 「해외자원개발 사업법」에 따른 해외자원개발투자회사 ⑨ 「벤처투자 촉진에 관한 법률」에 따른 벤처투자조합의 투자목적회사
배당가능이익*2	당기순이익 + 이월결손금 − 이월결손금 − 이익준비금
적용 배제	① 배당을 받은 주주 등에 대하여 「법인세법」 또는 「조세특례제한법」에 따라 그 배당에 대한 소득세 또는 법인세가 비과세되는 경우. 다만, 다음의 어느 하나에 해당하는 경우는 제외한다. ㈎ 배당을 받은 주주 등이 동업기업과세특례(조특법 §100의15)를 적용받는 동업기업인 경우로서 그 동업자들(그 동업자들의 전부 또는 일부가 상위 동업기업에 해당하는 경우에는 그 상위 동업기업에 출자한 동업자들을 말함)에 대하여 배분받은 배당에 해당하는 소득에 대한 소득세 또는 법인세가 전부 과세되는 경우 ㈏ 배당을 받은 주주 등에 대하여 「조세특례제한법」에 따라 그 배당에 대한 소득세 또는 법인세가 비과세되는 경우 ② 배당을 지급하는 내국법인이 다음의 요건을 모두 갖춘 법인인 경우*3 ㈎ 사모방식으로 설립되었을 것 ㈏ 개인 2인 이하 또는 개인 1인 및 그 친족(이하 "개인 등")이 발행주식총수 또는 출자총액의 95% 이상의 주식 등을 소유할 것. 다만, 개인 등에게 배당 및 잔여재산의 분배에 관한 청구권이 없는 경우를 제외한다.
소득공제 신청	배당금액에 대한 소득공제를 받으려는 법인은 과세표준신고와 함께 소득공제신청서에 해당 배당소득에 대한 실질귀속자(해당 소득과 관련하여 법적 또는 경제적 위험을 부담하고 그 소득을 처분할 수 있는 권리를 가지는 등 그 소득에 대한 소유권을 실질적으로 보유하고 있는 자)별 명세를 첨부하여 납세지 관할 세무서장에게 제출하여야 한다. 다만, 동업기업과세특례를 적용받는 동업기업 주주 등이 있는 법인은 배당을 받은 동업기업(그 동업자들의 전부 또는 일부가 「조세특례제한법」에 따른 상위 동업기업에 해당하는 경우에는 그 상위 동업기업 포함)으로부터 「조세특례제한법」에 따른 동업기업의 소득의 계산 및 배분명세 신고기한까지 제출받은 동업기업과세특례적용 및 동업자과세여부 확인서를 첨부하여야 한다.

구 분	내 용
이월공제	① 배당금액이 해당 사업연도의 소득금액에서 이월결손금을 뺀금액을 최초로 초과하는 경우에는 해당 사업연도의 다음 사업연도 개시일부터 5년 이내에 끝나는 각 사업연도로 이월하여 그 이월된 사업연도의 소득금액에서 공제할 수 있다. 다만, 내국법인이 이월된 사업연도에 배당가능이익의 90% 이상을 배당하지 아니하는 경우에는 그 이월된 금액을 공제하지 아니한다. ② 이에 따라 최초로 이월된 사업연도 이후 사업연도의 배당금액이 해당 사업연도의 소득금액에서 이월결손금과 해당 사업연도로 이월된 금액을 순서대로 뺀 금액(해당 금액이 0보다 작은 경우에는 0으로 함)을 초과하는 경우에는 그 초과하는 금액을 해당 사업연도의 다음 사업연도 개시일부터 5년 이내에 끝나는 각 사업연도로 이월하여 그 이월된 사업연도의 소득 금액에서 공제할 수 있다. 다만, 내국법인이 이월된 사업연도에 배당가능이익의 90% 이상을 배당하지 아니하는 경우에는 그 이월된 금액을 공제하지 아니한다. ③ 이월된 금액(이하 "이월공제배당금액")을 해당 사업연도의 소득금액에서 공제하는 경우에는 다음의 방법에 따라 공제한다. ㈎ 이월공제배당금액을 해당 사업연도의 배당금액보다 먼저 공제할 것 ㈏ 이월공제배당금액이 둘 이상인 경우에는 먼저 발생한 이월공제배당금액부터 공제할 것

*1 입법자는 경영참여형 사모집합투자기구의 경우 동업기업과세특례제도의 적용을 받는 것이 그 제도적 본질에 부합한다고 판단하고 소득공제 대상에서 제외시킨듯 하다(김완석·황남석, 『법인세법론』, 삼일인포마인, 2021, 700면).

*2 기업회계기준에 따라 작성한 재무제표상의 금액으로 계산하며, 다음의 어느 하나에 해당하는 금액은 배당가능이익에서 제외한다.

① 자본준비금을 감액하여 받는 배당금액

② 당기순이익, 이월이익잉여금 및 이월결손금 중 다음의 어느 하나에 해당하는 자산의 평가 손익

㈎ 주식 등, 채권, 집합투자재산의 평가손익. 다만, 시가법으로 평가한 투자회사 등의 집합투자재산의 평가손익은 배당가능이익에 포함한다.

㈏ 「부동산투자회사법」에 따른 위탁관리 부동산투자회사 및 기업구조조정 부동산투자 회사가 보유한 자산의 평가손익

*3 사모펀드로서 사실상 1인 또는 소수의 개인투자자가 지배하는 경우를 배제하기 위함이다(김완석·황남석, 『법인세법론』, 삼일인포마인, 2021, 701면).

Section 02 | 세액의 계산

I 각 사업연도 소득에 대한 법인세

내국법인의 각 사업연도의 소득에 대한 법인세는 과세표준에 다음의 구분에 따른 세율(이하 "각 사업연도 소득에 대한 법인세율")을 적용하여 계산한 금액[토지 등 양도소득에 대한 법인세액(법법 §55의2) 및 투자·배당 및 상생협력 촉진을 위한 과세특례를 적용하여 계산한 법인세액(조특법 §100의32)이 있으면 이를 합한 금액으로 함. 이하 "산출세액"]을 그 세액으로 한다.

① 내국법인(기업업무추진비 한도 축소 대상 내국법인의 경우는 제외함)의 경우

과세표준	세 율
2억원 이하	과세표준 × 10%
2억원 초과 200억원 이하	1천800만원 + (과세표준 − 2억원) × 20%
200억원 초과 3천억원 이하	37억8천만원 + (과세표준 − 200억원) × 22%
3천억원 초과	625억8천만원 + (과세표준 − 3천억원) × 25%

② 기업업무추진비 한도 축소 대상 내국법인의 경우

과세표준	세 율
200억원 이하	1천800만원 + (과세표준 − 2억원) × 20%
200억원 초과 3천억원 이하	37억8천만원 + (과세표준 − 200억원) × 22%
3천억원 초과	625억8천만원 + (과세표준 − 3천억원) × 25%

사업연도가 1년 미만인 내국법인

사업연도가 1년 미만인 내국법인의 각 사업연도의 소득에 대한 법인세는 그 사업연도의 각 사업연도 소득의 범위에서 이월결손금, 비과세소득, 소득공제액을 차례로 공제하여 계산한 금액을 그 사업연도의 월수로 나눈 금액에 12를 곱하여 산출한 금액을 그 사업연도의 과세표준으로 하여 각 사업연도 소득에 대한 법인세율을 적용하여 계산한 세액에 그 사업연도의 월수를 12로 나눈 수를 곱하여 산출한 세액을 그 세액으로 한다(법법 §55②). 이 경우 월수의 계산은 태양력에 따라 계산하되, 1개월 미만의 일수는 1개월로 한다(법령 §92).

- 과세표준 = (각 사업연도 소득 − 이월결손금 − 비과세소득 − 소득공제액) × $\frac{12}{\text{사업연도의 월수}}$
- 산출세액 = 과세표준 × 각 사업연도 소득에 대한 법인세율 × $\frac{\text{사업연도의 월수}}{12}$

II 토지 등 양도소득에 대한 과세특례

1. 개관

내국법인이 다음의 어느 하나에 해당하는 토지, 건물(건물에 부속된 시설물과 구축물을 포함함), 주택을 취득하기 위한 권리로서 조합원입주권 및 분양권(이하 "토지 등")을 양도한 경우에는 다음 각각에 따라 계산한 세액을 토지 등 양도소득에 대한 법인세로 하여 각 사업연도 소득에 대한 법인세액에 추가하여 납부하여야 한다. 이 경우 하나의 자산이 다음의 규정 중 둘 이상에 해당할 때에는 그 중 가장 높은 세액을 적용한다.

① 주택(이에 부수되는 토지를 포함함) 및 주거용 건축물로서 상시 주거용으로 사용하지 아니하고 휴양·피서·위락 등의 용도로 사용하는 건축물(이하 "별장")을 양도한 경우에는 토지 등의 양도소득에 20%(미등기 토지 등의 양도소득에 대하여는 40%)를 곱하여 산출한 세액. 다만, 읍 또는 면에 있는 농어촌주택(그 부속토지를 포함함)은 제외한다.

② 비사업용 토지를 양도한 경우에는 토지 등의 양도소득에 10%(미등기 토지 등의 양도소득에 대하여는 40%)를 곱하여 산출한 세액

③ 주택을 취득하기 위한 권리로서 조합원입주권 및 분양권을 양도한 경우에는 토지 등의 양도소득에 20%를 곱하여 산출한 세액

2. 과세제외

다음의 어느 하나에 해당하는 토지 등 양도소득에 대하여는 토지 등 양도소득에 대한 법인세를 부과하지 아니한다. 다만, 미등기 토지 등에 대한 토지 등 양도소득에 대하여는 그러하지 아니하다.

① 파산선고에 의한 토지 등의 처분으로 인하여 발생하는 소득

② 법인이 직접 경작하던 농지의 교환 또는 분할·통합으로 인하여 발생하는 소득

③ 「도시 및 주거환경정비법」이나 그 밖의 법률에 따른 환지 처분 등으로 발생하는 소득

3. 토지 등 양도소득

토지 등 양도소득은 토지 등의 양도금액에서 양도 당시의 장부가액을 뺀 금액으로 한다.

2 이상의 토지 등을 양도하는 경우

2 이상의 토지 등을 양도하는 경우에 토지 등 양도소득은 해당 사업연도에 양도한 자산별로 계산한 금액을 합산한 금액으로 한다. 이 경우 양도한 자산 중 양도 당시의 장부가액이 양도금액을 초과하는 토지 등이 있는 경우에는 그 초과하는 금액(이하 "양도차손")을 다음의 자산의 양도소득에서 순차로 차감하여 토지 등 양도소득을 계산한다(법령 §92의2 ⑨).

① 양도차손이 발생한 자산과 같은 세율을 적용받는 자산의 양도소득

② 양도차손이 발생한 자산과 다른 세율을 적용받는 자산의 양도소득

4. 토지 등 양도소득의 귀속사업연도

자산의 판매손익 등의 귀속사업연도 규정은 토지 등 양도소득의 귀속사업연도, 양도시기 및 취득시기에 관하여 이를 준용한다. 다만, 장기할부조건에 의한 토지 등의 양도의 경우에는 회수기일 도래기준의 예외가 인정되지 않는다.

Ⅲ 투자·배당 및 상생협력 촉진을 위한 과세특례(조특법 §100의32)

1. 미환류소득에 대한 법인세 납세의무

각 사업연도 종료일 현재 「독점규제 및 공정거래에 관한 법률」에 따른 상호출자제한기업집단에 속하는 내국법인(이하 "내국법인")이 투자, 임금 등으로 환류하지 아니한 소득이 있는 경우에는 미환류소득(차기환류적립금과 이월된 초과환류액을 공제한 금액)에 20%를 곱하여 산출한 세액을 미환류소득에 대한 법인세로 하여 「법인세법」에 따른 각 사업연도 소득에 대한 법인세액에 추가하여 납부하여야 한다.

2. 미환류소득(초과환류액)의 신고

내국법인은 다음의 방법 중 어느 하나를 선택하여 산정한 금액(산정한 금액이 양수인 경우에는 "미환류소득"이라 하고, 산정한 금액이 음수인 경우에는 음의 부호를 뗀 금액을 "초과환류액"이라 함)을 각 사업연도의 종료일이 속하는 달의 말일부터 3개월(법인세의 연결과세표준과 세액을 신고하는 경우에는 각

연결사업연도의 종료일이 속하는 달의 말일부터 4개월) 이내에 납세지 관할 세무서장에게 신고하여야 한다.

① 해당 사업연도[2028년 12월 31일이 속하는 사업연도까지의 소득 중 기업소득에 70%를 곱하여 산출한 금액에서 다음의 금액의 합계액을 공제하는 방법(이하 "투자액 공제방식")]
  (가) 법정 자산에 대한 투자 합계액
  (나) 상시근로자의 해당 사업연도 임금증가금액으로서 다음 구분에 따른 금액이 있는 경우 그 금액을 합한 금액
    ㉠ 상시근로자의 해당 사업연도 임금이 증가한 경우
      a. 해당 사업연도의 상시근로자 수가 직전 사업연도의 상시근로자 수보다 증가하지 아니한 경우 : 상시근로자 임금증가금액
      b. 해당 사업연도의 상시근로자 수가 직전 사업연도의 상시근로자 수보다 증가한 경우 : 기존 상시근로자 임금증가금액에 150%를 곱한 금액과 신규 상시근로자 임금증가금액에 200%를 곱한 금액을 합한 금액
    ㉡ 해당 사업연도에 청년정규직근로자 수가 직전 사업연도의 청년정규직근로자 수보다 증가한 경우 : 해당 사업연도의 청년정규직근로자에 대한 임금증가금액
    ㉢ 해당 사업연도에 정규직 전환 근로자가 있는 경우 : 정규직 전환 근로자(청년정규직근로자 제외)에 대한 임금증가금액
  (다) 「대·중소기업 상생협력 촉진에 관한 법률」에 따른 상생협력을 위하여 지출하는 금액 등에 300%를 곱한 금액
  (라) <u>해당 사업연도 중 지급한 금전배당</u>(결산배당 및 중간·분기배당)

② 기업소득에 15%를 곱하여 산출한 금액에서 ①의 (나)부터 (라)까지의 합계액을 공제하는 방법(이하 "투자액 미공제방식")

상시근로자

1. 상시근로자란 「근로기준법」에 따라 근로계약을 체결한 근로자를 말한다. 다만, 다음의 자는 제외한다.
  ① 다음 어느 하나에 해당하는 자
    (가) 임원
    (나) 해당 기업의 최대주주 또는 최대출자자(개인사업자의 경우에는 대표자) 및 그와 친족관계인 근로자
    (다) 근로소득세를 원천징수한 사실이 확인되지 아니하는 근로자
    (라) 근로계약기간이 1년 미만인 근로자(근로계약의 연속된 갱신으로 인하여 그 근로계약의 총 기간이 1년 이상인 근로자는 제외)
    (마) 「근로기준법」에 따른 단시간근로자

② 급여 및 상여의 금액이 8천만원 이상인 근로자. 다만, 해당 과세연도의 근로제공기간이 1년 미만인 근로자의 경우에는 다음의 금액을 기준으로 판단한다.

$$\frac{\text{해당 근로자의 근로소득의 금액}}{\text{해당 과세연도 근무제공월수}} \times 12$$

2. 청년정규직근로자란 정규직 근로자로서 15세 이상 34세(병역을 이행한 사람의 경우에는 6년을 한도로 병역을 이행한 기간을 현재 연령에서 빼고 계산한 연령을 말함) 이하인 사람을 말한다. 이 경우 청년정규직근로자 수의 계산은 다음의 계산식에 따라 계산한다.

$$\frac{\text{해당 과세연도의 매월 말 현재 청년 정규직 근로자 수의 합}}{\text{해당 과세연도의 개월 수}}$$

3. 정규직 전환 근로자란 「근로기준법」에 따라 근로계약을 체결한 근로자로서 다음의 요건을 모두 갖춘 자를 말한다.
   ① 직전 과세연도 개시일부터 해당 과세연도 종료일까지 계속하여 근무한 자로서 근로소득원천징수부에 따라 매월분의 근로소득세를 원천징수한 사실이 확인될 것
   ② 해당 과세연도 중에 비정규직 근로자(기간제근로자 또는 단시간근로자)에서 비정규직 근로자가 아닌 근로자로 전환하였을 것
   ③ 직전 과세연도 또는 해당 과세연도 중에 다음의 어느 하나에 해당하는 자가 아닐 것
      (가) 임원
      (나) 급여 및 상여의 합계액(비과세 소득의 금액은 제외)이 7천만원 이상인 근로자
      (다) 해당 기업의 최대주주 또는 최대출자자(개인사업자의 경우에는 대표자) 및 그와 친족관계인 근로자

미환류소득(초과환류액) 계산방식 적용기간

1. 내국법인이 미환류소득(초과환류액)의 계산방법 중 어느 하나를 선택하여 신고한 경우 다음의 기간동안은 그 선택한 방법을 계속 적용하여야 한다. 다만, 합병을 하거나 사업을 양수하는 등의 경우에는 그 선택한 방법을 변경할 수 있다.
   ① 투자액 공제방식을 선택하여 신고한 경우 : 해당 사업연도의 개시일부터 3년이 되는 날이 속하는 사업연도까지
   ② 투자액 미공제방식을 선택하여 신고한 경우 : 해당 사업연도의 개시일부터 1년이 되는 날이 속하는 사업연도까지
2. 내국법인이 미환류소득(초과환류액)의 신고를 하지 아니한 경우에는 미환류소득이 적게 산정되거나 초과환류액이 많게 산정되는 방법을 선택하여 신고한 것으로 본다.

(1) 기업소득

기업소득이란 「법인세법」에 따른 각 사업연도의 소득에 ①의 합계액을 더한 금액에서 ②의 합계액을 뺀 금액(그 수가 음수인 경우 영으로 봄)으로 한다. 다만, 「법인세법」에 따른 연결

납세방식을 적용받는 연결법인으로서 각 연결법인의 기업소득 합계액이 3천억원을 초과하는 경우에는 다음 계산식에 따라 계산한 금액으로 하고, 그 밖의 법인의 경우로서 기업소득이 3천억원을 초과하는 경우에는 3천억원으로 한다.

$$3천억원 \times \frac{해당\ 연결법인의\ 기업소득}{각\ 연결법인의\ 기업소득\ 합계액}$$

① 다음에 따른 금액의 합계액 ▶세기감

㈎ 국세 또는 지방세의 과오납금의 환급금에 대한 이자

㈏ 「법인세법」에 따라 이월되어 해당 사업연도의 손금에 산입한 기부금한도초과액

㈐ 해당 사업연도에 투자액으로 차감되는 자산에 대한 감가상각비로서 해당 사업연도에 손금으로 산입한 금액

② 다음에 따른 금액의 합계액 ▶법준적손/합분기양/배공

㈎ 해당 사업연도의 법인세액(「법인세법」에 따른 과세표준에 세율을 적용하여 계산한 금액에서 해당 사업연도의 감면세액과 세액공제액을 차감하고 가산세를 더한 금액을 말하며 내국법인이 직접 납부한 외국법인세액으로서 손금에 산입하지 아니한 세액과 간접외국납부세액을 포함함), 법인세 감면액에 대한 농어촌특별세액 및 법인지방소득세액(「법인세법」에 따른 과세표준에 세율을 적용하여 계산한 금액의 10%에 해당하는 금액을 말함)

㈏ 「상법」에 따라 해당 사업연도에 의무적으로 적립하는 이익준비금

㈐ 법령에 따라 의무적으로 적립하는 적립금

㈑ 「법인세법」에 따라 해당 사업연도에 공제할 수 있는 이월결손금. 이 경우 이월결손금의 공제 한도는 적용하지 않으며, 합병법인 등의 경우에는 공제제한 규정은 적용하지 않는다.

㈒ 합병 시 의제배당액(합병대가 중 주식 등으로 받은 부분만 해당)으로서 해당 사업연도의 익금에 산입한 금액(수입배당금 익금불산입을 적용하기 전의 금액을 말함)

㈓ 분할 시 의제배당액(분할대가 중 주식으로 받은 부분만 해당)으로서 해당 사업연도에 익금에 산입한 금액(수입배당금 익금불산입을 적용하기 전의 금액을 말함)

㈔ 「법인세법」에 따라 기부금 손금산입 한도를 넘어 손금에 산입하지 아니한 금액

㈕ 합병 시 피합병법인의 양도손익으로서 해당 사업연도에 익금에 산입한 금액

㈖ 「프로젝트금융투자회사에 대한 소득공제」 또는 「유동화전문회사 등에 대한 소득공제」에 따라 배당한 금액

㈗ 「공적자금관리 특별법」에 따른 공적자금의 상환과 관련하여 지출하는 금액

(2) 법정 자산에 대한 투자 합계액

다음의 자산에 대한 투자 합계액을 말한다. 이에 따른 투자가 2개 이상의 사업연도에 걸쳐서 이루어지는 경우에는 그 투자가 이루어지는 사업연도마다 해당 사업연도에 실제 지출한 금액을 기준으로 투자 합계액을 계산한다.

① 국내사업장에서 사용하기 위하여 새로이 취득하는 사업용 자산(중고품 및 금융리스 외의 리스 자산은 제외하며, 해운기업에 대한 법인세 과세표준 계산 특례를 적용받는 내국법인의 경우에는 비해운소득을 재원으로 취득한 자산으로 한정함)으로서 다음의 자산. 다만, ㈎의 자산(해당 사업연도 이전에 취득한 자산 포함)에 대한 자본적 지출을 포함하되, 해당 사업연도에 즉시상각된 분(소액자산 및 단기사용자산)은 제외한다.

㈎ 다음의 사업용 유형고정자산

㉠ 기계 및 장치, 공구, 기구 및 비품, 차량 및 운반구, 선박 및 항공기, 그 밖에 이와 유사한 사업용 유형고정자산(이하 "업무용 건축물 외 사업용 유형고정자산")

㉡ 공장, 영업장, 사무실 등 해당 법인이 업무에 직접 사용하기 위하여 신축·증축하는 업무용 건축물(이하 "업무용 건축물")

㈏ 다음의 무형자산(이하 "무형자산")

㉠ 디자인권, 실용신안권, 상표권

㉡ 특허권, 어업권, 양식업권, 「해저광물자원 개발법」에 의한 채취권, 유료도로관리권, 철도시설관리권, 수리권, 전기가스공급시설이용권, 공업용수도시설이용권, 수도시설이용권, 열공급시설이용권

㉢ 광업권, 전신전화전용시설이용권, 전용측선이용권, 하수종말처리장시설관리권, 수도시설관리권

㉣ 댐사용권

㉤ 개발비

② 「벤처기업육성에 관한 특별법」에 따른 벤처기업에 다음의 어느 하나에 해당하는 방법으로 출자(창업·벤처전문 사모집합투자기구 또는 창투조합 등을 통한 출자 포함)하여 취득한 주식 등(이하 "벤처기업 주식 등")

㈎ 해당 기업의 설립 시에 자본금으로 납입하는 방법

㈏ 해당 기업이 설립된 후 유상증자하는 경우로서 증자대금을 납입하는 방법

법정 자산의 처분

1. 내국법인이 다음의 어느 하나에 해당하는 경우에는 그 자산에 대한 투자금액의 공제로 인하여 납부하지 아니한 세액에 이자 상당액을 가산하여 납부하여야 한다.

① 업무용 건축물 외 사업용 유형고정자산의 투자완료일, 무형자산(매입한 자산에 한정함)의 매입일 또는 벤처기업 주식 등의 취득일부터 2년이 지나기 전에 해당 자산을 양도하거나 대여하는 경우. 다만, 다음의 어느 하나에 해당하는 경우는 제외한다.

(가) 다음의 어느 하나에 해당하는 경우

㉠ 현물출자, 합병, 분할, 분할합병, 교환, 통합, 사업전환 또는 사업의 승계로 인하여 당해 자산의 소유권이 이전되는 경우

㉡ 내용연수가 경과된 자산을 처분하는 경우

㉢ 국가·지방자치단체 또는 「법인세법 시행령」에 따른 학교 등(일반기부금 단체)에 기부하고 그 자산을 사용하는 경우

(나) 업무용 건축물 외 사업용 유형고정자산을 「대·중소기업 상생협력 촉진에 관한 법률」에 따른 수탁기업(특수관계인은 제외)에 무상양도 또는 무상대여하는 경우

(다) 천재지변, 화재 등으로 멸실되거나 파손되어 사용이 불가능한 자산을 처분하는 경우

(라) 해당 자산의 임대업이 주된 사업(둘 이상의 서로 다른 사업을 영위하는 경우 해당 사업연도의 업무용 건축물 외 사업용 유형고정자산의 임대업의 수입금액이 총 수입금액의 50% 이상인 경우를 말함)인 법인이 해당 자산을 대여하는 경우

② 다음의 어느 하나에 해당하는 경우

(가) 해당 법인이 업무용신증축건축물을 준공 후 2년 이내에 임대하거나 위탁하는 등 업무에 직접 사용하지 아니하는 경우. 다만, 부동산업, 건설업 또는 종합소매업을 주된 사업으로 하는 법인이 해당 건축물을 임대하는 경우는 제외한다.

(나) 업무용신증축건축물을 준공 전에 처분하거나 준공 후 2년 이내에 처분하는 경우. 다만, 국가·지방자치단체에 기부하고 그 업무용신증축건축물을 사용하는 경우는 제외한다.

(다) 업무용신증축건축물의 건설에 착공한 후 천재지변이나 그 밖의 정당한 사유없이 건설을 중단한 경우

2. 내국법인은 투자금액의 공제로 인하여 납부하지 아니한 세액에 ①의 기간 및 ②의 율을 곱하여 계산한 금액을 이자상당액으로 하여 이자상당액납부일에 납부하여야 한다.

투자금액의 공제로 인하여 납부하지 아니한 세액	×	투자금액을 공제받은 사업연도의 법인세 과세표준 신고일의 다음 날부터 이자상당액납부일까지의 일수	×	$\frac{22}{100,000}$

3. 이자상당액납부일은 다음의 날이 속하는 사업연도의 과세표준 신고를 할 때를 말한다.

① 업무용 건축물 외 사업용 유형고정자산, 무형자산(매입한 자산에 한정함) 또는 벤처기업 주식 등을 양도하거나 대여한 날

② 업무용신증축건축물을 임대하거나 위탁하는 날 등 업무에 직접 사용하지 아니한 날

③ 업무용신증축건축물을 처분한 날

④ 업무용신증축건축물의 건설을 중단한 날부터 6개월이 되는 날

(3) 상시근로자의 임금증가액

해당 사업연도의 매월 말 기준 상시근로자에게 지급한 급여 및 상여의 합계액(이하 "임금지급액")으로서 직전 사업연도 대비 증가한 금액으로 한다.

기존 상시근로자 임금증가금액과 신규 상시근로자 임금증가금액은 다음의 구분에 따라 계산한 금액으로 한다. 이 경우 (나)에 따라 계산한 금액은 해당 연도 상시근로자 임금증가금액을 한도로 한다.

① 기존 상시근로자 임금증가금액 : 해당 연도 상시근로자 임금증가금액에서 ②에 따라 계산한 금액을 뺀 금액

② 신규 상시근로자 임금증가금액

$$\left(\text{해당 연도 상시근로자 수} - \text{직전 연도 상시근로자 수}\right) \times \text{신규 상시근로자에 대한 임금지급액의 평균액}$$

▶ 상시근로자 수는 다음 계산식에 따라 계산한다. 이 경우 1%(0.01) 미만의 부분은 없는 것으로 한다.

$$\frac{\text{해당 과세연도의 매월 말 현재 상시근로자 수의 합}}{\text{해당 과세연도의 개월 수}}$$

▶ 신규 상시근로자 : 해당 연도에 최초로 「근로기준법」에 따라 근로계약을 체결한 상시근로자(근로계약을 갱신하는 경우 제외)

▶ 임금지급액의 평균액 = 신규 상시근로자에 대한 임금지급액 ÷ 신규 상시근로자 수

상시근로자에게 지급한 급여 및 상여의 합계액

1. 우리사주조합에 출연하는 자사주의 장부가액 또는 금품의 합계액을 포함하며, 해당 법인이 손금으로 산입한 금액으로 한정한다. 다만, 다음의 어느 하나에 해당하는 자에게 지급하는 자사주의 장부가액 또는 금품의 합계액은 제외한다.
   ① 임원
   ② 급여 및 상여의 합계액(비과세 소득의 금액은 제외)이 7천만원 이상인 근로자
   ③ 해당 기업의 최대주주 또는 최대출자자(개인사업자의 경우에는 대표자) 및 그와 친족관계인 근로자
   ④ 근로소득세를 원천징수한 사실이 확인되지 아니하는 근로자
   ⑤ 근로계약기간이 1년 미만인 근로자(근로계약의 연속된 갱신으로 인하여 그 근로계약의 총 기간이 1년 이상인 근로자는 제외)
   ⑥ 「근로기준법」에 따른 단시간근로자
2. 근로소득의 합계액을 계산할 때에는 다음에 따른다.
   ① 합병·분할·현물출자 또는 사업의 양수 등에 따라 종전의 사업부문에서 종사하던 근로자를 합병법인, 분할신설법인, 피출자법인, 양수법인 등(이하 "합병법인 등")이 승계하는 경우에는 해당 근로자는 종전부터 합병법인 등에 근무한 것으로 본다.

② 법인이 새로 설립된 경우에는 직전 사업연도의 근로소득의 합계액은 영으로 본다. 다만, ①이 적용되는 경우는 제외한다.

(4) 상생협력을 위하여 지출하는 금액 등

해당 사업연도에 지출한 다음의 어느 하나에 해당하는 금액을 말한다. 다만, 해당 금액이 특수관계인을 지원하기 위하여 사용된 경우는 제외한다.

① 다음의 어느 하나에 해당하는 출연을 하는 경우 그 출연금

(가) 「대·중소기업 상생협력 촉진에 관한 법률」에 따른 협력중소기업에 대한 보증 또는 대출지원을 목적으로 신용보증기금 또는 기술보증기금에 출연하는 경우

(나) 「대·중소기업 상생협력 촉진에 관한 법률」에 따른 대·중소기업·농어업협력재단(「자유무역협정 체결에 따른 농어업인 등의 지원에 관한 특별법」에 따른 농어촌상생협력기금 포함. 이하 "협력재단")에 출연하는 경우

(다) 「대·중소기업 상생협력 촉진에 관한 법률」에 따른 상생중소기업이 설립한 사내근로복지기금에 출연하거나 상생중소기업 간에 공동으로 설립한 공동근로복지기금에 출연하는 경우. 다만, 해당 내국법인이 설립한 사내근로복지기금 또는 해당 내국법인이 공동으로 설립한 공동근로복지기금에 출연하는 경우는 제외한다.

(라) 「중소기업협동조합법」에 따른 공동사업지원자금에 출연하는 경우

② 협력중소기업의 사내근로복지기금에 출연하는 경우 그 출연금

③ 공동근로복지기금에 출연하는 경우 그 출연금

④ 금융회사 등이 중소기업에 대한 보증 또는 대출지원을 목적으로 출연하는 경우 그 출연금

⑤ 그 밖에 상생협력을 위하여 지출하는 금액으로서 재정경제부령으로 정하는 금액

3. 차기환류적립금의 적립

내국법인[미환류소득(초과환류액)을 신고한 것으로 보는 법인 제외]은 해당 사업연도 미환류소득의 전부 또는 일부를 다음 2개 사업연도의 투자, 임금 등으로 환류하기 위한 금액(이하 "차기환류적립금")으로 적립하여 해당 사업연도의 미환류소득에서 차기환류적립금을 공제할 수 있다.

이에 따라 차기환류적립금을 적립한 경우 다음 계산식에 따라 계산한 금액(음수인 경우 영으로 봄)을 그 다음다음 사업연도의 법인세액에 추가하여 납부하여야 한다.

(차기환류적립금 − 해당 사업연도의 초과환류액) × 20%

해당 사업연도에 차기환류적립금을 적립하여 미환류소득에서 공제한 내국법인이 다음 2개 사업연도에 「독점규제 및 공정거래에 관한 법률」에 따른 상호출자제한기업집단에 속하는 내국법인에 해당하지 아니하게 되는 경우에도 미환류소득에 대한 법인세를 납부하여야 한다.

4. 초과환류액의 이월공제

해당 사업연도에 초과환류액(초과환류액으로 차기환류적립금을 공제한 경우에는 그 공제 후 남은 초과환류액)이 있는 경우에는 그 초과환류액을 그 다음 2개 사업연도까지 이월하여 그 다음 2개 사업연도 동안 미환류소득에서 공제할 수 있다.

「법인세법」에 따른 초과환류액과 차기환류적립금

1. 직전 사업연도에 종전의 「법인세법」에 따라 발생한 초과환류액이 있는 경우에는 미환류소득에서 공제할 수 있다.
2. 「법인세법」에 따라 직전 사업연도에 적립한 차기환류적립금에서 초과환류액을 공제한 경우에는 다음의 금액을 다음 사업연도로 이월하여 다음 사업연도의 미환류소득에서 공제할 수 있다.

   해당 사업연도의 초과환류액 − 「법인세법」에 따라 차기환류적립금에서 공제한 초과환류액

5. 합병 또는 분할 시 미환류소득 및 초과환류액의 승계

합병 또는 분할에 따라 피합병법인 또는 분할법인이 소멸하는 경우 합병법인 또는 분할신설법인은 미환류소득 및 초과환류액을 승계할 수 있다.

합병법인 등이 피합병법인 등의 미환류소득 또는 초과환류액(이하 "미환류소득 등")을 승계할 때에는 다음의 구분에 따른다.

① 피합병법인이 소멸하는 경우 : 피합병법인의 미환류소득 등(합병등기일을 사업연도 종료일로 보고 계산한 금액으로서 상시근로자의 임금증가액 포함하지 아니하고 계산한 금액을 말함)을 합병법인의 해당 사업연도말 미환류소득 등에 합산

② 분할법인이 소멸하는 경우 : 분할법인의 미환류소득 등(분할등기일을 사업연도 종료일로 보고 계산한 금액으로서 상시근로자의 임금증가액 포함하지 아니하고 계산한 금액을 말함)을 분할신설법인 또는 분할합병의 상대방 법인의 해당 사업연도말 미환류소득 등에 합산

IV 청산소득에 대한 법인세

1. 과세표준

내국법인이 해산(합병이나 분할에 의한 해산은 제외)한 경우 그 청산소득(이하 "해산에 의한 청산소득")의 금액은 그 법인의 해산에 의한 잔여재산의 가액에서 해산등기일 현재의 자기자본의 총액을 공제한 금액으로 한다. 이렇게 계산한 청산소득금액을 내국법인의 청산소득에 대한 법인세의 과세표준으로 한다.

해산으로 인하여 청산 중인 내국법인이 그 해산에 의한 잔여재산의 일부를 주주 등에게 분배한 후 사업을 계속하는 경우에는 그 해산등기일부터 계속등기일까지의 사이에 분배한 잔여재산의 분배액의 총합계액에서 해산등기일 현재의 자기자본의 총액을 공제한 금액을 그 법인의 해산에 의한 청산소득의 금액으로 한다.

법인의 조직변경으로 인한 청산소득에 대한 과세특례

내국법인이 다음의 어느 하나에 해당하면 청산소득에 대한 법인세를 과세하지 아니한다.

① 「상법」의 규정에 따라 조직변경하는 경우

② 특별법에 따라 설립된 법인이 그 특별법의 개정이나 폐지로 인하여 「상법」에 따른 회사로 조직변경하는 경우

③ 그 밖의 법률에 따라 내국법인이 조직변경하는 경우로서 다음에 해당하는 경우

(가) 「변호사법」에 따라 법무법인이 법무법인(유한)으로 조직변경하는 경우

(나) 「관세사법」에 따라 관세사법인이 관세법인으로 조직변경하는 경우

(다) 「변리사법」에 따라 특허법인이 특허법인(유한)으로 조직변경하는 경우

(라) 「협동조합 기본법」에 따라 법인 등이 협동조합으로 조직변경하는 경우

(마) 「지방공기업법」에 따라 지방공사가 지방공단으로 조직변경하거나 지방공단이 지방공사로 조직변경하는 경우

청산기간에 생기는 소득

내국법인의 해산에 의한 청산소득의 금액을 계산할 때 그 청산기간에 생기는 각 사업연도의 소득금액이 있는 경우에는 그 법인의 해당 각 사업연도의 소득금액에 산입한다.

2. 잔여재산의 가액

잔여재산의 가액은 자산총액에서 부채총액을 공제한 금액으로 한다. 자산총액이라 함은 해산등기일 현재의 자산의 합계액으로 하되, 추심할 채권과 환가처분할 자산에 대하여는

다음에 의한다.

① 추심할 채권과 환가처분할 자산은 추심 또는 환가처분한 날 현재의 금액

② 추심 또는 환가처분 전에 분배한 경우에는 그 분배한 날 현재의 시가에 의하여 평가한 금액

3. 자기자본의 총액

자기자본의 총액은 자본금 또는 출자금과 잉여금의 합계액으로 한다.

내국법인의 해산에 의한 청산소득의 금액을 계산할 때 그 청산기간에 「국세기본법」에 따라 환급되는 법인세액이 있는 경우 이에 상당하는 금액은 그 법인의 해산등기일 현재의 자기자본의 총액에 가산한다.

내국법인의 해산에 의한 청산소득 금액을 계산할 때 해산등기일 현재 그 내국법인에 이월결손금이 있는 경우에는 그 이월결손금은 그날 현재의 그 법인의 자기자본의 총액에서 그에 상당하는 금액과 상계하여야 한다. 다만, 상계하는 이월결손금의 금액은 자기자본의 총액 중 잉여금의 금액을 초과하지 못하며, 초과하는 이월결손금이 있는 경우에는 그 이월결손금은 없는 것으로 본다. 이 경우 이월결손금이란 다음의 어느 하나에 해당하는 것을 말한다. 다만, 자기자본의 총액에서 이미 상계되었거나 상계된 것으로 보는 이월결손금을 제외한다.

① 결손금(적격합병 및 적격분할에 따라 승계받은 결손금은 제외)으로서 그 후의 각 사업연도의 과세표준을 계산할 때 공제되지 아니한 금액

② 신고된 각 사업연도의 과세표준에 포함되지 아니하였으나 다음의 어느 하나에 해당하는 결손금

㈎ 「채무자 회생 및 파산에 관한 법률」에 따른 회생계획인가의 결정을 받은 법인의 결손금으로서 법원이 확인한 것

㈏ 「기업구조조정 촉진법」에 의한 기업개선계획의 이행을 위한 약정이 체결된 법인으로서 금융채권자협의회가 의결한 결손금

청산소득 금액을 계산할 때 해산등기일 전 2년 이내에 자본금 또는 출자금에 전입한 잉여금이 있는 경우에는 해당 금액을 자본금 또는 출자금에 전입하지 아니한 것으로 본다.

4. 세액의 계산

내국법인의 청산소득에 대한 법인세는 과세표준에 각 사업연도 소득에 대한 법인세율을

적용하여 계산한 금액을 그 세액으로 한다.

5. 신고 및 납부

(1) 확정신고

청산소득에 대한 법인세의 납부의무가 있는 내국법인은 다음의 기한까지 청산소득에 대한 법인세의 과세표준과 세액을 납세지 관할 세무서장에게 신고하여야 한다.

① 해산한 경우 : 잔여재산가액확정일이 속하는 달의 말일부터 3개월 이내

② 해산으로 인하여 청산 중인 내국법인이 사업을 계속하는 경우 : 계속등기일이 속하는 달의 말일부터 3개월 이내

잔여재산가액확정일이란 다음의 날을 말한다.

① 해산등기일 현재의 잔여재산의 추심 또는 환가처분을 완료한 날

② 해산등기일 현재의 잔여재산을 그대로 분배하는 경우에는 그 분배를 완료한 날

청산소득에 대한 법인세의 과세표준과 세액을 신고를 할 때에는 그 신고서에 다음의 서류를 첨부하여야 한다.

① 잔여재산가액 확정일 또는 계속등기일 현재의 그 해산한 법인의 재무상태표

② 해산(합병 또는 분할에 의한 해산 제외)의 경우에는 해산한 법인의 본점 등의 소재지, 청산인의 성명 및 주소 또는 거소, 잔여재산가액의 확정일 및 분배예정일 기타 필요한 사항

청산소득의 금액이 없는 경우에도 청산소득에 대한 법인세의 과세표준과 세액을 신고하고 및 첨부서류를 제출하여야 한다.

(2) 중간신고

내국법인(유동화전문회사 등 또는 프로젝트금융투자회사 제외)이 다음의 어느 하나에 해당하면 다음에서 정한 날이 속하는 달의 말일부터 1개월 이내에 이를 납세지 관할 세무서장에게 신고하여야 한다. 다만, 「국유재산법」에 규정된 청산절차에 따라 청산하는 법인의 경우에는 ②는 적용하지 아니한다.

① 해산에 의한 잔여재산가액이 확정되기 전에 그 일부를 주주 등에게 분배한 경우 : 그 분배한 날

② 해산등기일부터 1년이 되는 날까지 잔여재산가액이 확정되지 아니한 경우 : 그 1년이 되는 날

이에 따른 신고를 할 때에는 그 신고서에 해산등기일 및 그 분배한 날 또는 해산등기일부터 1년이 되는 날 현재의 재무상태표와 그 밖에 해산(합병 또는 분할에 의한 해산 제외)의 경우에는 해산한 법인의 본점 등의 소재지, 청산인의 성명 및 주소 또는 거소, 잔여재산가액의 확정일 및 분배예정일 기타 필요한 사항이 기재된 서류를 각각 첨부하여야 한다.

①에 따른 신고의무가 있는 내국법인으로서 그 분배하는 잔여재산의 가액(전에 분배한 잔여재산의 가액이 있을 때에는 그 합계액)이 그 해산등기일 현재의 자기자본의 총액을 초과하는 경우에는 그 초과하는 금액에 대하여 계산한 세액(전에 잔여재산의 일부를 분배함으로써 납부한 법인세액이 있는 경우에는 그 세액의 합계액을 공제한 금액)을 그 신고기한까지 납세지 관할 세무서 등에 납부하여야 한다.

②에 따른 신고의무가 있는 내국법인으로서 해산등기일부터 1년이 되는 날 현재 잔여재산가액 예정액이 그 해산등기일 현재의 자기자본의 총액을 초과하는 경우에는 그 초과하는 금액에 대하여 계산한 세액을 그 신고기한까지 납세지 관할 세무서 등에 납부하여야 한다. 잔여재산가액 예정액이란 해산등기일부터 1년이 되는 날 현재의 자산을 시가에 의하여 평가한 금액의 합계액에서 부채총액을 공제한 금액을 말한다.

(3) 납부

해산에 의한 청산소득에 대한 법인세의 과세표준과 세액의 확정신고를 한 법인은 그 해산으로 인한 청산소득의 금액에 대한 법인세에서 중간신고 시 납부한 세액의 합계액을 공제한 금액을 법인세로서 신고기한까지 납세지 관할 세무서 등에 납부하여야 한다.

Section 03 | 세액공제

I 외국납부세액공제

1. 개관

내국법인의 각 사업연도의 소득에 대한 과세표준에 국외원천소득이 포함되어 있는 경우로서 그 국외원천소득에 대하여 외국법인세액을 납부하였거나 납부할 것이 있는 경우에는 공제한도금액 내에서 외국법인세액을 해당 사업연도의 산출세액에서 공제할 수 있다. 이에 따른 외국납부세액은 해당 국외원천소득이 과세표준에 산입되어 있는 사업연도의 산출세액에서 공제한다.

2. 외국법인세액

외국법인세액이란 외국정부(지방자치단체 포함)에 납부하였거나 납부할 다음의 세액(가산세는 제외함)을 말한다.

① 초과이윤세[91] 및 기타 법인의 소득 등을 과세표준으로 하여 과세된 세액
② 법인의 소득 등을 과세표준으로 하여 과세된 세의 부가세액
③ 법인의 소득 등을 과세표준으로 하여 과세된 세와 동일한 세목에 해당하는 것으로서 소득외의 수익금액 기타 이에 준하는 것을 과세표준으로 하여 과세된 세액

3. 국외원천소득

국외원천소득은 국외에서 발생한 소득으로서 내국법인의 각 사업연도 소득의 과세표준 계산에 관한 규정을 준용해 산출한 금액으로 하고, 공제한도금액을 계산할 때의 국외원천소득은 그 국외원천소득에서 해당 사업연도의 과세표준을 계산할 때 손금에 산입된 금액(국외원천소득이 발생한 국가에서 과세할 때 손금에 산입된 금액은 제외함)으로서 국외원천소득에 대응하는 다음의 비용(이하 "국외원천소득대응비용")을 뺀 금액으로 한다.

① 직접비용 : 해당 국외원천소득에 직접적으로 관련되어 대응되는 비용. 이 경우 해당 국외원천소득과 그 밖의 소득에 공통적으로 관련된 비용은 제외한다.
② 배분비용 : 해당 국외원천소득과 그 밖의 소득에 공통적으로 관련된 비용 중 다음의 배분방법에 따라 계산한 국외원천소득 관련 비용
   ㈎ 국외원천소득과 그 밖의 소득의 업종이 동일한 경우의 공통손금은 국외원천소득과 그 밖의 소득별로 수입금액 또는 매출액에 비례하여 안분계산
   ㈏ 국외원천소득과 그 밖의 소득의 업종이 다른 경우의 공통손금은 국외원천소득과 그 밖의 소득별로 개별 손금액에 비례하여 안분계산

각 사업연도의 과세표준 계산 시 공제한 이월결손금·비과세소득 또는 소득공제액(이하 "공제액 등")이 있는 경우의 국외원천소득은 다음의 금액을 공제한 금액으로 한다.

① 공제액 등이 국외원천소득에서 발생한 경우에는 공제액 전액

---

91) 일정 기준이익을 초과하는 이익에 대하여 부과하는 세금

② 공제액 등이 국외원천소득에서 발생한 것인지가 불분명한 경우에는 소득금액에 비례하여 안분계산한 금액

4. 공제한도금액

공제한도금액은 다음 계산식에 따른 금액으로 한다.

$$\text{공제한도금액} = A \times \frac{B}{C}$$

A : 해당 사업연도의 산출세액(토지 등 양도소득에 대한 법인세액 및 투자·배당 및 상생협력 촉진을 위한 과세특례를 적용하여 계산한 법인세액은 제외함)

B : 국외원천소득(「조세특례제한법」이나 그 밖의 법률에 따라 세액감면 또는 면제를 적용받는 경우에는 세액감면 또는 면제 대상 국외원천소득에 세액감면 또는 면제 비율을 곱한 금액은 제외함)

C : 해당 사업연도의 소득에 대한 과세표준

국외사업장이 2 이상의 국가에 있는 경우

공제한도금액을 계산할 때 국외사업장이 2 이상의 국가에 있는 경우에는 국가별로 구분하여 이를 계산한다(법령 §94 ⑦). 이를 국별한도방식이라 한다.

5. 한도초과액의 처리

외국정부에 납부하였거나 납부할 외국법인세액이 해당 사업연도의 공제한도금액을 초과하는 경우 그 초과하는 금액은 해당 사업연도의 다음 사업연도 개시일부터 10년 이내에 끝나는 각 사업연도(이하 "이월공제기간")로 이월하여 그 이월된 사업연도의 공제한도금액 내에서 공제받을 수 있다. 다만, 외국정부에 납부하였거나 납부할 외국법인세액을 이월공제기간 내에 공제받지 못한 경우 그 공제받지 못한 외국법인세액은 '세금과 공과금의 손금불산입 규정(법법 §21 I)'에도 불구하고 이월공제기간의 종료일 다음 날이 속하는 사업연도의 소득금액을 계산할 때 손금에 산입할 수 있다. 다만, 공제한도금액을 초과하는 외국법인세액 중 국외원천소득대응비용과 관련된 외국법인세액(①의 금액에서 ②의 금액을 뺀 금액을 말함)에 대해서는 그러하지 아니하다. 이 경우 해당 외국법인세액은 세액공제를 적용받지 못한 사업연도의 다음 사업연도 소득금액을 계산할 때 손금에 산입할 수 있다.

① 국외원천소득(국외에서 발생한 소득으로서 내국법인의 각 사업연도 소득의 과세표준 계산에 관한 규정을 준용해 산출한 금액을 말함)을 기준으로 계산한 공제한도금액

② 공제한도금액

예시

국내원천소득	2,000	… 국외원천소득대응비용 200 포함
국외원천소득	1,000	… 외국법인세(15%) 150
각 사업연도 소득	3,000	… 이월결손금, 비과세소득, 소득공제 없음
산출세액(10%)	300	

1. 외국납부세액공제 한도

$$300 \times \frac{1,000 - 200}{3,000} = 80$$

2. 외국납부세액공제 한도초과액

$150 - 80 = 70 \rightarrow$ 이월공제 배제 : $300 \times \frac{1,000}{3,000} - 300 \times \frac{1,000 - 200}{3,000} = 20$

↓ 다음 사업연도 손금산입 가능

이월공제 : $70 - 20 = 50$

6. 세액공제 대상이 되는 외국납부세액

(1) 면제외국법인세액(간주외국납부세액)

국외원천소득이 있는 내국법인이 조세조약의 상대국에서 해당 국외원천소득에 대하여 법인세를 감면받은 세액 상당액은 그 조세조약으로 정하는 범위에서 세액공제의 대상이 되는 외국법인세액으로 본다. 이는 개발도상국이 자국의 경제발전을 위하여 외국인투자자(내국법인)에 대해 조세감면을 하는 경우에 그 감면받은 세액을 외국납부세액공제대상에 포함시킴으로써 개발도상국의 조세감면효과를 실질적으로 보장해주고자 함이다.

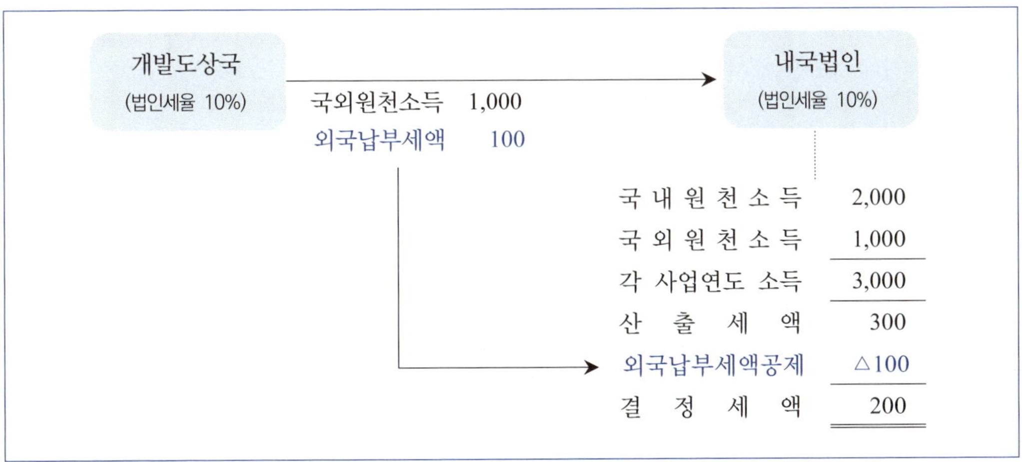

(2) 간접외국납부세액

내국법인의 각 사업연도의 소득금액에 외국자회사로부터 받는 이익의 배당이나 잉여금의 분배액(이하 "수입배당금액")이 포함되어 있는 경우 그 외국자회사의 소득에 대하여 부과된 외국법인세액 중 그 수입배당금액에 대응하는 것은 세액공제되는 외국법인세액으로 본다.

1) 외국자회사

외국자회사란 내국법인이 직접 외국자회사의 의결권 있는 발행주식총수 또는 출자총액의 10%(해외자원개발사업을 하는 외국법인의 경우에는 5%를 말함) 이상을 해당 외국자회사의 배당기준일 현재 6개월 이상 계속하여 보유(내국법인이 적격합병, 적격분할, 적격물적분할, 적격현물출자에 따라 다른 내국법인이 보유하고 있던 외국자회사의 주식 등을 승계받은 때에는 그 승계 전 다른 내국법인이 외국자회사의 주식 등을 취득한 때부터 해당 주식 등을 보유한 것으로 봄)하고 있는 법인을 말한다.

2) 간접외국납부세액의 계산

간접외국납부세액은 다음의 계산식에 따라 계산한다.

$$\text{외국자회사의 해당 사업연도 법인세액}^{*} \times \frac{\text{수입배당금액}}{\text{외국자회사의 해당 사업연도 소득금액} - \text{외국자회사의 해당 사업연도 법인세액}}$$

* 외국자회사의 해당 사업연도 법인세액은 다음의 세액으로서 외국자회사가 외국납부세액으로 공제받았거나 공제받을 금액(A) 또는 해당 수입배당금액이나 제3국(본점이나 주사무소 또는 사업의 실질적 관리장소 등을 둔 국가 외의 국가를 말함) 지점 등 귀속소득에 대하여 외국자회사의 소재지국에서 국외소득 비과세·면제를 적용받았거나 적용받을 경우 해당 세액(B) 중 50%에 상당하는 금액을 포함하여 계산하고, 수입배당금액(외국자회사가 외국손회사로부터 지급받는 수입배당금액을 포함함)은 이익이나 잉여금의 발생순서에 따라 먼저 발생된 금액부터 배당되거나 분배된 것으로 본다.

① 외국자회사가 외국손회사[92]로부터 지급받는 수입배당금액에 대하여 외국손회사의 소재지국 법률에 따라 외국손회사의 소재지국에 납부한 세액

② 외국자회사가 제3국의 지점 등에 귀속되는 소득에 대하여 그 제3국에 납부한 세액

---

92) 외국손회사란 다음의 요건을 모두 갖춘 법인을 말한다(법령 §94 ⑩).

① 해당 외국자회사가 직접 외국손회사의 의결권 있는 발행주식총수 또는 출자총액의 10%[해외자원개발사업(조특법 §22)을 경영하는 외국법인의 경우에는 5%를 말함] 이상을 해당 외국손회사의 배당기준일 현재 6개월 이상 계속하여 보유하고 있을 것

② 내국법인이 외국손회사의 의결권 있는 발행주식총수 또는 출자총액의 10%[해외자원개발사업(조특법 §22)을 경영하는 외국법인의 경우에는 5%를 말함] 이상을 외국자회사를 통하여 간접 소유할 것. 이 경우 주식의 간접소유비율은 내국법인의 외국자회사에 대한 주식소유비율에 그 외국자회사의 외국손회사에 대한 주식소유비율을 곱하여 계산한다.

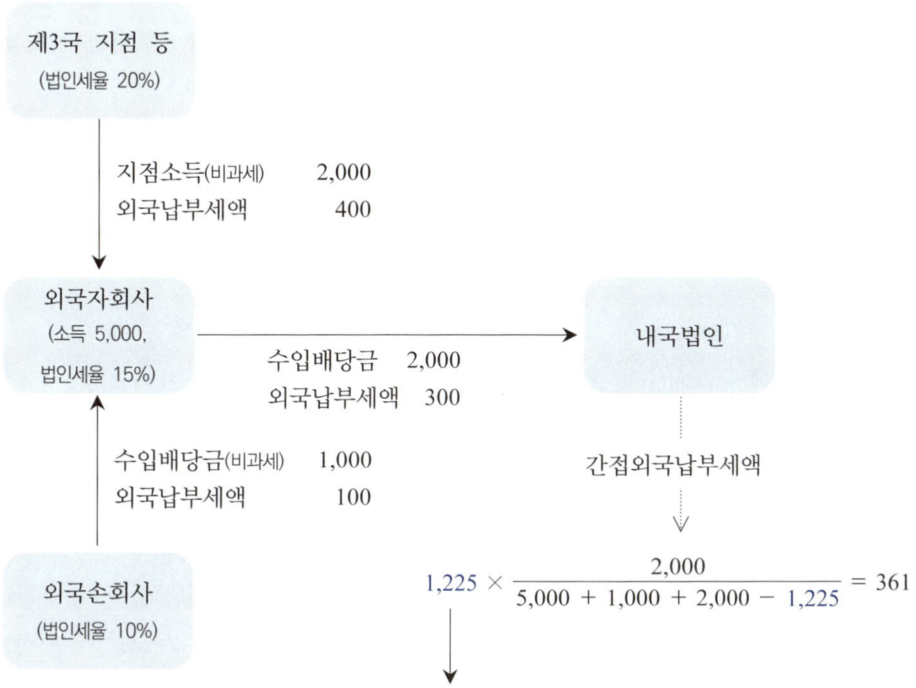

제3국 지점 등
(법인세율 20%)

지점소득(비과세) 2,000
외국납부세액 400

외국자회사
(소득 5,000,
법인세율 15%)

수입배당금 2,000
외국납부세액 300

내국법인

간접외국납부세액

수입배당금(비과세) 1,000
외국납부세액 100

외국손회사
(법인세율 10%)

$$1,225 \times \frac{2,000}{5,000 + 1,000 + 2,000 - 1,225} = 361$$

외국자회사의 법인세	5,000 × 15% =	750
A[외국납부세액공제(공제율 100%)]	(100 + 400) × 50% =	250
B(비과세)	(1,000 + 2,000) × 15% × 50% =	225
		1,225

7. 적용배제

외국자회사 수입배당금 익금불산입 규정에 따른 익금불산입의 적용대상이 되는 수입배당금액에 대해서는 외국납부세액공제 규정을 적용하지 아니한다.

Ⅱ 재해손실세액공제

1. 공제요건

내국법인이 각 사업연도 중 천재지변이나 그 밖의 재해(이하 "재해")로 인하여 다음의 자산의 합계액(이하 "자산총액")의 20% 이상을 상실하여 납세가 곤란하다고 인정되는 경우에는 재해손실세액공제액을 그 세액에서 공제한다. 이 경우 자산의 가액에는 토지의 가액을 포함하지 아니한다.

① 사업용자산(토지를 제외함)

② 타인 소유의 자산으로서 그 상실로 인한 변상책임이 당해 법인에게 있는 것

2. 세액공제액

재해손실세액공제액 = Min[① + ②, 상실된 자산의 가액]

① 재해 발생일 현재 부과되지 아니한 법인세와 부과된 법인세로서 미납된 법인세*2 × 자산상실비율*1

② 재해 발생일이 속하는 사업연도의 소득에 대한 법인세*2 × 자산상실비율*1

$$= \left(\text{해당 사업연도의 법인세 산출세액} + \text{가산세액} - \text{다른 법률에 의한 공제 및 감면세액} \right) \times \text{자산상실비율}$$

*1 상실된 자산의 가액이 상실 전의 자산총액에서 차지하는 비율로서 재해발생일 현재 그 법인의 장부가액에 의하여 계산하되, 장부가 소실 또는 분실되어 장부가액을 알 수 없는 경우에는 납세지 관할 세무서장이 조사하여 확인한 재해발생일 현재의 가액에 의하여 이를 계산한다.

$$\text{자산상실비율} = \frac{\text{상실된 자산의 가액}}{\text{상실 전의 자산총액}}$$

*2 법인세액에는 다음의 가산세를 포함하는 것으로 한다.

① 장부의 기록·보관 불성실 가산세
② 무신고가산세
③ 과소신고·초과환급신고가산세
④ 납부지연가산세
⑤ 원천징수 등 납부지연가산세

3. 세액공제 신청

재해손실세액공제를 받으려는 내국법인은 다음의 구분에 따른 기한까지 재해손실세액공제신청서를 납세지 관할 세무서장에게 제출해야 한다.

① 재해발생일 현재 과세표준신고기한이 지나지 않은 법인세의 경우에는 그 신고기한. 다만, 재해발생일부터 신고기한까지의 기간이 3개월 미만인 경우에는 재해발생일부터 3개월로 한다.

② 재해발생일 현재 미납된 법인세와 납부해야 할 법인세의 경우에는 재해발생일부터 3개월

납세지 관할 세무서장은 이에 따라 재해발생일 현재 부과되지 아니한 법인세와 부과된 법인세로서 미납된 법인세(신고기한이 지나지 아니한 것은 제외함)에 대한 공제신청을 받으면 그 공제세액을 결정하여 해당 법인에 알려야 한다.

4. 지정납부기한연장 등

납세지 관할 세무서장은 법인이 재해손실세액공제 규정에 따라 공제받을 법인세에 대하여 해당 세액공제가 확인될 때까지 「국세징수법」에 따라 그 법인세의 지정납부기한·독촉장에서 정하는 기한을 연장하거나 납부고지를 유예할 수 있다.

Ⅲ 사실과 다른 회계처리로 인한 경정에 따른 세액공제

내국법인이 다음의 요건을 모두 충족하는 사실과 다른 회계처리를 하여 과세표준 및 세액을 과다하게 계상함으로써 경정을 청구(국기법 §45의2)하여 경정을 받은 경우에는 과다 납부한 세액을 환급하지 아니하고 그 경정일이 속하는 사업연도부터 각 사업연도의 법인세액에서 과다 납부한 세액을 공제한다. 이 경우 각 사업연도별로 공제하는 금액은 과다 납부한 세액의 20%를 한도로 하고, 공제 후 남아 있는 과다 납부한 세액은 이후 사업연도에 이월하여 공제한다.

① 사업보고서(자본시장법 §159) 및 감사보고서(외부감사법 §23)를 제출할 때 수익 또는 자산을 과다 계상하거나 손비 또는 부채를 과소 계상할 것

② 내국법인, 감사인 또는 그에 소속된 공인회계사가 경고·주의 등의 조치를 받을 것

내국법인이 해당 사실과 다른 회계처리와 관련하여 그 경정일이 속하는 사업연도 이전의 사업연도에 수정신고(국기법 §45)를 하여 납부할 세액이 있는 경우에는 그 납부할 세액에서 과다 납부한 세액을 과다 납부한 세액의 20%를 한도로 먼저 공제하여야 한다.

과다 납부한 세액을 공제받은 내국법인으로서 과다 납부한 세액이 남아있는 내국법인이 해산하는 경우에는 다음에 따른다.

① 합병 또는 분할에 따라 해산하는 경우 : 합병법인 또는 분할신설법인(분할합병의 상대방 법인을 포함함)이 남아 있는 과다 납부한 세액을 승계하여 세액공제한다.

② ① 외의 방법에 따라 해산하는 경우 : 납세지 관할 세무서장 또는 관할 지방국세청장은 남아 있는 과다 납부한 세액에서 청산소득에 대한 법인세 납부세액을 빼고 남은 금액

을 즉시 환급하여야 한다.

동일한 사업연도에 사실과 다른 회계처리로 인한 경정청구의 사유 외에 다른 경정청구의 사유가 있는 경우에는 다음의 산식에 따라 계산한 금액을 그 공제세액으로 한다.

$$\text{공제세액} = \text{과다납부한 세액} \times \frac{\text{사실과 다른 회계처리로 인하여 과다계상한 과세표준}}{\text{과다계상한 과세표준의 합계액}}$$

Section 04 최저한세액에 미달하는 세액에 대한 감면 등의 배제 (조특법 §132)

I 개관

내국법인(조합법인 등[93]은 제외함)의 각 사업연도의 소득과 외국법인의 각 사업연도의 국내원천소득에 대한 법인세(토지 등 양도소득에 대한 법인세와 법인세에 추가하여 납부하는 세액,[94] 투자·배당 및 상생협력 촉진을 위한 과세특례를 적용하여 계산한 법인세, 가산세 및 추징세액[95]은 제외하며, 세액공제 등[96]을 하지 아니한 법인세를 말함)를 계산할 때 최저한세 적용 대상으로 규정된 감면 등을 적용받은 후의 세액이 최저한세 적용 대상 손금산입 및 소득공제 등을 하지 아니한 경우의 과세표준(이하 "과세표준")에 최저한세율을 곱하여 계산한 세액(이하 "법인세 최저한세액")에 미달하는 경우 그 미달하는 세액에 상당하는 부분에 대해서는 감면 등을 하지 아니한다.

---

93) 조합법인 등에 대한 법인세 과세특례(조특법 §72 ①)를 적용받는 조합법인 등을 말한다.

94) 외국법인(비영리외국법인은 제외함)의 국내사업장은 우리나라와 그 외국법인의 본점 또는 주사무소가 있는 해당 국가(이하 "거주지국")와 체결한 조세조약에 따라 과세대상 소득금액(우리나라와 그 외국법인의 거주지국과 체결한 조세조약에서 이윤의 송금액에 대하여 과세할 수 있도록 규정하고 있는 경우에는 대통령령으로 정하는 송금액으로 함)에 세율을 적용하여 계산한 세액을 법인세에 추가하여 납부하여야 한다(법법 §96).

95) 다음의 것을 말한다(조특령 §126 ①).
① 「조세특례제한법」에 의하여 각종 준비금 등을 익금산입하는 경우와 감면세액을 추징하는 경우(소득세 또는 법인세에 가산하여 자진납부하거나 부과징수하는 경우를 포함함)에 있어서의 이자상당가산액
② 「조세특례제한법」 또는 「법인세법」에 의하여 소득세 또는 법인세의 감면세액을 추징하는 경우 당해 사업연도에 소득세 또는 법인세에 가산하여 자진납부하거나 부과징수하는 세액

96) 법인세 감면 중 최저한세 적용대상으로 열거되지 아니한 세액공제·세액면제 및 감면을 말한다(조특령 §126 ②).

산 출 세 액…각 사업연도 소득에 대한 법인세
(−) 세 액 공 제 ⎫
(−) 면제 및 감면 ⎭「조세특례제한법」상 최저한세 적용 대상
감 면 후 세 액
(−) 법인세 최저한세액…최저한세 적용 대상 손금산입 및 소득공제 등을 하지 아니한 과세표준 × 최저한세율
감면 등 배제액…감면 후 세액 < 법인세 최저한세액

II 최저한세 적용 대상 감면 등

1. 소득공제금액, 손금산입액, 익금불산입금액 및 비과세금액

① 중소기업 지원설비에 대한 손금산입의 특례 등(조특법 §8)
② 상생협력 중소기업으로부터 받은 수입배당금의 익금불산입(조특법 §8의2)
③ 연구개발 관련 출연금 등의 과세특례(조특법 §10의2)
④ 벤처투자회사 등의 주식양도차익 등에 대한 비과세(조특법 §13)
⑤ 창업기업 등에의 출자에 대한 과세특례(조특법 §14)
⑥ 서비스업 감가상각비의 손금산입특례(조특법 §28)
⑦ 중소·중견기업 설비투자자산의 감가상각비 손금산입 특례(조특법 §28의2)
⑧ 설비투자자산의 감가상각비 손금산입 특례(조특법 §28의3)
⑨ 자기관리 부동산투자회사 등에 대한 과세특례(조특법 §55의2 ④)
⑩ 공장의 대도시 밖 이전에 대한 법인세 과세특례(조특법 §60 ②)
⑪ 법인 본사를 수도권과밀억제권역 밖으로 이전하는 데 따른 양도차익에 대한 법인세 과세특례(조특법 §61 ③)
⑫ 공공기관이 혁신도시 등으로 이전하는 경우 법인세 등 감면(조특법 §62 ①)
⑬ 수도권 밖으로 공장을 이전하는 기업에 대한 세액감면 등(조특법 §63 ④)
⑭ 수도권 밖으로 본사를 이전하는 법인에 대한 세액감면 등(조특법 §63의2 ④)

2. 세액공제금액

① 기업의 어음제도개선을 위한 세액공제(조특법 §7의2)

② 상생결제 지급금액에 대한 세액공제(조특법 §7의4)
③ 상생협력을 위한 기금 출연 등에 대한 세액공제(조특법 §8의3)
④ 연구·인력개발비에 대한 세액공제(조특법 §10). 다만, 중소기업이 아닌 자만 해당한다.
⑤ 기술이전 및 기술취득 등에 대한 과세특례(조특법 §12 ②)
⑥ 기술혁신형 합병에 대한 세액공제(조특법 §12의3)
⑦ 기술혁신형 주식취득에 대한 세액공제(조특법 §12의4)
⑧ 내국법인의 벤처기업 등에의 출자에 대한 과세특례(조특법 §13의2)
⑨ 내국법인의 소재·부품·장비전문기업 등에의 출자·인수에 대한 과세특례(조특법 §13의3)
⑩ 성과공유 중소기업의 경영성과급에 대한 세액공제 등(조특법 §19 ①)
⑪ 통합투자세액공제(조특법 §24)
⑫ 영상콘텐츠 제작비용에 대한 세액공제(조특법 §25의6)
⑬ 내국법인의 문화산업전문회사에의 출자에 대한 세액공제(조특법 §25의7)
⑭ 고용창출투자세액공제(조특법 §26)
⑮ 산업수요맞춤형고등학교 등 졸업자를 병역 이행 후 복직시킨 기업에 대한 세액공제(조특법 §29의2)
⑯ 경력단절 여성 고용 기업 등에 대한 세액공제(조특법 §29의3)
⑰ 근로소득을 증대시킨 기업에 대한 세액공제(조특법 §29의4)
⑱ 청년고용을 증대시킨 기업에 대한 세액공제(조특법 §29의5)
⑲ 고용을 증대시킨 기업에 대한 세액공제(조특법 §29의7)
⑳ 통합고용세액공제(조특법 §29의8)
㉑ 고용유지중소기업 등에 대한 과세특례(조특법 §30의3)
㉒ 중소기업 사회보험료 세액공제(조특법 §30의4)
㉓ 중소기업 간의 통합에 대한 양도소득세의 이월과세 등(조특법 §31 ⑥)
㉔ 법인전환에 대한 양도소득세의 이월과세(조특법 §32 ④)
㉕ 선결제 금액에 대한 세액공제(조특법 §99의12)
㉖ 전자신고 등에 대한 세액공제(조특법 §104의8)
㉗ 제3자물류비용에 대한 세액공제(조특법 §104의14)
㉘ 해외자원개발투자에 대한 과세특례(조특법 §104의15)
㉙ 기업의 운동경기부 등 설치·운영에 대한 과세특례(조특법 §104의22)
㉚ 석유제품 전자상거래에 대한 세액공제(조특법 §104의25)
㉛ 우수 선화주기업 인증을 받은 화주 기업에 대한 세액공제(조특법 §104의30)
㉜ 금사업자와 스크랩 등 사업자의 수입금액의 증가 등에 대한 세액공제(조특법 §122의4 ①)
㉝ 금 현물시장에서 거래되는 금지금에 대한 과세특례(조특법 §126의7 ⑧)

3. 법인세의 면제 및 감면

① 창업중소기업 등에 대한 세액감면(조특법 §6)
② 중소기업에 대한 특별세액감면(조특법 §7)
③ 기술이전 및 기술취득 등에 대한 과세특례(조특법 §12 ①·③)
④ 연구개발특구에 입주하는 첨단기술기업 등에 대한 법인세 등의 감면(조특법 §12의2)
⑤ 국제금융거래에 따른 이자소득 등에 대한 법인세 등의 면제(조특법 §21)
⑥ 중소기업 간의 통합에 대한 양도소득세의 이월과세 등(조특법 §31 ④·⑤)
⑦ 법인전환에 대한 양도소득세의 이월과세(조특법 §32 ④)
⑧ 공공기관이 혁신도시 등으로 이전하는 경우 법인세 등 감면(조특법 §62 ④)
⑨ 수도권 밖으로 공장을 이전하는 기업에 대한 세액감면 등(조특법 §63)
⑩ 농공단지 입주기업 등에 대한 세액감면(조특법 §64)
⑪ 농업회사법인에 대한 법인세의 면제 등(조특법 §68)
⑫ 소형주택 임대사업자에 대한 세액감면(조특법 §96)
⑬ 상가건물 장기 임대사업자에 대한 세액감면(조특법 §96의2)
⑭ 위기지역 창업기업에 대한 법인세 등의 감면(조특법 §99의9)
⑮ 산림개발소득에 대한 세액감면(조특법 §102)
⑯ 제주첨단과학기술단지 입주기업에 대한 법인세 등의 감면(조특법 §121의8)
⑰ 제주투자진흥지구 또는 제주자유무역지역 입주기업에 대한 법인세 등의 감면(조특법 §121의9)
⑱ 기업도시개발구역 등의 창업기업 등에 대한 법인세 등의 감면(조특법 §121의17)
⑲ 아시아문화중심도시 투자진흥지구 입주기업 등에 대한 법인세 등의 감면 등(조특법 §121의20)
⑳ 금융중심지 창업기업 등에 대한 법인세 등의 감면 등(조특법 §121의21)
㉑ 첨단의료복합단지 및 국가식품클러스터 입주기업에 대한 법인세 등의 감면(조특법 §121의22)
㉒ 기회발전특구의 창업기업 등에 대한 법인세 등의 감면(조특법 §121의33)

최저한세액 적용을 배제하는 면제 및 감면

다음의 경우는 최저한세액에 미달하는 지 여부를 검토하지 아니한다(조특법 §132 ① Ⅳ).

① 다음의 규정에 따라 법인세의 100%에 상당하는 세액을 감면받는 과세연도의 경우
㈎ 창업중소기업 등에 대한 세액감면(조특법 §6 ① 또는 ⑥)
㈏ 연구개발특구에 입주하는 첨단기술기업 등에 대한 법인세 등의 감면(조특법 §12의2)
㈐ 위기지역 창업기업에 대한 법인세 등의 감면(조특법 §99의9)

㈑ 제주첨단과학기술단지 입주기업에 대한 법인세 등의 감면(조특법 §121의8)
㈒ 제주투자진흥지구 또는 제주자유무역지역 입주기업에 대한 법인세 등의 감면(조특법 §121의9)
㈓ 기업도시개발구역 등의 창업기업 등에 대한 법인세 등의 감면(조특법 §121의17)
㈔ 아시아문화중심도시 투자진흥지구 입주기업 등에 대한 법인세 등의 감면 등(조특법 §121의20)
㈕ 금융중심지 창업기업 등에 대한 법인세 등의 감면 등(조특법 §121의21)
㈖ 첨단의료복합단지 및 국가식품클러스터 입주기업에 대한 법인세 등의 감면(조특법 §121의22)
㈗ 기회발전특구의 창업기업 등에 대한 법인세 등의 감면(조특법 §121의33)

② 창업중소기업 등에 대한 세액감면(조특법 §6 ⑦)에 따라 추가로 감면받는 부분의 경우
③ 수도권 밖으로 공장을 이전하는 기업에 대한 세액감면 등(조특법 §63)에 따라 수도권 밖으로 이전하는 경우
④ 농업회사법인에 대한 법인세의 면제 등(조특법 §68)에 따라 작물재배업에서 발생하는 소득의 경우

Ⅲ 최저한세율

최저한세율은 다음과 같다.

① 중소기업의 경우 : 7%
② 중소기업이 최초로 중소기업에 해당하지 아니하게 된 경우[97]
㈎ 최초로 중소기업에 해당하지 아니하게 된 과세연도의 개시일부터 3년 이내에 끝나는 과세연도 : 8%
㈏ 그 다음 2년 이내에 끝나는 과세연도 : 9%
③ 위 외의 경우
㈎ 과세표준 100억원 이하 : 10%
㈏ 과세표준 100억원 초과 1천억원 이하 : 12%
㈐ 과세표준 1천억원 초과 : 17%

97) 중소기업에 해당하지 아니하게 된 사유(조특령 §2 ② 및 ⑤)가 발생한 날이 속하는 과세연도와 그 다음 3개 과세연도가 경과한 경우를 말한다(조특령 §126 ②).

감면 배제의 순서

납세의무자가 신고(「국세기본법」에 의한 수정신고 및 경정 등의 청구를 포함함)한 법인세액이 법인세 최저한세액에 미달하여 법인세를 경정하는 경우에는 다음의 순서(다음 안에서는 최저한세 적용 대상으로 열거된 조문순서를 따름)에 따라 다음의 감면을 배제하여 세액을 계산한다.

① 손금산입 및 익금불산입

② 세액공제. 이 경우 동일 조문에 의한 감면세액 중 이월된 공제세액이 있는경우에는 나중에 발생한 것부터 적용배제한다.

③ 법인세의 면제 및 감면

④ 소득공제 및 비과세

Chapter 12 신고 및 납부

I 과세표준 등의 신고

1. 신고기한

납세의무가 있는 내국법인은 각 사업연도의 종료일이 속하는 달의 말일부터 3개월[내국법인이 성실신고확인서를 제출하는 경우(법법 §60의2 ①)에는 4개월로 함] 이내에 대통령령으로 정하는 바에 따라 그 사업연도의 소득에 대한 법인세의 과세표준과 세액을 납세지 관할 세무서장에게 신고하여야 한다. 내국법인으로서 각 사업연도의 소득금액이 없거나 결손금이 있는 법인의 경우에도 또한 같다.

위 규정에도 불구하고 감사인에 의한 감사를 받아야 하는 내국법인(외부감사법 §4)이 해당 사업연도의 감사가 종결되지 아니하여 결산이 확정되지 아니하였다는 사유로 신고기한의 연장을 신청한 경우에는 그 신고기한을 1개월의 범위에서 연장할 수 있다. 신고기한을 연장하려는 내국법인은 신고기한의 종료일 3일 전까지 신고기한연장신청서를 납세지 관할 세무서장에게 제출하여야 한다.

2. 첨부서류

법인세의 과세표준과 세액을 신고할 때에는 그 신고서에 다음의 서류를 첨부하여야 한다.

① 기업회계기준을 준용하여 작성한 개별 내국법인의 재무상태표·포괄손익계산서 및 이익잉여금처분계산서(또는 결손금처리계산서)

② 세무조정계산서

③ 그 밖에 대통령령으로 정하는 서류

법인세의 과세표준과 세액을 신고할 때 그 신고서에 위 ① 및 ②의 서류를 첨부하지 아니하는 경우 「법인세법」에 따른 신고로 보지 아니한다. 다만, 수익사업을 하지 아니하는 비영리내국법인은 그러하지 아니하다.

3. 보정요구

납세지 관할 세무서장 및 관할 지방국세청장은 제출된 신고서 또는 그 밖의 서류에 미비한 점이 있거나 오류가 있을 때에는 보정할 것을 요구할 수 있다.

중간예납

1. 중간예납의 의무

사업연도의 기간이 6개월을 초과하는 내국법인은 각 사업연도(합병이나 분할에 의하지 아니하고 새로 설립된 법인의 최초 사업연도는 제외함) 중 중간예납기간에 대한 법인세액(이하 "중간예납세액")을 납부할 의무가 있다. 다만, 다음의 어느 하나에 해당하는 법인은 중간예납세액을 납부할 의무가 없다.

① 다음의 어느 하나에 해당하는 법인
  (가) 사립학교(고등교육법 §3)를 경영하는 학교법인
  (나) 국립대학법인 서울대학교
  (다) 국립대학법인 인천대학교
  (라) 산학협력단
  (마) 사립학교를 경영하는 학교법인

② 직전 사업연도의 중소기업으로서 직전 사업연도의 산출세액을 기준으로 계산한 중간예납세액이 50만원 미만인 내국법인

2. 중간예납기간

중간예납기간은 해당 사업연도의 개시일부터 6개월이 되는 날까지로 한다.

3. 중간예납세액의 납부

내국법인은 중간예납기간이 지난 날부터 2개월 이내에 중간예납세액을 납세지 관할 세무서, 한국은행(그 대리점을 포함함) 또는 체신관서(이하 "납세지 관할 세무서 등")에 납부하여야 한다.

내국법인이 납부할 중간예납세액이 1천만원을 초과하는 경우에는 납부할 세액의 일부를

납부기한이 지난 날부터 1개월(중소기업의 경우에는 2개월) 이내에 분납할 수 있다. 분납할 수 있는 세액은 다음에 의한다.

① 납부할 세액이 2천만원 이하인 경우에는 1천만원을 초과하는 금액

② 납부할 세액이 2천만원을 초과하는 경우에는 그 세액의 50% 이하의 금액

4. 중간예납세액의 계산

중간예납세액은 다음의 어느 하나의 방법을 선택하여 계산한다.

① 직전 사업연도의 산출세액을 기준으로 하는 방법

$$\text{중간예납세액} = (A - B - C - D) \times \frac{6}{E}$$

A : 해당 사업연도의 직전 사업연도에 대한 법인세로서 확정된 산출세액(가산세를 포함하고, 토지 등 양도소득에 대한 법인세액 및 투자·배당 및 상생협력 촉진을 위한 과세특례를 적용하여 계산한 법인세액은 제외함)

B : 해당 사업연도의 직전 사업연도에 감면된 법인세액(소득에서 공제되는 금액은 제외함)

C : 해당 사업연도의 직전 사업연도에 법인세로서 납부한 원천징수세액

D : 해당 사업연도의 직전 사업연도에 법인세로서 납부한 수시부과세액

E : 직전 사업연도 개월 수. 이 경우 개월 수는 역에 따라 계산하되, 1개월 미만의 일수는 1개월로 한다.

합병법인의 합병 후 최초 사업연도에 대한 중간예납세액 납부

합병법인이 합병 후 최초의 사업연도에 직전 사업연도의 산출세액을 기준으로 하는 방법에 따라 중간예납세액을 납부하는 경우에는 다음의 구분에 따른 사업연도를 모두 직전 사업연도로 본다(법법 §63의2 ③).

① 합병법인의 직전 사업연도

② 각 피합병법인의 합병등기일이 속하는 사업연도의 직전 사업연도

② 해당 중간예납기간의 법인세액을 기준으로 하는 방법

$$\text{중간예납세액} = A - B - C - D$$

A : 해당 중간예납기간을 1사업연도로 보고 계산한 과세표준에 세율을 적용하여 산출한 법인세액

$$(\text{각 사업연도 소득} - \text{이월결손금} - \text{비과세소득} - \text{소득공제}) \times \frac{12}{6} \times \text{세율} \times \frac{6}{12}$$

B : 해당 중간예납기간에 감면된 법인세액(소득에서 공제되는 금액은 제외함)

C : 해당 중간예납기간에 법인세로서 납부한 원천징수세액
D : 해당 중간예납기간에 법인세로서 납부한 수시부과세액

위 규정에도 불구하고 다음의 어느 하나에 해당하는 경우에는 다음의 구분에 따라 중간예납세액을 계산한다.

① 중간예납의 납부기한까지 중간예납세액을 납부하지 아니한 경우(②에 해당하는 경우는 제외함) : 직전 사업연도의 산출세액을 기준으로 하는 방법

② 다음의 어느 하나에 해당하는 경우 : 해당 중간예납기간의 법인세액을 기준으로 하는 방법

(가) 직전 사업연도의 법인세로서 확정된 산출세액(가산세는 제외함)이 없는 경우[유동화전문회사 등(법법 §51의2 ①) 또는 프로젝트금융투자회사(조특법 §104의31 ①)의 경우는 제외함]

(나) 해당 중간예납기간 만료일까지 직전 사업연도의 법인세액이 확정되지 아니한 경우

(다) 분할신설법인 또는 분할합병의 상대방 법인의 분할 후 최초의 사업연도인 경우

(라) 직전 사업연도 종료일 현재 「독점규제 및 공정거래에 관한 법률」 제31조 제1항에 따른 공시대상기업집단에 속하는 내국법인[업종별 매출액 등을 고려하여 중소기업기준(조특령 §2 ① Ⅰ) 요건을 갖춘 법인은 제외함]에 해당하는 경우

(마) 합병법인 또는 피합병법인이 합병 당시 (라)에 따른 내국법인에 해당하는 경우로서 해당 합병법인의 합병 후 최초의 사업연도인 경우

5. 부징수

납세지 관할 세무서장은 중간예납기간 중 휴업 등의 사유로 수입금액이 없는 법인에 대하여 그 사실이 확인된 경우에는 해당 중간예납기간에 대한 법인세를 징수하지 아니한다.

Ⅲ 납부

내국법인은 각 사업연도의 소득에 대한 법인세 산출세액에서 다음의 법인세액(가산세는 제외함)을 공제한 금액을 각 사업연도의 소득에 대한 법인세로서 과세표준 신고기한까지 납세지 관할 세무서 등에 납부하여야 한다.

① 해당 사업연도의 감면세액·세액공제액

② 해당 사업연도의 중간예납세액

③ 해당 사업연도의 수시부과세액
④ 해당 사업연도에 원천징수된 세액

내국법인이 납부할 세액이 1천만원을 초과하는 경우에는 납부할 세액의 일부를 납부기한이 지난 날부터 1개월(중소기업의 경우에는 2개월) 이내에 분납할 수 있다. 분납할 수 있는 세액은 다음에 의한다.

① 납부할 세액이 2천만원 이하인 경우에는 1천만원을 초과하는 금액
② 납부할 세액이 2천만원을 초과하는 경우에는 그 세액의 50% 이하의 금액

IV 중소기업의 결손금 소급공제에 따른 환급

1. 환급세액

중소기업에 해당하는 내국법인은 각 사업연도에 결손금이 발생한 경우 직전 사업연도의 법인세액(A)을 한도로 ①의 금액에서 ②의 금액을 차감한 금액(B)을 환급 신청할 수 있다.

① 직전 사업연도의 법인세 산출세액(토지 등 양도소득에 대한 법인세액은 제외함)
② 직전 사업연도의 과세표준에서 소급공제를 받으려는 해당 사업연도의 결손금 상당액을 차감한 금액에 직전 사업연도의 법인세율을 적용하여 계산한 금액

직전 사업연도의 법인세액이란 직전 사업연도의 법인세 산출세액(토지 등 양도소득에 대한 법인세를 제외함)에서 직전 사업연도의 소득에 대한 법인세로서 공제 또는 감면된 법인세액(이하 "감면세액")을 차감한 금액을 말한다.

예시

	직전 사업연도	해당 사업연도의 결손금	소급공제 후	
과세표준	1,000	700	300	
세　　율	9%		9%	
산출세액	90	–	27	= 63(B)
감면세액	△30			
법인세액	60(A)			

위 규정은 해당 내국법인이 법인세 과세표준 신고기한 내에 결손금이 발생한 사업연도

와 그 직전 사업연도의 소득에 대한 법인세의 과세표준 및 세액을 각각 신고한 경우에만 적용한다.

2. 환급신청

위 규정에 따라 법인세액을 환급받으려는 내국법인은 법인세 과세표준 신고기한까지 납세지 관할 세무서장에게 신청하여야 한다. 납세지 관할 세무서장은 신청을 받으면 지체 없이 환급세액을 결정하여 환급(국기법 §51 및 §52)하여야 한다.

납세지 관할 세무서장은 당초 환급세액을 결정한 후 당초 환급세액 계산의 기초가 된 직전 사업연도의 법인세액 또는 과세표준이 달라진 경우에는 즉시 당초 환급세액을 경정하여 추가로 환급하거나 과다하게 환급한 세액 상당액을 징수하여야 한다. 이에 따라 당초 환급세액을 경정할 때 소급공제 결손금액이 과세표준금액을 초과하는 경우 그 초과 결손금액은 소급공제 결손금액으로 보지 아니한다.

3. 환급세액의 징수

납세지 관할 세무서장은 다음의 어느 하나에 해당되는 경우에는 환급세액(① 및 ②의 경우에는 과다하게 환급한 세액 상당액)에 이자상당액을 더한 금액을 해당 결손금이 발생한 사업연도의 법인세로서 징수한다.

① 법인세를 환급한 후 결손금이 발생한 사업연도에 대한 법인세 과세표준과 세액을 경정함으로써 결손금이 감소된 경우

② 결손금이 발생한 사업연도의 직전 사업연도에 대한 법인세 과세표준과 세액을 경정함으로써 환급세액이 감소된 경우

③ 중소기업에 해당하지 아니하는 내국법인이 법인세를 환급받은 경우

위 규정에 의하여 결손금이 감소됨에 따라 징수하는 법인세액 및 이자상당액의 계산은 다음 산식에 의한다. 다만, 결손금 중 그 일부 금액만을 소급공제받은 경우에는 소급공제받지 아니한 결손금이 먼저 감소된 것으로 본다.

① 징수하는 법인세액

$$= \text{당초 환급세액} \times \frac{\text{감소된 결손금액으로서 소급공제받지 아니한 결손금을 초과하는 금액}}{\text{소급공제 결손금액}}$$

② 이자상당액 = ①의 금액 × 일수*1 × $\frac{22}{100{,}000}$ *2

*1 통지일의 다음날부터 징수하는 법인세액의 고지일까지의 기간

*2 다만, 납세자가 법인세액을 과다하게 환급받은 데 정당한 사유가 있는 때에는 $\frac{35}{1,000}$(국기령 §43의3 ②)를 적용한다.

예시

(1) 해당 사업연도에 발생한 결손금 : 1,000(소급공제 결손금 700, 이월결손금 300)
(2) 당초 환급세액 : 35
(3) 해당 사업연도에 대한 법인세 과세표준 및 세액의 경정 결과 결손금 감소액 : 400

① 결손금 감소액

이월결손금	300
소급공제 결손금	100 (역산함)
	400

② 징수하는 법인세액

$$35 \times \frac{100}{700} = 5$$

Chapter 13 각 연결사업연도의 소득에 대한 법인세

Section 01 | 통칙

I 용어의 정의

구 분	내 용
(1) 연결납세방식	둘 이상의 내국법인을 하나의 과세표준과 세액을 계산하는 단위로 하여 법인세를 신고·납부하는 방식을 말한다.
(2) 연결법인	연결납세방식을 적용받는 내국법인을 말한다.
(3) 연결집단	연결법인 전체를 말한다.
(4) 연결모법인	연결집단 중 다른 연결법인을 연결지배하는 연결법인을 말한다.
(5) 연결자법인	연결모법인의 연결지배를 받는 연결법인을 말한다.
(6) 연결지배	내국법인이 다른 내국법인의 발행주식총수 또는 출자총액의 90% 이상을 보유하고 있는 경우를 말한다.
(7) 연결사업연도	연결집단의 소득을 계산하는 1회계기간을 말한다.

II 연결납세방식의 적용 등

1. 연결납세방식의 적용

다른 내국법인을 연결지배하는 내국법인(이하 "연결가능모법인")과 그 다른 내국법인(이하 "연결가능자법인")은 연결가능모법인의 납세지 관할 지방국세청장의 승인을 받아 연결납세방식을 적용할 수 있다. 이 경우 연결가능자법인이 둘 이상일 때에는 해당 법인 모두가 연결납세방식을 적용하여야 한다.

연결납세제도의 도입 이유

기업의 조직형태에 따른 조세중립성을 보장하고 경제적으로 결합되어 있는 관계회사에 대하여 경제적 실질에 맞게 과세함으로써 세부담의 수평적 형평성을 제고하기 위함이다.

연결가능모법인의 범위

연결가능모법인에서 제외하는 법인	제외하는 이유
① 비영리내국법인	과세소득의 계산방식에 관한 특례가 적용되므로 과세소득계산방법이 일치하지 않는다.
② 해산으로 청산 중인 법인	계속기업의 가정에 부합하지 않는다.
③ 유동화전문회사 등 또는 프로젝트금융투자회사	연결집단 소득과의 일체성에 부적절하다.
④ 다른 내국법인(비영리내국법인은 제외함)으로부터 연결지배를 받는 법인[98]	연결집단 내의 일부만을 대상으로 연결납세방식을 적용할 수 있게 되어 연결범위를 인위적으로 조작할 우려가 있다.*1
⑤ 특정내국법인(「주식회사 등의 외부감사에 관한 법률」에 따라 감사인에 의해 감사를 받은 내국법인 제외)*2	
⑥ 동업기업과세특례를 적용하는 동업기업	과세소득의 계산방식에 관한 특례가 적용되므로 과세소득계산방법이 일치하지 않는다.
⑦ 과세표준계산특례를 적용하는 해운기업	

*1 연결범위의 인위적 조작 우려

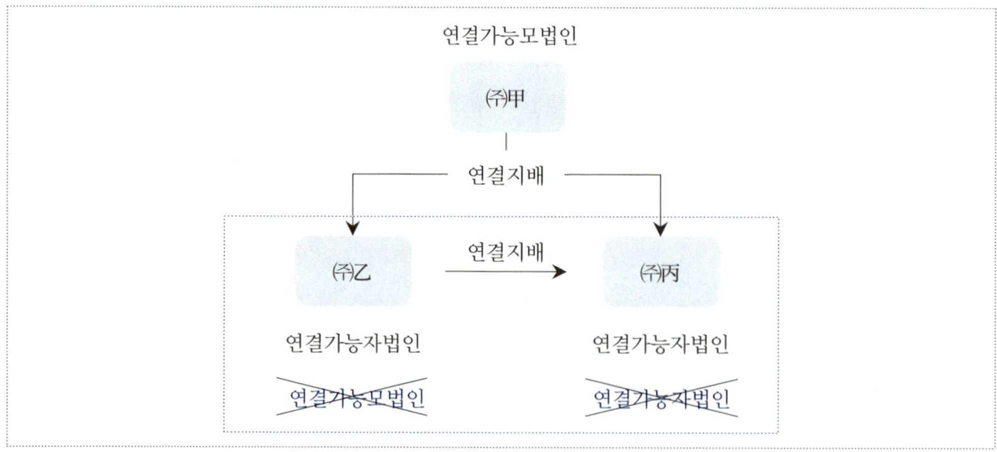

*2 기업업무추진비 한도 50% 축소 법인을 말한다.

98) 비영리내국법인으로부터 연결지배를 받는 법인은 연결가능모법인이 될 수 있다. 즉, 비영리내국법인이 연결가능자법인이 될 수 있다는 이야기이다.

연결가능자법인의 범위

다음의 어느 하나에 해당하는 법인은 연결가능자법인에서 제외한다.
① 해산으로 청산 중인 법인
② 유동화전문회사 등이거나 프로젝트금융투자회사
③ 동업기업과세특례를 적용하는 동업기업
④ 과세표준계산특례를 적용하는 해운기업

2. 연결납세방식의 적용 신청 등

구 분	내 용
(1) 적용 신청	연결납세방식을 적용받으려는 내국법인과 해당 내국법인의 연결가능자법인(이하 "연결대상법인 등")은 최초의 연결사업연도 개시일부터 10일 이내에 연결납세방식 적용 신청서를 해당 내국법인의 납세지 관할 세무서장을 경유하여 관할 지방국세청장에게 제출하여야 한다. 이에 따라 연결납세방식 적용 신청서를 제출하는 연결대상법인 등은 연결사업연도를 함께 신고하여야 한다. 이 경우 연결사업연도와 사업연도가 다른 연결대상법인 등은 사업연도 변경신고를 한 것으로 본다.
(2) 승인 통지	연결납세방식 적용 신청을 받은 관할 지방국세청장은 최초의 연결사업연도 개시일부터 2개월이 되는 날까지 승인 여부를 서면으로 통지하여야 하며, 그 날까지 통지하지 아니한 경우에는 승인한 것으로 본다.

3. 연결사업연도

연결납세방식을 적용받는 각 연결법인의 사업연도는 연결사업연도와 일치하여야 한다. 이 경우 연결사업연도의 기간은 1년을 초과하지 못하며, 연결사업연도의 변경에 관하여는 「법인세법」 제7조(사업연도의 변경)를 준용한다.

4. 연결법인의 납세지

연결법인의 납세지는 연결모법인의 납세지로 한다.

5. 각 연결사업연도의 소득에 대한 법인세 납세의무

연결법인은 각 연결사업연도의 소득에 대한 법인세(각 연결법인의 토지 등 양도소득에 대한 법인세 및 투자·배당 및 상생협력 촉진을 위한 과세특례를 적용하여 계산한 법인세 포함)를 연대하여 납부할 의무가 있다.

연결납세방식의 취소

1. 취소사유

연결모법인의 납세지 관할 지방국세청장은 다음의 어느 하나에 해당하는 경우에는 연결납세방식의 적용 승인을 취소할 수 있다. 연결모법인의 납세지 관할 지방국세청장이 연결납세방식의 적용 승인을 취소하는 때에는 그 사유를 연결모법인에게 서면으로 통지하여야 한다.

① 연결법인의 사업연도가 연결사업연도와 일치하지 아니하는 경우
② 연결모법인이 연결지배하지 아니하는 내국법인에 대하여 연결납세방식을 적용하는 경우
③ 연결모법인의 연결가능자법인에 대하여 연결납세방식을 적용하지 아니하는 경우
④ 다음의 어느 하나에 해당하는 사유로 장부나 그 밖의 증명서류에 의하여 연결법인의 소득금액을 계산할 수 없는 경우
　㈎ 소득금액을 계산할 때 필요한 장부 또는 증명서류가 없거나 중요한 부분이 미비 또는 허위인 경우
　㈏ 기장의 내용이 시설규모, 종업원수, 원자재·상품·제품 또는 각종 요금의 시가 등에 비추어 허위임이 명백한 경우
　㈐ 기장의 내용이 원자재사용량·전력사용량 기타 조업상황에 비추어 허위임이 명백한 경우
⑤ 연결법인에 다음의 어느 하나에 해당하는 수시부과사유가 있는 경우
　㈎ 신고를 하지 아니하고 본점 등을 이전한 경우
　㈏ 사업부진 기타의 사유로 인하여 휴업 또는 폐업상태에 있는 경우
　㈐ 기타 조세를 포탈할 우려가 있다고 인정되는 상당한 이유가 있는 경우
⑥ 연결모법인이 다른 내국법인(비영리내국법인은 제외함)의 연결지배를 받는 경우

2. 취소의 효과

(1) 소득금액 또는 결손금의 조정

연결납세방식을 적용받은 각 연결법인은 연결납세방식을 적용받은 연결사업연도와 그 다음 연결사업연도의 개시일부터 4년 이내에 끝나는 연결사업연도 중에 연결납세방식의

적용 승인이 취소된 경우 다음의 구분에 따라 소득금액이나 결손금을 연결납세방식의 적용 승인이 취소된 사업연도의 익금 또는 손금에 각각 산입하여야 한다.

① 연결사업연도 동안 다른 연결법인의 결손금과 합한 해당 법인의 소득금액 : 익금에 산입

② 연결사업연도 동안 다른 연결법인의 소득금액과 합한 해당 법인의 결손금 : 손금에 산입

조정 배제

연결모법인이 다른 내국법인(비영리내국법인은 제외함)의 연결지배를 받게 됨에 따라 연결납세방식의 적용 승인이 취소된 연결집단이 취소된 날부터 1개월 이내에 새로운 모법인(그 다른 내국법인을 말함)을 기준으로 연결납세방식의 적용 신청서를 제출하여 승인을 받은 경우에는 본문의 규정을 적용하지 아니한다(법령 §120의14 ②).

(2) 재적용 제한

연결납세방식의 적용 승인이 취소된 연결법인은 취소된 날이 속하는 사업연도와 그 다음 사업연도의 개시일부터 4년 이내에 끝나는 사업연도까지는 연결납세방식의 적용 당시와 동일한 법인을 연결모법인으로 하여 연결납세방식을 적용받을 수 없다.

(3) 이월결손금의 귀속

연결납세방식의 적용 승인이 취소된 경우 이월결손금 중 각 연결법인에 귀속하는 금액으로서 각 연결사업연도의 과세표준을 계산할 때 공제되지 아니한 금액은 해당 연결법인의 이월결손금으로 본다.

(4) 중간예납세액의 귀속

연결납세방식의 적용 승인이 취소된 경우 납부한 연결중간예납세액 중 연결법인별 중간예납세액은 각 연결법인의 각 사업연도의 소득에 대한 법인세 산출세액에서 공제하는 중간예납세액으로 본다.

(5) 사업연도의 의제

본래사업연도가 연결사업연도와 일치하지 아니하는 법인의 경우로서 연결사업연도를 해당 내국법인의 사업연도로 보아 연결납세방식을 적용받은 연결법인이 연결납세방식의 적용 승인이 취소된 경우 취소된 날이 속하는 연결사업연도의 개시일부터 그 연결사업연도

의 종료일까지의 기간과 취소된 날이 속하는 연결사업연도 종료일의 다음 날부터 본래사업연도 개시일 전날까지의 기간을 각각 1사업연도로 본다.

IV 연결납세방식의 포기

1. 포기신고

연결납세방식의 적용을 포기하려는 연결법인은 연결납세방식을 적용하지 아니하려는 사업연도 개시일 전 3개월이 되는 날까지 연결모법인의 납세지 관할 지방국세청장에게 신고하여야 한다. 다만, 연결납세방식을 최초로 적용받은 연결사업연도와 그 다음 연결사업연도의 개시일부터 4년 이내에 끝나는 연결사업연도까지는 연결납세방식의 적용을 포기할 수 없다.

2. 포기의 효과

(1) 재적용 제한

연결납세방식의 적용을 포기한 연결법인은 연결납세방식이 적용되지 아니하는 최초의 사업연도와 그 다음 사업연도의 개시일부터 4년 이내에 끝나는 사업연도까지는 연결납세방식의 적용 당시와 동일한 법인을 연결모법인으로 하여 연결납세방식을 적용받을 수 없다.

(2) 이월결손금의 귀속

연결납세방식의 적용을 포기한 경우 이월결손금 중 각 연결법인에 귀속하는 금액으로서 각 연결사업연도의 과세표준을 계산할 때 공제되지 아니한 금액은 해당 연결법인의 이월결손금으로 본다.

(3) 사업연도의 의제

본래사업연도가 연결사업연도와 일치하지 아니하는 법인의 경우로서 연결사업연도를 해당 내국법인의 사업연도로 보아 연결납세방식을 적용받은 연결법인이 연결납세방식의 적용을 포기하는 경우 연결모법인의 납세지 관할 지방국세청장에게 신고한 날이 속하는 연결사업연도의 종료일 다음 날부터 본래사업연도 개시일 전날까지의 기간을 1사업연도로 본다.

V 연결자법인의 추가

연결모법인이 새로 다른 내국법인을 연결지배하게 된 경우에는 연결지배가 성립한 날이 속하는 연결사업연도의 다음 연결사업연도부터 해당 내국법인은 연결납세방식을 적용하여야 한다. 이에 불구하고 법인의 설립등기일부터 연결모법인이 연결지배하는 내국법인은 설립등기일이 속하는 사업연도부터 연결납세방식을 적용하여야 한다.

연결모법인은 이에 따라 연결자법인이 변경된 경우에는 변경일 이후 중간예납기간 종료일과 사업연도 종료일 중 먼저 도래하는 날부터 1개월 이내에 납세지 관할 지방국세청장에게 신고하여야 한다.

VI 연결자법인의 배제

1. 배제사유

연결모법인의 연결지배를 받지 아니하게 되거나 해산한 연결자법인은 해당 사유가 발생한 날이 속하는 연결사업연도의 개시일부터 연결납세방식을 적용하지 아니한다. 다만, 연결자법인이 다른 연결법인에 흡수합병되어 해산하는 경우에는 해산등기일이 속하는 연결사업연도에 연결납세방식을 적용할 수 있다.

2. 배제의 효과

(1) 소득금액 또는 결손금의 조정

연결납세방식을 적용받은 연결사업연도와 그 다음 연결사업연도의 개시일부터 4년 이내에 끝나는 연결사업연도 중에 연결자법인에서 배제됨에 따라 연결납세방식을 적용하지 아니하는 경우 다음의 구분에 따라 소득금액 또는 결손금을 해당 사유가 발생한 날이 속하는 사업연도의 익금 또는 손금에 각각 산입하여야 한다. 다만, 연결자법인이 파산함에 따라 해산하는 경우 또는 연결자법인이 다른 연결법인에 흡수합병되어 해산하는 경우에는 그러하지 아니하다.

① 연결사업연도 동안 다른 연결법인의 결손금과 합한 연결배제법인(연결납세방식을 적용하지

아니하게 된 개별법인을 말함)의 소득금액 : 연결배제법인의 익금에 산입

② 연결사업연도 동안 다른 연결법인의 소득금액과 합한 연결배제법인의 결손금 : 연결배제법인의 손금에 산입

③ 연결사업연도 동안 연결배제법인의 결손금과 합한 해당 법인의 소득금액 : 해당 법인의 익금에 산입

④ 연결사업연도 동안 연결배제법인의 소득금액과 합한 해당 법인의 결손금 : 해당 법인의 손금에 산입

(2) 재적용 제한

연결자법인에서 배제된 연결법인은 배제된 날이 속하는 사업연도와 그 다음 사업연도의 개시일부터 4년 이내에 끝나는 사업연도까지는 연결납세방식의 적용 당시와 동일한 법인을 연결모법인으로 하여 연결납세방식을 적용받을 수 없다.

(3) 이월결손금의 귀속

연결자법인에서 배제된 경우 이월결손금 중 각 연결법인에 귀속하는 금액으로서 각 연결사업연도의 과세표준을 계산할 때 공제되지 아니한 금액은 해당 연결법인의 이월결손금으로 본다.

(4) 중간예납세액의 귀속

연결자법인에서 배제된 경우 납부한 연결중간예납세액 중 연결법인별 중간예납세액은 각 연결법인의 각 사업연도의 소득에 대한 법인세 산출세액에서 공제하는 중간예납세액으로 본다.

(5) 사업연도의 의제

본래사업연도가 연결사업연도와 일치하지 아니하는 법인의 경우로서 연결사업연도를 해당 내국법인의 사업연도로 보아 연결납세방식을 적용받은 연결법인이 연결자법인에서 배제된 경우 배제된 날이 속하는 연결사업연도의 개시일부터 그 연결사업연도의 종료일까지의 기간과 배제된 날이 속하는 연결사업연도 종료일의 다음 날부터 본래사업연도 개시일 전날까지의 기간을 각각 1사업연도로 본다.

(6) 변경신고

연결자법인의 배제로 인하여 연결자법인이 변경된 경우 그 변경사유가 발생한 날부터 1개월 이내에 납세지 관할 지방국세청장에게 신고하여야 한다.

Section 02 | 과세표준과 그 계산

I 각 연결사업연도의 소득

각 연결사업연도의 소득은 각 연결법인별로 다음의 순서에 따라 계산한 소득 또는 결손금을 합한 금액으로 한다.

① 연결법인별 각 사업연도 소득의 계산 : 각 연결법인의 각 사업연도 소득 또는 결손금을 계산

② 다음에 따른 연결법인별 연결 조정항목의 제거

(가) 수입배당금액의 익금불산입 조정 : 내국법인 수입배당금액의 익금불산입 규정에 따라 익금에 산입하지 아니한 각 연결법인의 수입배당금액 상당액을 익금에 산입

(나) 기부금과 기업업무추진비의 손금불산입 조정 : 손금에 산입하지 아니한 기부금 및 기업업무추진비 상당액을 손금에 산입

③ 다음에 따른 연결법인 간 거래손익의 조정

(가) 수입배당금액의 조정 : 다른 연결법인으로부터 받은 수입배당금액 상당액을 익금에 불산입

(나) 기업업무추진비의 조정 : 다른 연결법인에 지급한 기업업무추진비 상당액을 손금에 불산입

(다) 대손충당금의 조정 : 다른 연결법인에 대한 채권에 대하여 설정한 대손충당금 상당액을 손금에 불산입

(라) 자산양도손익의 조정 : 양도손익이연자산을 다른 연결법인에 양도함에 따라 발생하는 손익을 익금 또는 손금에 불산입

④ 연결 조정항목의 연결법인별 배분 : 연결집단을 하나의 내국법인으로 보아 내국법인 수입배당금액의 익금불산입액, 기부금의 손금불산입액 및 기업업무추진비의 손금불산입

액을 계산한 후 각 연결법인별로 익금 또는 손금에 불산입

각 연결사업연도의 결손금 중 각 연결법인별 배분액

각 연결사업연도의 소득금액이 0(영)보다 작은 경우 해당 금액의 각 연결법인별 배분액은 다음 산식에 따라 계산한 금액으로 한다(법령 §120의17⑤).

$$\text{각 연결사업연도의 결손금} \times \frac{\text{해당 법인의 각 연결사업연도 소득(0보다 큰 경우로 한정함)}}{\text{각 연결법인의 각 연결사업연도 소득(0보다 큰 경우로 한정함)의 합계액}}$$

1. 대손충당금의 조정

연결법인이 대손충당금 한도초과액(이하 "손금불산입액")이 있는 경우에는 당초 손비로 계상한 채권별 대손충당금의 크기에 비례하여 손금불산입액을 배분하고 다른 연결법인에 대한 채권에 대하여 계상한 대손충당금 상당액에서 배분된 손금불산입액을 뺀 금액을 손금에 산입하지 아니한다.

구 분	대손충당금 계상액	대손충당금 한도액	손금불산입액 배분	조정액
㈜A(연결법인)	200		50*	150
㈜B	100			
㈜C	300			
계	600	450	150	

* $150 \times \frac{200}{600}$

2. 자산양도손익의 조정

(1) 양도손익이연자산

양도손익이연자산		비 고
(1) 양도시점에 국내에 소재하는 자산	① 감가상각자산인 유형자산(건축물은 제외함)	거래 건별 장부가액이 1억원 이하인 자산은 양도손익이연자산에서 제외할 수 있다.
	② 감가상각자산인 무형자산	
	③ 매출채권, 대여금·미수금 등 채권	
	④ 금융투자상품	
	⑤ 토지와 건축물	

양도손익이연자산	비 고
(2) 다른 연결법인에 전액 양도하는 외국법인의 주식 등	

모든 자산의 양도손익을 제거하지 않는 이유

원재료와 같은 재고자산은 거래횟수가 많고 매수법인이 제품 생산에 사용하는 경우 원재료·재공품·제품 등의 형태로 남아 있어서 양도손익을 제거하기가 곤란하며, 소액자산은 양도손익을 제거할 실익이 없다(KICPA회계연수원).

(2) 양도손익의 이연

양도손익이연자산을 다른 연결법인(이하 "양수법인")에 양도함에 따라 발생한 연결법인(이하 "양도법인")의 양도소득 또는 양도손실은 익금 또는 손금에 산입하지 아니하고, 양수법인에게 다음의 어느 하나의 사유가 발생한 날이 속하는 사업연도에 다음의 산식에 따라 계산한 금액을 양도법인의 익금 또는 손금에 산입한다. 다만, 해당 양도손익이연자산의 양도에 대하여 부당행위계산의 부인 규정이 적용되는 경우에는 그러하지 아니하다.

구 분	내 용
(1) 감가상각	양도손익이연자산을 감가상각하는 경우 : ① 또는 ② ① 양도손익 × $\frac{\text{감가상각액}}{\text{양수법인의 장부가액}}$ ② 양도손익 × $\frac{\text{해당 사업연도의 월수*}}{\text{양도손익이연자산의 내용연수 중 경과하지 아니한 기간의 월수*}}$ * 이 경우 월수는 역에 따라 계산하되 1개월 미만의 일수는 1개월로 한다.
(2) 양도	양도손익이연자산을 양도(다른 연결법인에 양도하는 경우는 제외함)하는 경우[99] 양도손익 × 양도손익이연자산의 양도비율
(3) 대손·멸실	양도손익이연자산에 대손이 발생하거나 멸실된 경우 양도손익 × $\frac{\text{대손금액 또는 멸실금액}}{\text{양수법인의 장부가액}}$
(4) 지급기일 도래	양도한 채권의 지급기일이 도래하는 경우 양도법인의 양도가액 − 양도법인의 장부가액

99) 이에 따라 양도손익이연자산의 양도손익을 익금과 손금에 산입할 때에 양수법인이 연결법인으로부터 매입한 자산과 연결법인 외의 자로부터 매입한 자산이 함께 있는 경우에는 연결법인으로부터 매입한 자산을 먼저 양도한 것으로 본다(법칙 §60의3 ①).

구 분	내 용
(5) 소각	양도손익이연자산을 소각하는 경우 $$양도손익 \times \frac{소각자산의\ 장부가액}{양수법인의\ 장부가액}$$

예외적 상황

1. 연결납세방식을 적용받지 아니하게 된 경우
   양도법인 또는 양수법인이 연결납세방식을 적용받지 아니하게 된 경우 양도법인이 양도손익이연자산을 양도할 때 익금 또는 손금에 산입하지 아니한 금액 중 본문의 규정에 따라 익금 또는 손금에 산입하고 남은 금액은 연결납세방식을 적용받지 아니하게 된 날이 속하는 사업연도에 양도법인의 익금 또는 손금에 산입한다(법령 §120의18④).
2. 양도법인 또는 양수법인이 합병되는 경우
   양도법인 또는 양수법인을 다른 연결법인이 합병하는 경우 합병법인을 양도법인 또는 양수법인으로 보아 본문의 규정을 적용한다(법령 §120의18⑤).
3. 양도법인 또는 양수법인이 분할하는 경우
   양도법인이 분할하는 경우 본문의 규정에 따라 익금 또는 손금에 산입하지 아니한 금액은 분할법인 또는 분할신설법인(분할합병의 상대방 법인을 포함함)이 분할등기일 현재 순자산가액을 기준으로 안분하여 각각 승계하고, 양수법인이 분할하는 경우로서 분할신설법인이 양도손익이연자산을 승계하는 경우에는 분할신설법인이 해당 자산을 양수한 것으로 보아 본문의 규정을 적용한다(법령 §120의18⑥).

3. 연결 조정항목의 연결법인별 배분

(1) 연결법인의 수입배당금액의 익금불산입

연결집단을 하나의 내국법인으로 보아 계산한 수입배당금액의 익금불산입액은 수입배당금액을 지급한 내국법인에 출자한 각 연결법인의 출자비율의 합계액 중 해당 연결법인의 출자비율이 차지하는 비율에 따라 해당 연결법인에 배분하여 익금에 산입하지 아니한다.

[1단계] 수입배당금 익금불산입액의 계산

$$\left(수입배당금 - 지급이자^{*1} \times \frac{주식\ 등의\ 장부가액\ 적수}{재무상태표상\ 자산총액의\ 적수^{*2}}\right) \times 익금불산입률^{*3}$$

*1 차입금 및 차입금의 이자는 각 연결법인의 차입금 및 차입금의 이자를 더하여 계산하되, 연결법인 간 차입금 및 차입금의 이자(해당 차입거래에 대하여 부당행위계산의 부인 규정이 적용되는 경우는 제외함)를 뺀 금액으로 한다.

*2 재무상태표상의 자산총액은 각 연결법인의 재무상태표상의 자산총액의 합계액(연결법인 간 대여금, 매출채권, 미수

금 등의 채권 및 연결법인이 발행한 주식을 제거한 후의 금액을 말함)으로 한다.
*3 각 연결법인이 수입배당금액을 지급한 내국법인에 출자한 비율을 더하여 익금불산입률을 판단한다.

[2단계] 수입배당금 익금불산입액의 배분

$$\text{배분액} = \text{수입배당금액의 익금불산입액} \times \frac{\text{해당 연결법인의 출자비율}}{\text{각 연결법인의 출자비율의 합계액}}$$

(2) 연결법인의 기부금의 손금불산입

연결집단을 하나의 내국법인으로 보아 계산한 손금에 산입하지 않는 금액 중 각 연결법인별 배분액은 다음의 금액의 합계액으로 한다.

① 특례기부금과 일반기부금 외의 기부금으로서 해당 연결법인이 지출한 기부금
② 특례기부금과 일반기부금에 대하여 각각 다음 산식에 따라 계산한 금액

$$\text{기부금 손금불산입액} \times \frac{\text{해당 연결법인의 해당 기부금 지출액}}{\text{각 연결법인의 해당 기부금 지출액의 합계액}}$$

이에 따라 손금에 산입하지 않은 특례기부금 및 일반기부금의 손금산입한도액 초과금액을 이월하여 손금에 산입하는 경우 먼저 발생한 사업연도의 손금산입한도액 초과금액부터 손금에 산입하며, 그 이월하여 손금에 산입하는 금액 중 각 연결법인별 배분액은 다음 계산식에 따른 금액으로 한다.

$$\text{기부금 한도초과이월액 중 손금산입액} \times \frac{\text{해당 연결법인의 해당 기부금의 손금산입한도 초과금액}}{\text{각 연결법인의 해당 기부금의 손금산입한도 초과금액의 합계액}}$$

(3) 연결법인의 기업업무추진비의 손금불산입

연결집단을 하나의 내국법인으로 보아 손금에 산입하지 아니하는 금액 중 각 연결법인별 배분액은 다음의 금액의 합계액으로 한다.

① 기업업무추진비 한도초과액 중 다음 산식에 따라 계산한 금액

$$\text{기업업무추진비의 손금불산입액}^{*} \times \frac{\text{해당 연결법인의 기업업무추진비 지출액}}{\text{각 연결법인의 기업업무추진비 지출액의 합계액}}$$

* 기업업무추진비 수입금액 기준 한도액을 계산할 때 수입금액은 각 연결법인의 수입금액의 합계액에서 연

결법인 간 양도손익이연자산의 양도에 따른 수입금액을 뺀 금액으로 한다.

② 한 차례의 접대에 지출한 기업업무추진비 중 3만원(경조금 20만원)을 초과하는 기업업무추진비로서 적격증빙을 수취하지 않아 손금에 산입하지 아니하는 금액 중 해당 연결법인이 지출한 금액

연결과세표준

각 연결사업연도의 소득에 대한 과세표준은 각 연결사업연도 소득의 범위에서 다음에 따른 금액을 차례로 공제한 금액으로 한다. 다만, ①의 금액에 대한 공제는 연결소득 개별귀속액의 80%(중소기업과 회생계획을 이행 중인 기업 등의 경우는 100%)를 한도로 한다.

① 각 연결사업연도의 개시일 전 15년 이내에 개시한 연결사업연도의 결손금(연결법인의 연결납세방식의 적용 전에 발생한 결손금을 포함함)[100]으로서 그 후의 각 연결사업연도(사업연도를 포함함)의 과세표준을 계산할 때 공제되지 아니한 금액

먼저 발생한 사업연도의 결손금부터 공제한다(법령 §120의17 ②).

연결배제법인의 결손금 상당액은 차감한다(법령 §120의17 ③).

② 「법인세법」과 「조세특례제한법」에 따른 각 연결법인의 비과세소득의 합계액

③ 「법인세법」과 「조세특례제한법」에 따른 각 연결법인의 소득공제액의 합계액

연결소득 개별귀속액

각 연결사업연도의 소득 중 해당 연결법인에 귀속되는 소득으로서 다음 계산식에 따라 계산한 금액을 말한다(법령 §120의17 ④).

$$\text{각 연결사업연도의 소득금액} \times \frac{\text{해당 법인의 각 연결사업연도 소득(0보다 큰 경우로 한정함)}}{\text{연결집단의 각 연결사업연도 소득(0보다 큰 경우로 한정함)의 합계액}}$$

특정 결손금의 공제

본문에 따라 결손금을 공제하는 경우 다음의 결손금은 해당 금액을 한도로 공제한다(법법 §76의13 ③).

① 연결법인의 연결납세방식의 적용 전에 발생한 결손금 : 연결소득 개별귀속액

100) 각 연결사업연도의 소득이 0(영)보다 적은 경우 해당 금액으로서 신고하거나 결정·경정되거나, 수정신고(국기법 §45)한 과세표준에 포함된 결손금과 해당 연결사업연도의 소득금액을 계산할 때 한도를 초과하여 손금에 산입하지 아니하는 처분손실을 말한다(법법 §76의13 ②).

② 연결모법인이 적격합병에 따라 피합병법인의 자산을 양도받는 경우 합병등기일 현재 피합병법인(합병등기일 현재 연결법인이 아닌 법인만 해당함)의 이월결손금 : 연결모법인의 연결소득 개별귀속액 중 피합병법인으로부터 승계받은 사업에서 발생한 소득
③ 연결모법인이 적격분할합병에 따라 소멸한 분할법인의 자산을 양도받는 경우 분할등기일 현재 소멸한 분할법인의 이월결손금 중 연결모법인이 승계받은 사업에 귀속하는 금액 : 연결모법인의 연결소득 개별귀속액 중 소멸한 분할법인으로부터 승계받은 사업에서 발생한 소득

Section 03 | 세액의 계산

I 연결산출세액

각 연결사업연도의 소득에 대한 법인세는 연결과세표준에 각 사업연도 소득에 대한 법인세율을 적용하여 계산한 금액(이하 "연결산출세액")으로 한다.

연결법인이 토지 등을 양도한 경우(해당 토지 등을 다른 연결법인이 양수하여 자산양도손익의 조정 규정이 적용되는 경우를 포함함) 또는 미환류소득(해당 사업연도에 연결납세방식을 적용하지 아니하고 「조세특례제한법」에 따라 계산한 미환류소득을 말함)이 있는 경우에는 토지 등 양도소득에 대한 법인세액 및 투자·배당 및 상생협력 촉진을 위한 과세특례를 적용하여 계산한 법인세액을 합산한 금액을 연결산출세액으로 한다.

사업연도가 1년 미만인 연결법인의 각 연결사업연도의 소득에 대한 법인세를 계산하는 경우에는 사업연도가 1년 미만인 내국법인의 각 사업연도의 소득에 대한 법인세 계산 규정을 준용한다.

II 연결법인별 산출세액

연결법인별 산출세액은 ①의 금액에 ②의 비율을 곱하여 계산한 금액으로 한다. 이 경

우 연결법인에 토지 등 양도소득에 대한 법인세액 및 투자·배당 및 상생협력 촉진을 위한 과세특례를 적용하여 계산한 법인세액이 있는 경우에는 이를 가산한다.

① 해당 연결법인의 연결소득개별귀속액에서 각 연결사업연도의 과세표준 계산 시 공제된 결손금(해당 연결법인의 연결소득개별귀속액에서 공제된 금액을 말함)과 해당 연결법인의 비과세소득 및 소득공제액을 뺀 금액(이하 "과세표준 개별귀속액")

② 연결사업연도의 소득에 대한 과세표준에 대한 연결산출세액(토지 등 양도소득에 대한 법인세액 및 투자·배당 및 상생협력 촉진을 위한 과세특례를 적용하여 계산한 법인세액은 제외함)의 비율(이하 "연결세율")

연결법인별 산출세액 = 과세표준 개별귀속액 × 연결세율

연결소득 개별귀속액에서 다른 연결법인의 결손금을 공제하는 경우

각 연결법인의 과세표준 개별귀속액을 계산할 때 2 이상의 연결법인의 연결소득 개별귀속액에서 다른 연결법인의 결손금을 공제하는 경우에는 각 연결소득 개별귀속액(해당 법인에서 발생한 결손금을 뺀 금액을 말함)의 크기에 비례하여 공제한다(법령 §120의22 ③).

Ⅲ 연결법인의 세액감면 및 세액공제 등

연결산출세액에서 공제하는 연결법인의 감면세액과 세액공제액은 각 연결법인별로 계산한 감면세액과 세액공제액의 합계액으로 한다.

각 연결법인의 감면세액과 세액공제액은 각 연결법인별 산출세액을 산출세액으로 보아 「법인세법」 및 「조세특례제한법」에 따른 세액감면과 세액공제를 적용하여 계산한 금액으로 하며, 연결집단을 하나의 내국법인으로 보아 최저한세 규정을 적용한다.

Section 04 | 신고 및 납부

I 연결과세표준 등의 신고

1. 신고기한

연결모법인은 각 연결사업연도의 종료일이 속하는 달의 말일부터 4개월 이내에 해당 연결사업연도의 소득에 대한 법인세의 과세표준과 세액을 납세지 관할 세무서장에게 신고하여야 한다. 다만, 「주식회사 등의 외부감사에 관한 법률」에 따라 감사인에 의한 감사를 받아야 하는 연결모법인 또는 연결자법인이 해당 사업연도의 감사가 종결되지 아니하여 결산이 확정되지 아니하였다는 사유로 신고기한의 연장을 신청한 경우에는 그 신고기한을 1개월의 범위에서 연장할 수 있다.

2. 서류의 제출

연결사업연도의 소득에 대한 법인세의 과세표준과 세액을 신고할 때에는 그 신고서에 다음의 서류를 첨부하여야 한다.

① 연결소득금액 조정명세서
② 기업회계기준을 준용하여 작성한 각 연결법인의 재무상태표·포괄손익계산서 및 이익잉여금처분계산서(또는 결손금처리계산서)
③ 각 연결법인의 세무조정계산서 및 그 밖에 대통령령으로 정하는 서류
④ 연결법인 간 출자 현황 및 거래명세 등

신고를 할 때 위 ①부터 ③까지의 서류를 첨부하지 아니하면 「법인세법」에 따른 신고로 보지 아니한다.

연결법인세액의 납부 및 정산

구 분	내 용
(1) 연결모법인	연결모법인은 연결산출세액에서 다음의 법인세액(가산세는 제외함)을 공제한 금액을 각 연결사업연도의 소득에 대한 법인세로서 연결사업연도의 소득에 대한 과세표준의 신고기한까지 납세지 관할 세무서 등에 납부하여야 한다. 연결법인세액이 1천만원을 초과하는 경우에는 납부할 세액의 일부를 납부기한이 지난 날부터 1개월(중소기업의 경우에는 2개월) 이내에 분납할 수 있다. ① 해당 연결사업연도의 감면세액·세액공제액 ② 해당 연결사업연도의 연결중간예납세액 ③ 해당 연결사업연도의 각 연결법인의 원천징수된 세액의 합계액
(2) 연결자법인	연결자법인은 연결법인세액의 납부기한까지 연결법인별 산출세액에서 다음의 금액을 뺀 금액에 가산세액을 가산하여 연결모법인에 지급하여야 한다. 이에 따라 계산한 금액이 음의 수인 경우 연결모법인은 음의 부호를 뗀 금액을 연결법인세액의 납부기한까지 연결자법인에 지급하여야 한다. ① 해당 연결사업연도의 해당 법인의 감면세액 ② 해당 연결사업연도의 연결법인별 중간예납세액 ③ 해당 연결사업연도의 해당 법인의 원천징수된 세액

저/자/소/개

주 진 하

제56회 세무사
충남대학교 회계학과
前) 세무법인 이화
現) 주세무회계 대표
現) 해커스경영아카데미 세법 / 세무회계 강사

2026 세법 인사이트 1(법인세법)

초 판 발 행	2025년 6월 9일
2 판 발 행	2026년 3월 4일
지 은 이	**주 진 하**
펴 낸 이	**김 수 진**
펴 낸 곳	**세 경 사**
출 판 등 록	1977.12.2. No. 제3-74호
주 소	서울특별시 영등포구 은행로 29(여의도동) 정우빌딩 209호
전 화 번 호	792-7202~3, 795-3398, 796-2400
팩 스	792-1343
홈 페 이 지	www.sekyungsa.co.kr
I S B N	978-89-7933-469-2 93320
정 가	20,000원